Código de Justicia
Militar de Chile

ACCESO GRATIS a la Lectura en la Nube

Para visualizar el libro electrónico en la nube de lectura envíe junto a su nombre y apellidos una fotografía del código de barras situado en la contraportada del libro y otra del ticket de compra a la dirección:

ebooktirant@tirant.com

En un máximo de 72 horas laborales le enviaremos el código de acceso con sus instrucciones.

Código de Justicia Militar de Chile

6ª EDICIÓN CON APÉNDICE LEGISLATIVO
ÍNDICES TEMÁTICO Y ANALÍTICO

ROMY GRACE RUTHERFORD PARENTTI

tirant lo blanch
Valencia, 2025

©   Romy Grace Rutherford Parentti

©   TIRANT LO BLANCH
EDITA: TIRANT LO BLANCH
C/ Artes Gráficas, 14 - 46010 - Valencia
TELFS.: 96/361 00 48 - 50
FAX: 96/369 41 51
Email: tlb@tirant.com
www.tirant.com
Librería virtual: https://editorial.tirant.com/cl
ISBN: 978-84-1095-620-9

Si tiene alguna queja o sugerencia, envíenos un mail a: *atencioncliente@tirant.com*. En caso de no ser atendida su sugerencia, por favor, lea en *www.tirant.net/index.php/ empresa/politicas-de-empresa* nuestro procedimiento de quejas.

Responsabilidad Social Corporativa: http://www.tirant.net/Docs/RSCTirant.pdf

Índice

DECRETO N° LEY 2.306
DICTA NORMAS SOBRE RECLUTAMIENTO Y MOVILIZACIÓN DE LAS FUERZAS ARMADAS

DECRETO N° 400
FIJA TEXTO REFUNDIDO, COORDINADO Y SISTEMATIZADO DE LA LEY N° 17.798, SOBRE CONTROL DE ARMAS

LEY N° 18.953
DICTA NORMAS SOBRE MOVILIZACIÓN

LEY N° 20.477
MODIFICA COMPETENCIA DE TRIBUNALES MILITARES

INTRODUCCIÓN

Realizar un aporte en la clasificación analítica de un texto que ha sido objeto de observación crítica —debido al permanente cuestionamiento a la imparcialidad e independencia de los tribunales militares en razón de su especial estructura orgánica y composición, y fundado en que se trataría de un procedimiento que no se ajusta a los principios que reglan la generalidad de los procesos en la actualidad— representa un desafío el cual solo se asume desde el prisma de una contribución jurídica a un texto que nos liga históricamente como país a las bases de nuestra institucionalidad e identidad, la cual acepta la promoción de causas militares en tribunales castrenses aun en tiempos de paz.

Ya en la época del Presidente Eduardo Frei Montalva se cuestionaban —en acaloradas deliberaciones del Senado— asuntos como, el concepto de «obediencia militar», y se enarbolaba la permanente interrogante respecto de la injerencia de leyes distintas de la militar que rijan dentro de ésta, v.gr. la labor de la Contraloría General de la República en el análisis de cuentas y malversaciones; reflejándose entonces —a mediados de los años 60— la necesidad de observar, estudiar, revisar y modificar diversas situaciones de índole marcial con la finalidad de hacerlas convivir con aquellas de naturaleza civil, en el entendido que, al ser «civiles y militares» miembros iguales en derechos y obligaciones dentro de una misma comunidad, lo único que nos distingue es la condición. Pero, al comprender el legislador que el hecho de pertenecer a los organismos castrenses demanda una vocación patriótica de profunda convicción —dada la enorme responsabilidad de representar al país como garantes de la paz—, ha tipificado conductas delictuales específicas y elevado las penas en el entendido que el honor militar y su valer son exigibles con más ahínco que para los civiles, ya que de una u otra forma, son la reserva moral patriótica de Chile.

Por su parte, el Código de Justicia Militar dispone, en tiempos de guerra, y para todos aquellos que concurran en sus calidades a ésta, su apartado legal, que los regulará y velará porque el conjunto valórico que siempre ha caracterizado a nuestro país, se respete. Enseguida, elementos morales relacionados con aspectos como el honor, la traición y el secreto aparecen vinculados en forma vital con los acontecimientos que rodean los tiempos de guerra; y no puede ser de otra manera si advertimos que desde antiguo hemos visto que el sostenimiento y respeto a valores tan profundos, han marcado la diferencia entre un país vencido y uno vencedor. En esta dirección, palabras inspiradoras como las del denominado príncipe de los caminos, General José Miguel Carrera, a sus soldados «Vamos, no a luchar, sino a vencer; la seguridad de la patria pende de vuestro esfuerzo; soldados, corramos a la victoria y volvamos a nuestros hogares coronados del amor y la virtud» le dan contexto y coherencia al sustrato deontológico del que se cierne el compendio normativo del que hablamos, el que le brinda, a su vez, el sentido de pertenencia e independencia republicana; y cuyo particular énfasis es puesto en una férrea oposición a la corrupción y sostenido apoyo a los valores cívicos, los cuales, identifican inexorablemente a Chile como país, e indeleblemente a nosotros, sus hijos. En ese sentido, la moral y el valer militar se tornan superlativos. Solo desde ese punto de vista se puede comprender cómo, en los años 20, Chile emprende el desafío de codificar la justicia marcial.

Habiendo incorporado lo anterior a nuestro acervo, ya llegado el 2020, entendemos que esta normativa debe prevalecer en una regulación especial, pero se dificulta su convivencia para la resolución de situaciones de común ocurrencia en una sociedad en tiempos de paz. En este punto, especial atención merece la modificación realizada a este Código el año 2016 con la Ley N. 20.477 por la cual escinde definitivamente la consideración de civiles en procesos de carácter militar, reservándolos al ámbito que obviamente les pertenece, esto es, el orden penal civil. Lo anterior si bien no soluciona el fondo de la problemática en el planteamiento y justificación de una normativa militar aplicable en tiempos de paz, sí resuelve el hecho que a lo menos ésta ya no será aplicada a aquellos que, sin siquiera pertenecer a las Fuerzas Armadas, ni a las de Orden y Seguridad, se veían involucrados en procesos castrenses.

Ahora bien, un apartado distinto justifica llamar la atención sobre un tópico que no se puede obviar, si queremos referirnos abiertamente al Código de Justicia Militar chileno, y es que, en esta recopilación de leyes afines al mundo castrense y enfrentados al plano de la gradación de las penas, nos encontramos con que, aquella herramienta es utilizada en toda su extensión, constando en su inventario incluso con la pena de muerte por fusilamiento u otro medio. Esta especie de «rareza jurídica» a estas alturas del avance de nuestra historia legislativa, jurisprudencial y doctrinal, solo se explica —si no es por una simple inobservancia— con las palabras anteriormente vertidas, ya que la profunda raíz moral de esta normativa —sin acompañarse del debido estudio, al cual insta permanentemente la ciencia del derecho—, ha llevado a justificar inclusive la aplicación de la pena máxima para quien ose quebrantarlos, especialmente tratándose de delitos perpetrados en tiempos de guerra o ante el enemigo, cierta es entonces la aseveración que reza «la pena de muerte en Chile esta derogada, mas no abolida».

Finalmente, corresponde consignar que, una legislación como ésta, es de vital estudio tanto para quienes profesamos la judicatura, como para todos aquellos que quieran conocer desde el prisma jurídico la historia de Chile, donde se ve claramente marcado su arraigo a las instituciones castrenses y su apego cultural acendrado a la diferenciación entre civiles y militares, donde incluso el actuar de civiles en tiempos de paz podía ser juzgado por tribunales militares, dependiendo de la situación. Solo el año 2016, o sea 90 años después de la publicación original del Código de Justicia Militar, pudimos separar la condición de víctimas y victimarios civiles en el ámbito marcial. Con todo, esperemos que la identidad histórica de este Código se mantenga en su valor moral, incorporando definitivamente los principios que reglan los procedimientos del mundo civil que actualmente nos rigen, realizando una conjunción virtuosa de los elementos más profundos del Derecho, como también, de la moral castrense más arraigada a nuestro acervo histórico cultural, que en su prístina y elemental noción, no solo jamás puede ser olvidada, sino que, muy por el contrario, debe alzarse como pilar cardinal en el comportamiento de todo ciudadano, con independencia de su condición, sea esta militar o no.

ROMY GRACE RUTHERFORD PARENTTI

CÓDIGO DE JUSTICIA MILITAR

S. 2. 2226.– Santiago, 19 de diciembre de 1944

S. E. decretó hoy lo que sigue:

"En uso de la facultad que confieren al Presidente de la República el artículo 2 transitorio de la Ley N° 7.836 de 7 de septiembre de 1944, y el artículo 7 de la Ley N° 7.852 de 27 de octubre de 1944.

DECRETO

1° Téngase por texto definitivo del Código de Justicia Militar el que se adjunta a este Decreto; y 2° Dos ejemplares de dicho texto, autorizados por el Presidente de la República y signados con el sello del Ministerio de Justicia y el de Defensa Nacional, se depositarán en las Secretarías de ambas Cámaras y otros dos en los archivos de dichos Ministerios.

Dicho texto se tendrá por el auténtico del Código de Justicia Militar, y a él deberán conformarse las demás ediciones y publicaciones que del expresado Código se hicieren. Tómese razón, comuníquese, publíquese e insértese en el Boletín de Leyes y Decretos del Gobierno.– J. A. RIOS. M.– A. Carrasco C.

LIBRO PRIMERO
DE LOS TRIBUNALES MILITARES

TÍTULO I. DISPOSICIONES GENERALES

Artículo 1. La facultad de conocer en las causas civiles y criminales de la jurisdicción militar, de juzgarlas y de hacer ejecutar lo juzgado, pertenece exclusivamente a los Tribunales que establece este Código.

Artículo 2. Sin perjuicio de las facultades disciplinarias que las leyes y reglamentos militares confieren a los superiores sobre sus inferiores, corresponde asimismo a los Tribunales Militares el ejercicio de las facultades conservadoras, disciplinarias y económicas que les asigna este Código.

Artículo 3. Los Tribunales Militares de la República tienen jurisdicción sobre los chilenos y extranjeros, para juzgar todos los asuntos de la jurisdicción militar que sobrevengan en el territorio nacional.

DL 3425 1980, Art. 3°

Igualmente tienen jurisdicción para conocer de los mismos asuntos que sobrevengan fuera del territorio nacional, en los casos siguientes:

1° Cuando acontezcan dentro de un territorio ocupado militarmente por las armas chilenas;

2° Cuando se trate de delitos cometidos por militares en el ejercicio de sus funciones o en comisiones del servicio;

3° Cuando se trate de delitos contra la soberanía del Estado y su seguridad exterior o interior contemplados en este Código.

LEY 19047, Art. 2°, 1) a) y b)

4° Cuando se trate de los mismos delitos previstos en el número anterior, contemplados en otros Códigos y leyes especiales, cometidos exclusivamente por militares, o bien por civiles y militares conjuntamente.

Artículo 4. Son aplicables a los Tribunales Militares las disposiciones de los artículos 7° a 9°, 11 a 13, 108 a 112, 319 inciso 1°, 320, 324, 325, 326 inciso 1° y 327 a 331 del Código Orgánico de Tribunales.

Artículo 5. Corresponde a la jurisdicción militar el conocimiento:

LEY 20477, Art. 1
D.O. 30.12.2010

1° De las causas por delitos militares, entendiéndose por tales los contemplados en este Código, excepto aquéllos a que dieren lugar los delitos cometidos por civiles previstos en los artículos 284 y 417, cuyo conocimiento corresponderá en todo caso a la justicia ordinaria, y también de las causas que leyes especiales sometan al conocimiento de los tribunales militares. Conocerán también de las causas por infracciones contempladas en el Código Aeronáutico, en el decreto ley N° 2.306, de 1978, sobre Reclutamiento y Movilización y en la ley N° 18.953, sobre Movilización, aun cuando los agentes fueren exclusivamente civiles.

LEY 19047, Art. 2°, a)
D.O. 14.02.1991

NOTA. Véanse el artículo 87 del Decreto Ley 2306, Defensa, publicado el 12.09.1978, sobre Reclutamiento; 18 de la Ley 17798, publicada el 21.10.1972, sobre Control de Armas; 26 de la Ley 12927, publicada el 06.08.1958, sobre Seguridad del Estado; 7°, 8° y 9° del Decreto Ley 640, Justicia, publicado el 10.09.1974, que sistematiza disposiciones relativas a Regímenes de Emergencia; 33 del Decreto Ley 425 (reservado), sobre Movilización Nacional, ordenado publicar en parte, por el Decreto Ley N° 1629 (reservado), publicado el 22.07.1977.

NOTA 1. El Artículo 1 de la Ley 20477, publicada el 30.12.2010, dispone que "en ningún caso, los civiles y los menores de edad estarán sujetos a la competencia de los tribunales militares. Ésta siempre se radicará en los tribunales ordinarios con competencia en materia penal".

2° De los asuntos y causas expresados en los números 1° a 4° de la segunda parte del artículo 3°;

LEY 19047, Art. 2°, N° 2 b)
D.O. 14.02.1991

3° De las causas por delitos comunes cometidos por militares durante el estado de guerra, estando en campaña, en acto del servicio militar o con ocasión de él, en los cuarteles, campamentos, vivaques, fortalezas, obras militares, almacenes, oficinas, dependencias, fundiciones, maestranzas, fábricas, parques, academias, escuelas, embarcaciones, arsenales, faros y demás recintos militares o policiales o establecimientos o dependencias de las Instituciones Armadas;

LEY 18342, Art. 1°, N° 2
D.O. 26.09.1984

4° De las acciones civiles que nazcan de los delitos enumerados en los números 1° a 3°, para obtener la restitución de la cosa o su valor.

Artículo 6. Para los efectos de este Código y de las demás leyes procesales y penales pertinentes, se considerarán militares los funcionarios pertenecientes a las Fuerzas Armadas y de Carabineros de Chile, constituidos por el personal de planta, personal llamado al servicio y el personal de reserva llamado al servicio activo.

Además, se considerarán militares los soldados conscriptos; los Oficiales de Reclutamiento; las personas que sigan a las Fuerzas Armadas en estado de guerra; los prisioneros de guerra, que revistan el carácter de militar, los cadetes, grumetes, aprendices y alumnos regulares de las Escuelas Institucionales y de Carabineros de Chile.

Con todo, los menores de edad siempre estarán sujetos a la competencia de los tribunales ordinarios, de acuerdo a las disposiciones de la ley N° 20.084, que establece un sistema de responsabilidad de los adolescentes por infracciones a la ley penal.

Para efectos de determinar la competencia de los tribunales militares, la calidad de militar debe poseerse al momento de comisión del delito.

LEY 20477, Art. 4 N° 1
D.O. 30.12.2010

Artículo 7. Derogado.

LEY 20477, Art. 4 N° 2
D.O. 30.12.2010

Artículo 8. Derogado.

DL 3425, 1980, Art. 3°

Artículo 9. No obstante lo dispuesto en los artículos precedentes, serán juzgados por los tribunales ordinarios, los militares que se hicieren procesados de delitos comunes cometidos en el ejercicio de funciones propias de un destino público civil.

Corresponderá conocer de los delitos cometidos por civiles en una nave militar en la alta mar al juzgado en lo criminal competente del primer puerto nacional de arribada. Si el delito fuere cometido por un civil en una aeronave en vuelo, conocerá de ese delito el juzgado en lo criminal competente en el primer aeropuerto nacional en que aquélla aterrice.

LEY 19047, Art. 9
D.O. 14.02.1991
LEY 19047, Art. 2°, 3)
LEY 20477, Art. 4 N° 3
D.O. 30.12.2010

Artículo 10. Será competente para conocer de los delitos militares, el Juzgado Institucional que corresponda al cuerpo armado ofendido por el hecho descrito en la ley; y del delito común, el tribunal que corresponda a la institución a que pertenezca el sujeto activo del delito. En el caso de que fueran dos o más las instituciones ofendidas o si hubiere procesados pertenecientes a distintas instituciones militares, será competente el juzgado institucional que primero haya comenzado a instruir el proceso. Si no se supiere cuál fue ese tribunal, será competente el que designare el tribunal superior encargado de resolver las cuestiones de competencia entre los juzgados institucionales comprometidos en la causa.

LEY 19047, Art. 9
D.O. 14.02.1991

Artículo 11. El Tribunal Militar tendrá jurisdicción para juzgar no sólo al autor de un delito de jurisdicción militar, sino también a los demás responsables de él, en tanto revistan la calidad de militares.

Tendrá, asimismo, jurisdicción para conocer de los delitos que sean conexos, aun cuando independientemente sean de jurisdicción común, salvo las excepciones legales.

No se alterará la jurisdicción cuando el Tribunal Militar, al dictar el fallo, califique como delito común un hecho que se tuvo como delito militar durante la tramitación del proceso.

DL 3425, 1980, Art. 3º
LEY 20477, Art. 4 Nº 4
D.O. 30.12.2010

Artículo 12. Cuando se hubiere cometido por un mismo agente delitos de jurisdicción militar y de jurisdicción común, que no sean conexos, el Tribunal Militar será competente para conocer de los primeros y el tribunal ordinario de los segundos. Si la aplicación de esta norma creare alguna interferencia o dificultad para la práctica de medidas o diligencias que se relacionan con el inculpado, tendrán preferencia las requeridas por el Tribunal Militar.

DL 751, DEFENSA, Art. Único.
D.O. 16.11.1974

Los Tribunales deberán remitirse recíprocamente copias de los autos de procesamiento y de los fallos que se dictaren en sus respectivas causas, las que deberán agregarse a los autos.

El tribunal que dictare el último fallo no podrá considerar circunstancias modificatorias de responsabilidad criminal que de estar acumulados los procesos no se hubieren podido tomar en cuenta.

El condenado podrá solicitar dentro del plazo de un año a contar del último fallo, al tribunal superior común, la unificación de las penas cuando ello lo beneficiare.

LEY 19047, Art. 9
D.O. 14.02.1991

TÍTULO II. DE LOS TRIBUNALES MILITARES EN TIEMPO DE PAZ

Artículo 13. En tiempo de paz, la jurisdicción militar será ejercida por los Juzgados Institucionales, los Fiscales, las Cortes Marciales y la Corte Suprema.

LEY 18342, Art. 1°, N° 4
NOTA 3. Véanse los artículos 7°, 8° y 9° del DL 640, de 1974 y artículo único del DL 3.655, de 1981.

1. De los Juzgados Institucionales

Artículo 14. Habrá un juzgado naval permanente en el asiento de cada una de las Zonas Navales establecidas en la organización de paz de la Armada, en las escuadras y demás fuerzas navales donde el Presidente de la República estime conveniente establecer uno.

La jurisdicción de los juzgados navales comprenderá el territorio y los buques y embarcaciones que dependan del mando que ejerce tal jurisdicción.

El Presidente de la República podrá modificar o derogar los decretos que dicte en uso de la facultad que se le confiere en el inciso primero.

LEY 18342, Art. 1°, N° 4
DL 3425 1980, Art. 3°

NOTA 4. Existen Juzgados Navales en Valparaíso (I Zona), en Talcahuano (II Zona) y en Punta Arenas (III Zona) y además hay un Juzgado Naval en la Escuadra.

Artículo 14-A. En caso de prolongada ausencia del mar territorial de Chile de naves independientes, de escuadras o de otras fuerzas navales, sus comandantes correspondientes ejercerán la jurisdicción militar, con las atribuciones conferidas a las autoridades de que tratan los artículos 16 y 74, de este Código, según corresponda.

Estos comandantes serán asesorados por sus respectivos auditores; a falta de éstos, por el juzgado de la Primera Zona Naval; y si ello no fuere posible, por el oficial de su dependencia que el mismo comandante designe como auditor *ad hoc*.

DL 3425, 1980, Art. 3º

Artículo 15. El Presidente de la República establecerá un Juzgado Militar permanente en el asiento de cada una de las divisiones o brigadas en que se divida, en tiempo de paz, la fuerza del Ejército, o donde las necesidades del servicio lo requieran.

El Presidente de la República podrá asimismo determinar el territorio jurisdiccional de cada uno de estos Juzgados Militares.

NOTA 5. Véase el DS Nº 64, de la Subsecretaría de Guerra, publicado en el Diario Oficial de 16 de mayo de 1981, que establece el territorio jurisdiccional de los Juzgados Militares y de las Fiscalías Letradas dependientes.

Artículo 15-A. Habrá un Juzgado de Aviación para todo el territorio nacional y su asiento será determinado por el Presidente de la República.

Sin embargo, cuando las necesidades del servicio lo requieran, el Presidente de la República podrá crear otros Juzgados de Aviación en una o más zonas del territorio y, en tal caso, determinará el asiento de esos nuevos Juzgados y sus límites jurisdiccionales.

DL 1769, 1977, Art. 1º, Nº 4

Artículo 16. El Comandante en Jefe de la respectiva División o Brigada en el Ejército de cada Zona Naval, Escuadra o División de la Armada, el Jefe del Estado Mayor General de la Fuerza Aérea y el Comandante en Jefe de la respectiva Brigada Aérea, cuando correspondiere, tendrá la jurisdicción militar permanente en el territorio de sus respectivos Juzgados y sobre todas la fuerzas e individuos sometidos al fuero militar que en él se encuentren.

LEY 18107, Art. Único

No obstante, las autoridades allí señaladas podrán delegar la juris-dicción militar en un Oficial General que se desempeñe bajo su mando, mediante resolución fundada que deberá transcribirse a la respectiva Corte Marcial.

DL 3425 1980, Art. 3°

En caso de estar inhabilitado para intervenir en una causa determinada o impedido por cualquier otro motivo, será subrogado por el Jefe militar de la respectiva Institución que deba reemplazarlo.

DL 1769, 1977, Art. 1°, N° 5

Artículo 17. Corresponde al Juzgado Institucional:

DL 1769, 1977, Art. 1°, N° 6 a

1° Conocer en primera instancia de todos los asuntos civiles y crimi-nales que constituyan la jurisdicción militar, requiriendo o autorizando al respectivo Fiscal para la sustanciación y procediendo de acuerdo con el Auditor al pronunciamiento de las sentencias;

DL 1769, 1977, Art. 1°, N° 6 b

2° Pronunciarse sobre las cuestiones de competencia que se promue-van, ya sea por inhibitoria o por declinatoria;

3° Resolver las implicancias o recusaciones que se hicieren valer res-pecto de los Fiscales, Auditores o Secretarios, y decretar la suplencia cuan-do corresponda;

DL 1769, 1977, Art. 1°, N° 6 c

4° Ordenar el cumplimiento de las sentencias ejecutoriadas;

5° Decretar el cumplimiento, cuando proceda en derecho, de los exhor-tos que envíen autoridades judiciales distintas de las militares y dirigir a estas mismas las que fueren del caso.

LEY 18342, Art. 1°, N° 5

6° Dar cumplimiento a las leyes de amnistía o decretos de indulto que se expidan a favor de individuos juzgados o condenados por tribunales militares, e informar las peticiones de indulto que tales individuos formulen;

7° Conocer de los reclamos interpuestos contra las resoluciones de los Fiscales que la ley determine.

Artículo 18. Derogado.

DL 1769, 1977, Art. 1°, N° 7

Artículo 19. El Juzgado Institucional ejercerá también, dentro de su territorio, la jurisdicción disciplinaria sobre todos los que intervengan en la administración de justicia militar en primera instancia, pudiendo aplicar en su virtud las medidas disciplinarias que las leyes confieren a un juez de letras de mayor cuantía.

Sus resoluciones en esta materia serán apelables en lo devolutivo ante la respectiva Corte Marcial.

DL 1769, 1977, Art. 1°, N° 8

Artículo 20. El Juzgado Institucional está constituido por la autoridad militar a que se refiere el artículo 16, asesorado por su Auditor y asistido por su Secretario.

DL 1769, 1977, Art. 1°, N° 9 a

Si el Juez no estuviere de acuerdo con la opinión del Auditor, podrá dictar su resolución por sí solo, pero dejando constancia de ella de la opinión contraria del Auditor.

DL 1769, 1977, Art. 1°, N° 9 b

Para pronunciarse sobre la implicancia o recusación del Auditor, dicho Juez resolverá oyendo la opinión del que deba subrogarlo.

DL 1769, 1977, Art. 1°, N° 9 c

Artículo 21. De entre varios Juzgados de una misma Institución, será competente para conocer en primera instancia de un delito, aquel en cuyo territorio jurisdiccional se haya cometido.

Si no pudiere averiguarse en qué distrito jurisdiccional se ha cometido, será competente el Juzgado que primero hubiere ordenado la instrucción del proceso, con tal que sea de alguno de los territorios respecto de los cuales se suscitare la duda.

Si no se supiere cuál Juzgado ordenó primero instruir el proceso, será competente el que designe la Corte Marcial.

DL 1769, 1977, Art. 1°, N° 10

Artículo 22. Cuando se trate de delitos cometidos en tiempo de paz fuera del territorio del Estado, será competente para conocerlos el Juzgado Militar de Santiago, el Juzgado de la I Zona Naval o el Juzgado de Aviación con asiento en Santiago, según el caso.

LEY 18342, Art. 1°, N° 6

Artículo 23. Son aplicables en las causas de que deben conocer los Juzgados a que se refiere el artículo 21, las reglas consignadas en los artículos 157, 158, 159 inciso 1°, 160, 163, 164 y 165 del Código Orgánico de Tribunales, con las modificaciones introducidas por el presente Código.

DL 1769, 1977, Art. 1°, N° 12

Artículo 24. En materia criminal no puede, en caso alguno, ser prorrogada la jurisdicción por voluntad de las partes.

Inciso Segundo. Derogado.

DL 1769, 1977, Art. 1°, N° 13

Artículo 24-A. Las normas de los artículos 516 y 517 del Código Orgánico de Tribunales serán aplicables a los dineros que sea necesario poner a disposición de los Tribunales Militares.

LEY 19683, Art. Único N° 1
D.O. 04.07.2000

La obligación de abrir y mantener la cuenta bancaria de depósito corresponderá a los Juzgados Institucionales, los que podrán encargar tal cometido a las Fiscalías de su dependencia.

Los reajustes e intereses de los dineros depositados a que se refiere el inciso primero de este artículo, podrán destinarse por los Juzgados Institucionales a la adquisición de libros, muebles y útiles para los Tribunales Militares.

Asimismo, los Juzgados Institucionales podrán destinar los dineros depositados en su cuenta bancaria cuya devolución no hubiere sido reclamada dentro del plazo de cinco años, contado desde la fecha en que quede ejecutoriada la sentencia que haya puesto término al proceso respectivo, a la adquisición de los bienes señalados en el inciso precedente y al acondicionamiento y reparación de los inmuebles fiscales en que funcionen los Tribunales Militares.

LEY 18431, Art. Único N° 1

Los Juzgados Institucionales deberán rendir cuenta anualmente de la inversión de los referidos fondos, a la Contraloría General de la República.

LEY 18431, Art. Único N° 1

2. De los Fiscales

Artículo 25. Los Fiscales son los funcionarios encargados de la sustanciación de los procesos y formación de las causas de la jurisdicción militar, en primera instancia.

Sus atribuciones, en general, son: en materia civil, dictar todas las providencias de sustanciación y recibir todas las pruebas que se produzcan, hasta dejar la causa en estado de ser fallada por el Juzgado; y en materia penal, instruir y sustanciar todos los procesos, recogiendo y consignando todas las pruebas pertinentes, deteniendo a los inculpados y produciendo todos los elementos de convicción que sean del caso.

Los Fiscales Institucionales podrán dirigirse directamente entre sí los exhortos que procedan en los procesos o causas que estén sustanciando.

LEY 18342, Art. 1°, N° 7

Artículo 26. Habrá Fiscales de Ejército y de Carabineros en cada provincia o en las agrupaciones de provincias o de otras divisiones territoriales que determine el Presidente de la República; Fiscales navales en cada Zona Naval y en las escuadras o fuerzas navales que tengan juzgado naval; y Fiscales de Aviación en cada zona o brigada aérea.

El Presidente de la República, podrá, además, crear Fiscalía donde las necesidades del servicio lo requieran.

Respecto a cada Fiscal, se indicará el Juzgado del cual dependa.

En los lugares en que se designe Fiscal Letrado, éstos atenderán las causas de Ejército y Carabineros y se denominarán Fiscales de Ejército y Carabineros.

Cuando existan dos o más Fiscales Letrados, tramitarán las causas por turno, que reglamentará el Juez respectivo.

DL 1769, 1977, Art. 1°, N° 15
DL 3425, 1980, Art. 3°

Artículo 27. Los Fiscales Letrados recibirán nombramiento del Presidente de la República de entre los Oficiales de Justicia de la respectiva Institución.

LEY 18342, Art. 1°, N° 8

Los Fiscales de las Fuerzas Armadas que no reúnan los requisitos del inciso anterior, serán designados por el respectivo Juez Institucional de entre los Oficiales que le estén subordinados.

LEY 18342, Art. 1°, N° 8

Los Fiscales de Carabineros serán nombrados o designados por el Presidente de la República o el Juez Militar, según el caso, a proposición de la Dirección General de Carabineros oyendo a su Auditor General, y por intermedio de la Auditoría General del Ejército.

DL 1769, 1977, Art. 1°, N° 16

Artículo 28. Los Fiscales a que se refiere el inciso segundo del artículo precedente ejercerán sus cargos sin perjuicio de las demás funciones que los Mandos Institucionales pueden confiarles dentro del territorio asignado a su jurisdicción.

LEY 18342, Art. 1°, N° 9

Artículo 29. En caso de ausencia, licencia, imposibilidad legal o cualquier otro impedimento del Fiscal, será reemplazado por el oficial de la respectiva Institución que el Juez designe.

El primer día hábil de marzo de cada año las Cortes Marciales formarán una lista de fiscales de turno, seleccionados de entre los oficiales de los Escalafones de Justicia de cada Institución de las Fuerzas Armadas y de Orden que sean abogados. Cuando las necesidades del servicio lo requieran y previa consulta a la Corte Marcial, el Juez podrá designar al fiscal de turno que corresponda según el orden de precedencia en la lista, para que tramite una o más causas que se encuentren atrasadas.

La Corte Suprema y las Cortes Marciales podrán decretar visitas extraordinarias en los tribunales de la jurisdicción militar, con arreglo a los artículos 559 y 560 del Código Orgánico de Tribunales.

DL 1769, 1977, Art. 1°, N° 18
LEY 19047, Art. 2°, 4)

Artículo 30. Derogado.

LEY 18342, Art. 1°, N° 10

Artículo 31. Derogado.

LEY 18342, Art. 1°, N° 10

Artículo 32. Los Fiscales tendrán las mismas atribuciones disciplinarias que el Código Orgánico de Tribunales otorga a los Jueces de Letras de Mayor Cuantía, respecto de los abusos que se cometieren dentro de la sala de su despacho, mientras ejercen sus funciones; de las faltas de respeto que se cometieren en los escritos que se les presentaren, y de la conducta funcionaria del personal que les está subordinado.

De las resoluciones que dicten sobre estas materias podrá reclamarse, pero únicamente en el efecto devolutivo, al respectivo Juzgado.

DL 1769, 1977, Art. 1°, N° 21

Artículo 33. Derogado.

DL 1769, 1977, Art. 1°, N° 22

3. De los Auditores

Artículo 34. Los Auditores son Oficiales de Justicia cuya función es la de asesorar a las autoridades administrativas y judiciales de las Instituciones Armadas, en los casos y cuestiones contemplados por la ley.

Formarán parte, además, así en tiempo de paz como de guerra, de los Tribunales Militares que designe el presente Código.

LEY 18342, Art. 1°, N° 11

Artículo 35. Habrá un Auditor General del Ejército, un Auditor General de la Armada, un Auditor General de Aviación y un Auditor General de Carabineros.

Habrá también un Auditor del Ejército, de la Armada y de la Fuerza Aérea, a lo menos, respectivamente, en el asiento de cada Juzgado Institucional.

Los Auditores serán nombrados por el Presidente de la República.

DL 1769, 1977, Art. 1°, N° 23

Artículo 36. Derogado.

DL 1769, 1977, Art. 1°, N° 24

Artículo 37. Corresponde al Auditor General del Ejército, al Auditor General de la Armada y al Auditor General de Aviación:

1° Asesorar al Ministerio de Defensa Nacional en todos los asuntos que se creyere conveniente oír su opinión legal;

DL 1769, 1977, Art. 1°, N° 25 a)
LEY 18342, Art. 1°, N° 12

2° Supervigilar la conducta funcionaria de los Fiscales de su respectiva jurisdicción, sin perjuicio de las facultades disciplinarias que corresponden a los Juzgados Institucionales y sin menoscabo de la independencia que consagra el artículo 12 del Código Orgánico de Tribunales, pudiendo imponerles las medidas disciplinarias que establezca para este efecto un Reglamento especial.

Las resoluciones que impongan estas medidas serán apelables en el solo efecto devolutivo ante la Corte Marcial respectiva;

LEY 18342, Art. 1°, N° 12

3° Tomar conocimiento por sí mismo, cuando lo estime conveniente, de cualquiera causa pendiente ante los Tribunales de su Institución, aunque se hallare en estado de sumario, o recabar informe;

LEY 18342, Art. 1°, N° 13

4° Dictar instrucciones a los Fiscales de su respectiva jurisdicción, de carácter general sobre la manera de ejercer sus funciones;

LEY 18342, Art. 1°, N° 13

5° Evacuar las consultas que se les hagan por los Auditores respectivos sobre materias de sus funciones judiciales; siempre que no se trate de un caso que pueda ser sometido más tarde a su conocimiento;

LEY 18342, Art. 1°, N° 13

6° Asesorar al Juez Institucional en las causas que sean sustanciadas por un Coronel o Capitán de Navío de Justicia, en los casos que se señalan en los incisos primero y segundo del artículo 40 de este Código.

DL 1769, 1977, Art. 1°, N° 25, b)

7° Derogado
Inciso Final. Derogado

DL 1769, 1977, Art. 1°, N° 25, b)

Artículo 38. En caso de falta o impedimento de los Auditores Generales, serán subrogados por los Oficiales de Justicia de sus respectivas Instituciones que les sigan en el Escalafón.

En igual caso, los demás Auditores serán subrogados por los Oficiales de Justicia de su Institución que les sigan en antigüedad y que se desempeñen en el mismo lugar en que aquéllos ejercen sus funciones, y a falta de dichos Oficiales, por el Juez de Letras en lo Criminal más antiguo del Departamento.

DL 1769, 1977, Art. 1°, N° 26

Artículo 39. Corresponde a los Auditores:

1° Asesorar en materias legales al Juez del cual dependan según el decreto de su nombramiento;

2° Concurrir con el Juzgado Institucional a la dictación de toda clase de sentencias y resoluciones judiciales, con excepción de las a que se refiere el N° 5 del artículo 37;

3° Vigilar la tramitación de los procesos o causas a cargo del Fiscal y dar cuenta al respectivo Juez de las faltas que notare;

4° Redactar todas las sentencias y resoluciones del Juzgado respectivo, aun cuando sean disconformes con su opinión. En este caso, el Auditor consignará siempre la suya.

LEY 18342, Art. 1°, N° 14
DL 1769, 1977, Art. 1°, N° 27

NOTA 7. Debe entenderse N° 6 del artículo 37, pues el artículo 1° de la Ley N° 18.342, de 26 de septiembre de 1984, alteró la numeración del artículo 37.

Artículo 40. En los procesos en que sea inculpado un Oficial General del Ejército, de la Armada, de la Fuerza Aérea o de Carabineros en servicio activo, deberá actuar como Fiscal un Coronel o Capitán de Navío de Justicia de la Institución respectiva.

LEY 18342, Art. 1°, N° 15, a)

Asimismo, en casos calificados y cuando la importancia del asunto lo requiera, el Presidente de la República podrá ordenar que un proceso determinado sea sustanciado por un Fiscal del grado indicado en el inciso anterior. En tales circunstancias, cesará la competencia del Fiscal a quien correspondía intervenir en el asunto y la asumirá el Coronel o Capitán de Navío de Justicia hasta la terminación del respectivo proceso.

LEY 18342, Art. 1°, N° 15, a)

En estos casos, integrará la Corte Marcial correspondiente quien deba subrogar al Auditor General Institucional que hubiera asesorado al Juez respectivo de acuerdo a lo establecido en el artículo 37, N° 6, de este Código y otro tanto ocurrirá con el A Auditor General del Ejército que integra la Corte Suprema.

DL 1769, 1977, Art. 1°, N° 28
LEY 18342, Art. 1°, N° 15, b)

Artículo 41. Al Auditor General de Carabineros corresponde:

1° Asesorar al Ministerio de Defensa Nacional en todos los asuntos relacionados con el servicio de Carabineros en que crea conveniente oír su opinión;

DL 1769, 1977, Art. 1°, N° 29, a)

2° Asesorar a la Dirección General de Carabineros en aquellos asuntos legales en que ésta crea conveniente oír su dictamen.

3° Derogado.

LEY 18342, Art. 1°, N° 16

El Presidente de la República, en casos calificados, tratándose de alguna causa del fuero militar en que sean partes miembros de Carabineros, podrá ponerlo a disposición de algún Juzgado Militar para los efectos referidos en el inciso 2° del artículo anterior, observándose en tales casos lo dispuesto en el inciso tercero del mismo artículo.

DL 1769, 1977, Art. 1°, N° 29, c)

4. De los Secretarios

Artículo 42. Los Juzgados Institucionales y Fiscalías tendrán un Secretario que deberá poseer, según correspondiere, alguna de las siguientes calidades: Oficial de las Fuerzas Armadas o de Carabineros; empleado civil administrativo de Justicia; empleado civil de planta o a contrata con título de abogado o empleado del Servicio Jurídico de Carabineros.

DL 1769, 1977, Art. 1°, N° 30

Artículo 43. Los Secretarios son Ministros de Fe Pública encargados de autorizar todas las resoluciones y actos emanados de aquellas autoridades, y de custodiar los procesos, documentos y papeles que sean presentados al Juzgado o Fiscalía en que cada uno debe prestar sus servicios.

Artículo 44. Los Secretarios de Juzgados y de Fiscalías serán designados por el Juez respectivo, cuando no lo haya hecho la autoridad administrativa a quien corresponda el nombramiento.

Tratándose de personal de Carabineros su designación se hará, en cualquier caso, a proposición de la Dirección General de Carabineros en la forma que se señala en el artículo 27.

DL 1769, 1977, Art. 1º, Nº 31

Artículo 45. Derogado.

DL 1769, 1977, Art. 1º, Nº 32

Artículo 46. Los Secretarios tendrán las facultades y atribuciones que se señalan en los artículos 380 y 475 inciso 1º del Código Orgánico de Tribunales.

Los Secretarios de Juzgados, además, tendrán las atribuciones y responsabilidades señaladas en los números 1º, letras a) y c); 2º, 3º y 4º del artículo 455, e inciso primero del artículo 456, ambos del Código Orgánico de Tribunales, respecto de los procesos afinados y sobre los libros y documentos que existan en los tribunales regidos por este Código. Tratándose de documentos secretos, se aplicará lo establecido en el artículo 144 bis de este Código.

LEY 19637, Art. Único
D.O. 22.10.1999

Artículo 47. Las Auditorías Generales tendrán un Secretario que deberá ser un Oficial de Justicia o un abogado que preste sus servicios en la Institución respectiva.

DL 1769, 1977, Art. 1º, Nº 33

Artículo 47-A. En caso de falta o impedimento del Secretario del Juzgado Institucional o del Secretario de la Fiscalía, será subrogado por el empleado civil administrativo de Justicia de más alta jerarquía que prestare servicios en el tribunal. Si no hubiere empleado civil administrativo de Justicia que pueda subrogar, el Secretario será reemplazado por el Oficial o empleado civil administrativo que designe ad hoc el Juez Institucional.

DL 1769, 1977, Art. 1°, N° 34

5. De las Cortes Marciales

DL 1769, 1977, Art. 1°, N° 35

Artículo 48. Habrá una Corte Marcial del Ejército, Fuerza Aérea y Carabineros, con asiento en Santiago, y una Corte Marcial de la Armada, con sede en Valparaíso.

DL 1769, 1977, Art. 1°, N° 36

La primera estará integrada por dos Ministros de la Corte de Apelaciones de Santiago, por los Auditores Generales de la Fuerza Aérea y de Carabineros y por un Coronel de Justicia, del Ejército en servicio activo, y la segunda por dos Ministros de la Corte de Apelaciones de Valparaíso, por el Auditor General de la Armada y por un Oficial General en servicio activo de esta Institución. Los integrantes que no sean Ministros de Corte de Apelaciones gozarán de inamobilidad por el plazo de tres años, contado desde que asuman sus funciones, aunque durante la vigencia del mismo cesaren en la calidad que los habilitó para el nombramiento.

LEY 18431, Art. Único N° 2

Presidirá cada Corte el más antiguo de los Ministros de Corte de Apelaciones a que se refiere el inciso anterior, y en caso de ausencia o inhabilidad legal de éste, el otro Ministro de Corte de Apelaciones que la integre como titular.

LEY 19047, Art. 2°, 5)
LEY 18749, Art. 1°, N° 1

Artículo 49. Si existiere retardo en la vista de las causas, a petición de la Corte Marcial del Ejército, Fuerza Aérea y Carabineros, la Corte Suprema, reunida en pleno, podrá disponer que dicha Corte funcione, durante el año calendario respectivo, dividida en dos salas de cinco miembros cada una.

Para los efectos de este artículo se entenderá que hay retardo cuando las causas en estado de tabla fueren más de doscientas.

La segunda sala se integrará con dos Ministros de la Corte de Apelaciones de Santiago, con un Oficial de Justicia del Ejército, otro de la Fuerza Aérea y otro de Carabineros, de los grados de Coronel, Teniente Coronel o Comandante de Grupo.

Presidirán las salas los Ministros de Corte de Apelaciones más antiguos designados para cada una de ellas, y en caso de ausencia o inhabilidad legal del Presidente, será subrogado por el otro Ministro de Corte de Apelaciones titular de la sala respectiva.

Si la Corte Marcial del Ejército, Fuerza Aérea y Carabineros funcionare dividida en dos salas, presidirá la Corte el Presidente de la primera sala, y en caso de ausencia o inhabilidad legal de éste, por quien lo subrogue conforme a lo dispuesto en el inciso precedente. Si faltaren ambos, será presidida por el Presidente de la segunda sala.

LEY 18749, Art. 1°, N° 2

Artículo 50. La Corte Marcial del Ejército, Fuerza Aérea y Carabineros podrá funcionar con cuatro de sus miembros y la Corte Marcial de la Armada con tres de los suyos.

DL 1769, 1977, Art. 1°, N° 38

Si la Corte Marcial del Ejército, Fuerza Aérea y Carabineros funcionare dividida en dos salas, el quórum para sesionar en cada una de ellas será de cuatro miembros, y el pleno del tribunal requerirá de un quórum de siete miembros, de los cuales a lo menos dos deberán ser Ministros de la Corte de Apelaciones de Santiago.

LEY 18749, Art. 1°, N° 3

Artículo 51. El Oficial General de la Armada y los Oficiales de Justicia que no integren las Cortes Marciales por derecho propio, serán designados por el Presidente de la República.

LEY 18749, Art. 1°, N° 4
D.O. 06.10.1988

Los Ministros de Corte de Apelaciones que integren las Cortes Marciales durarán tres años en sus cargos. Serán designados por sorteo entre sus miembros, el que se practicará por los Presidentes de los respectivos Tribunales, con asistencia del Secretario, dentro de la última semana del mes de enero del año en que corresponda dicha designación, y del cual se excluirá a los Ministros que concluyan su período. En el caso previsto en el artículo 49, el sorteo se efectuará dentro de los diez días siguientes de recibida la transcripción del acuerdo a que se refiere el inciso primero de dicho artículo; los Ministros que se designaren integrarán la segunda Sala y durarán en sus funciones hasta el 31 de diciembre de ese año.

LEY 19655, Art. Único
D.O. 21.12.1999

Con todo, en aquellos casos en que se haya nombrado, según lo dispuesto en los artículos 559 y 560 del Código Orgánico de Tribunales, a un Ministro de la Corte de Apelaciones integrante de la Corte Marcial como Ministro Visitador, la Corte Suprema, por acuerdo del pleno, podrá extender hasta por cuatro años el plazo de duración en el cargo señalado en el inciso anterior, principalmente en los casos en que el Ministro Visitador respectivo se encuentre investigando causas de alta complejidad, duración e impacto público.

Ley 21204, Art. Único
D.O. 16.01.2020
Ley 21394, Art. 10
D.O. 30.11.2021

Artículo 52. En caso de ausencia o inhabilidad legal, los Ministros de las Cortes de Apelaciones serán subrogados por el Ministro de la Corte respectiva, siguiendo el orden de mayor antigüedad.

DL 1769, 1977, Art. 1°, N° 40

En los mismos casos, los Auditores Generales y demás Oficiales de Justicia serán subrogados por los Oficiales de Justicia respectivos, siguiendo el orden de mayor antigüedad.

LEY 18749, Art. 1°, N° 5

Tratándose del Oficial en servicio activo que integre la Corte Marcial de la Armada será subrogado por el Oficial General o Superior más antiguo que preste sus servicios en la provincia de Valparaíso.

LEY 18431, Art. Único N° 2

En caso de muerte, traslado u otra circunstancia que haga cesar en sus funciones como Ministro de la Corte de Apelaciones respectiva a algunos de los que integren las Cortes Marciales, será reemplazado por el período que le falte para enterar su desempeño en estas últimas, mediante un sorteo especial que tendrá lugar dentro de los diez días siguientes al hecho que determinó aquella cesación.

Artículo 53. Son aplicables a las Cortes Marciales las disposiciones de los artículos 258 y 334 del Código Orgánico de Tribunales.

DL 1769, 1977, Art. 1°, N° 41

Artículo 54. La Corte Marcial del Ejército, Fuerza Aérea y Carabineros funcionará en el Palacio de los Tribunales de Justicia de Santiago y la Corte Marcial de la Armada lo hará en el Palacio de los Tribunales de Justicia de Valparaíso.

Con las copias escritas a máquina de las sentencias definitivas, autorizadas por el Secretario Relator, se formará un Registro foliado, en orden cronológico, que se empastará anualmente.

Las sentencias se publicarán en la Revista de Derecho y Jurisprudencia y Gaceta de los Tribunales cuando la Corte lo ordenare, debiéndose omitir la individualización de los procesados o inculpados.

DL 1769, 1977, Art. 1°, N° 42

Artículo 55. Cada Corte Marcial tendrá dos relatores designados por el Presidente de la República de entre los Oficiales de Justicia de las Instituciones que respectivamente quedan bajo su jurisdicción. El más antiguo se desempeñará, además, como Secretario.

LEY 18749, Art. 1°, N° 6

Estos funcionarios tendrán las obligaciones que a los Secretarios y Relatores de Corte les señalan los artículos 372, 379, 380, 474, 475 y 476, inciso primero,del Código Orgánico de Tribunales.

DL 1769, 1977, Art. 1°, N° 43

Son también aplicables a estos funcionarios las disposiciones de los artículos 373, 374, 375, 471, 477, 487, 488 y 491, inciso primero, de dicho Código.

Artículo 56. En caso de ausencia o de inhabilidad legal,los Relatores de las Cortes Marciales serán reemplazados en sus funciones por Oficiales de Justicia designados por las mismas Cortes.

Cuando faltare el Relator que ejerza funciones de Secretario, será reemplazado por el Oficial de Justicia designado conforme al inciso anterior, cualquiera fuere su antigüedad.

LEY 18749, Art. 1°, N° 7

Artículo 57. Las Secretarías de las Cortes Marciales tendrán el siguiente personal:

La del Ejército, Fuerza Aérea y Carabineros, seis funcionarios, nombrados dos por cada una de las Instituciones indicadas.

La de la Armada, tres funcionarios, designados por la Armada.

DL 1769, 1977, Art. 1°, N° 45

Artículo 58. Las Cortes Marciales conocerán en segunda instancia:

1° De las causas que conocieren en primera instancia los Juzgados Institucionales que de ellas dependan.

2° De las causas que conociere en primera instancia alguno de los Ministros de la misma Corte.

DL 1769, 1977, Art. 1°, N° 46

Artículo 59. Conocerá en primera instancia uno de los miembros letrados del Tribunal, conforme al turno que establezca cada Corte Marcial, de las querellas de capítulos que se siguieren contra cualquiera de los funcionarios judiciales del orden militar que de ellas dependan.

Su tramitación se ajustará al procedimiento fijado en el Título V del Libro III del Código de Procedimiento Penal.

DL 1769, 1977, Art. 1°, N° 47

Artículo 60. Corresponde a las Cortes Marciales en única instancia:

DL 1769, 1977, Art. 1°, N° 48, a)

1° Resolver las contiendas de competencia entre los Juzgados de su jurisdicción;

DL 1769, 1977, Art. 1°, N° 48, b)

2° Pronunciarse en las solicitudes de implicancia o recusación contra los Jueces Institucionales;

DL 1769, 1977, Art. 1°, N° 48, c)

3° Conocer de los recursos de amparo deducidos en favor de individuos detenidos o arrestados en virtud de orden de una autoridad judicial del fuero militar en su carácter de tal.

DL 1769, 1977, Art. 1°, N° 48, d)

Las Cortes Marciales, conociendo de alguna causa por la vía de la apelación o la consulta, podrán salvar los errores u omisiones de que adolezca la tramitación de un proceso en primera instancia u ordenar al Juzgado Institucional que los salve, pudiendo dejar sin efecto las actuaciones y resoluciones que estimen afectadas por esos errores u omisiones.

Artículo 61. Derogado.

DL 1769, 1977, Art. 1°, N° 49

Artículo 62. Corresponde también a las Cortes Marciales, sin perjuicio de las atribuciones conferidas a otras autoridades, mantener la disciplina judicial en todo el territorio de su respectiva jurisdicción, velando inmediatamente por la conducta ministerial de los Tribunales Militares y sus asesores, y haciéndoles cumplir todos los deberes que las leyes les imponen.

A este efecto tendrán las facultades que a las Cortes de Apelaciones confieren los artículos 536 a 538 del Código Orgánico de Tribunales. El recurso de queja que se interponga en contra de un Tribunal Militar se regirá en lo que fuere pertinente, por lo dispuesto en los artículos 549, 550 y 551 del Código Orgánico de Tribunales.

INCISO FINAL. Derogado.

DL 1769, 1977, Art. 1°, N° 50

Artículo 63. Las Cortes Marciales tendrán también,respecto de los abogados que ante ellas hagan defensa,las facultades disciplinarias que las leyes conceden alas Cortes de Apelaciones. Igualmente respecto de los litigantes y personas que concurran a su funcionamiento.

DL 1769, 1977, Art. 1°, N° 51

Artículo 64. Las Cortes Marciales podrán dictar asimismo las medidas necesarias para corregir las faltas o abusos que se cometan en los lugares de detención, respecto de los procesados sometidos a la jurisdicción militar.

DL 1769, 1977, Art. 1°, N° 52
LEY 19047, Art. 9
D.O. 14.02.1991

Artículo 65. Deberán las Cortes Marciales hacer activar el despacho de las causas pendientes ante los Tribunales Militares del territorio de su jurisdicción. Para este efecto podrán hacerse dar cuenta con la frecuencia que estimen conveniente, de la marcha de alguna de dichas causas, siempre que haya motivos especiales que así lo aconsejen.

DL 1769, 1977, Art. 1°, N° 53

Artículo 66. La Corte Marcial del Ejército, Fuerza Aérea y Carabineros se reunirá ordinariamente tres veces ala semana, y la Corte Marcial de la Armada, dos, y los días y horas en que funcionen serán fijados el primer día hábil de cada año.

Sin perjuicio de lo dispuesto en el inciso anterior,las Cortes podrán aumentar por un período determinado,cuando razones de mejor servicio así lo requieran, el número de audiencias de la semana.

Por su parte, los Presidentes deberán disponer la convocatoria a audiencias extraordinarias cuando se trate de asuntos que por mandato legal deban verse con urgencia y no exista para el día de la convocatoria audiencia ordinaria. También podrán hacerlo cuando la importancia de causas pendientes exija audiencia continuada.

No obstante lo dispuesto en los incisos precedentes,las audiencias de las Cortes Marciales deberán verificarse en diferentes horas que las de funcionamiento de las Cortes de Apelaciones.

DL 1769, 1977, Art. 1°, N° 54

Artículo 67. Las causas serán vistas por las Cortes Marciales el día que respecto de cada una de ellas se decrete, previa notificación a las partes con tres días de anticipación.

DL 1769, 1977, Art. 1°, N° 55, a)

Si para un mismo día se decretare la vista de varias causas, se le asignará a cada una un número de orden; número que se hará colocar en lugar conveniente para anunciar que la Corte se va a ocupar de ella. Este número se mantendrá fijo hasta que termine la vista de la causa respectiva.

DL 1769, 1977, Art. 1°, N° 55, b)

Sin embargo, no regirá el término de emplazamiento señalado en el inciso primero, tratándose de consultas o apelaciones de resoluciones de los Fiscales que se pronuncien sobre la libertad provisional de inculpados o procesados, o tratándose de recursos de amparo, asuntos éstos que deberán ser agregados extraordinariamente a la tabla del día siguiente hábil al de su ingreso al tribunal, o el mismo día, cuando así lo dispusiere el Presidente. Si no hubiere audiencia ordinaria el día en que corresponda verse el asunto, el Presidente convocará extraordinariamente al tribunal.

LEY 19047, Art. 9
D.O. 14.02.1991

Artículo 68. La vista y acuerdo de las causas se regirán, en lo que no estén modificadas por este Código, por las disposiciones de los artículos 72, 73 inciso 1°, 74 a 81, 83 a 85, 88, 89 y 587 del Código Orgánico de Tribunales; 164, 165, con excepción de los números 1 y 4, 166 y 169 del Código de Procedimiento Civil, pero reducido a cinco días el término a que se refiere el artículo 78 del Código Orgánico de Tribunales.

Artículo 69. Ningún acuerdo de las Cortes Marciales podrá retardarse más de diez días desde que haya terminado la vista de la causa y ningún fallo podrá demorarse más de cinco días a contar desde la fecha del acuerdo. Inmediatamente de producido éste, deberá dictarse el decreto que designa al Ministro redactor.

No obstante, si no hubiere procesado preso y, por motivos fundados, podrán ampliarse los plazos indicados, por una sola vez y por el mismo número de días.

LEY 19047, Art. 9
D.O. 14.02.1991

Artículo 70. Los Presidentes de las Cortes Marciales dictarán por sí solos, las providencias de mera sustanciación, aun cuando la causa se encontrare en acuerdo, convocarán al tribunal en los casos que señala el artículo 66 y tendrán las atribuciones que señala el artículo 90 del Código Orgánico de Tribunales para los Presidentes de Cortes de Apelaciones. Ejercitarán la atribución 10a a que se refiere dicho artículo cuando se encontraren vencidos los plazos indicados en el artículo 69.

DL 1769, 1977, Art. 1°, N° 57

Cuando la Corte Marcial del Ejército, Fuerza Aérea y Carabineros funcione dividida en dos salas, serán aplicables, en lo que no estuviere reglado expresamente en otras disposiciones de este Código, las normas del inciso quinto del artículo 61, del inciso primero del artículo 66, de los incisos primero, segundo y cuarto del artículo 69 y las de los artículos 70 y 92 del Código Orgánico de Tribunales.

LEY 18749, Art. 1°, N° 8

Corresponderá a todo el Tribunal el ejercicio de las facultades administrativas, disciplinarias y económicas, sin perjuicio de que cada sala pueda ejercer las segundas, con arreglo al artículo 63. No obstante, los recursos de queja serán conocidos y fallados por las salas, según la distribución que de ellos haga el Presidente de la Corte, pero la aplicación de medidas disciplinarias corresponderá al Tribunal Pleno.

6. De la Corte Suprema

DL 1769, 1977, Art. 1°, N° 58

Artículo 70-A. A la Corte Suprema, integrada por el Auditor General del Ejército o quien deba subrogarlo, corresponde también el ejercicio de las facultades conservadoras, disciplinarias y económicas a que alude el artículo 2° de este Código, en relación con la administración de la justicia militar de tiempo de paz, y conocer:

1° De los recursos de casación, así en la forma como en el fondo, contra las sentencias de las Cortes Marciales;

2° De los recursos de revisión contra las sentencias firmes en materia de jurisdicción militar de tiempo de paz;

3° De los recursos de queja contra las resoluciones de las Cortes Marciales y, en segunda instancia, de los recursos de queja de que éstos conocieren;

4° De las solicitudes de implicancia o recusación contra los Ministros de las Cortes Marciales;

5° De las contiendas de competencia entre un tribunal militar y otro del fuero común;

6° De las contiendas de competencia entre Juzgados Institucionales que dependen de diferentes Cortes Marciales y de las que se susciten entre éstas;

7° De la extradición activa en los procesos de la jurisdicción Militar.

DL 1769, 1977, Art. 1°, N° 58

7. Del Ministerio Público Militar
DL 3425, 1980, Art. 1°

Artículo 70-B. Habrá un Fiscal General Militar, cuya misión será velar por la defensa, ante los tribunales militares de tiempo de paz, del interés social comprometido en los delitos de jurisdicción de aquéllos y, en especial, del interés de las instituciones de la Defensa Nacional.

Será designado por el Presidente de la República de entre los Oficiales de Justicia del grado de Coronel o de Capitán de Navío.

En caso de ausencia, impedimento o inhabilidad legal, será subrogado por un Oficial de Justicia que no desempeñe funciones judiciales, de acuerdo con el orden de subrogación que fije el Presidente de la República por decreto supremo.

DL 3425, 1980, Art. 1°

Artículo 70-C. Son funciones, atribuciones y deberes del Fiscal General Militar:

DL 3425, 1980, Art. 1°

1) Denunciar los hechos delictuosos de jurisdicción militar que lleguen a su conocimiento por cualquier medio.

2) Hacerse parte en los procesos de que conozcan los tribunales militares de tiempo de paz, preferentemente en segunda instancia o ante la Corte Suprema, cuando estime que en ellos están comprometidos los intereses cuya defensa le encomienda la ley, o cuando sea requerido por el Ministro de Defensa Nacional.

Se entenderá que se encuentran comprometidos dichos intereses en todos los procesos a que dieren lugar los delitos previstos en la ley N° 18.314, cuyo conocimiento corresponda a la jurisdicción militar.

LEY 18585, Art. 2°

En estos casos podrá hacerse oír en estrados ante las Cortes Marciales y ante la Corte Suprema y tendrá todas las facultades que los artículos 133, 133-A y 133-B conceden al Fisco.

3) Tomar conocimiento aun antes de ser reconocido como parte, de cualquier proceso militar en que crea se hallen comprometidos el interés social o el de las instituciones armadas o de Carabineros de Chile, cualquiera que sea el estado en que se encuentre el proceso.

4) Guardar secreto sobre los hechos de que tome conocimiento en el ejercicio de sus funciones.

5) Defender los intereses de las instituciones armadas o de Carabineros de Chile en la forma en que sus convicciones se lo dicten, formulando las conclusiones que crea arregladas a la ley; sin perjuicio de considerar, para el cumplimiento de su cometido, el parecer que le hubiere expresado el Ministro de Defensa Nacional, los Comandantes en Jefe Institucionales y el General Director de Carabineros de Chile, según el caso.

6) Cumplir las demás funciones que este Código y leyes especiales le encomienden o impongan.

Artículo 70-D. El Fiscal General Militar podrá, para casos específicos, delegar sus funciones y atribuciones en Oficiales de Justicia de su dependencia o en otros Oficiales de Justicia de las Fuerzas Armadas o de Carabineros de Chile, siempre que unos y otros no desempeñen funciones judiciales, si las circunstancias así lo aconsejaren, pudiendo reasumirlas total o parcialmente en cualquier momento y cuantas veces lo estime necesario.

Los Auditores Generales de cada institución deberán confeccionar anualmente, antes del 15 de marzo de cada año, una nómina de los Oficiales de Justicia de su servicio que no desempeñen funciones judiciales y en los cuales el Fiscal General Militar podrá efectuar las delegaciones de que trata este artículo. En caso alguno ellas podrán recaer en un Oficial más antiguo.

El nombramiento o designación de delegado se hará por resolución del propio Fiscal General Militar, la que se inscribirá en orden cronológico en un libro especial que abrirá para estos efectos y que tendrá el carácter de público. La resolución deberá ponerse en conocimiento del tribunal que esté conociendo de la causa.

El oficial que actúe como delegado del Fiscal General Militar, deberá atenerse a los instrucciones de carácter general o particular que éste le imparta.

DL 3425, 1980, Art. 1°

Artículo 70-E. La responsabilidad criminal y civil del Fiscal General Militar y la de sus delegados por sus actuaciones como tales, se regirán por las reglas del párrafo 8 del Título X del Código Orgánico de Tribunales, en cuanto, atendida la naturaleza de sus funciones, dichas reglas sean aplicables a ellos.

De las acusaciones o demandas que se entablaren contra dichos funcionarios para hacer efectiva su responsabilidad, conocerán los mismos tribunales designados por la ley para conocer de las que se entablen en contra de los Fiscales Militares.

DL 3425, 1980, Art. 1°

TÍTULO III. DE LOS TRIBUNALES MILITARES EN TIEMPO DE GUERRA

Artículo 71. En tiempo de guerra la jurisdicción militar es ejercida: por los Generales en Jefe o Comandantes superiores de plazas o fortalezas sitiadas o bloqueadas, o de divisiones o cuerpos que operen independientemente; por los Fiscales y por los Consejos de Guerra y Auditores.

Iguales atribuciones y jurisdicción tendrán en este caso las autoridades correspondientes de la Armada.

Artículo 72. La jurisdicción militar de tiempo de guerra comprende: el territorio nacional declarado en estado de asamblea o de sitio, sea por ataque exterior o conmoción interior, de acuerdo con el número 17 del artículo 72 de la Constitución Política; y el territorio extranjero ocupado por las armas chilenas.

NOTA 8. La cita está referida a la Constitución Política de 1925.

Artículo 73. Desde el momento en que se nombre General en Jefe de un Ejército que deba operar contra el enemigo extranjero o contra fuerzas rebeldes organizadas, cesará la competencia de los Tribunales Militares del tiempo de paz y comenzará la de los Tribunales Militares del tiempo de guerra, en todo el territorio declarado en estado de asamblea o de sitio.

Igual cosa sucederá en la plaza o fortaleza sitiada o bloqueada, desde el momento que su jefe proclame que asume en ella toda la autoridad.

1. Del Comandante en Jefe

Artículo 74. Al General en Jefe de un Ejército le corresponde el ejercicio pleno de la jurisdicción militar en las fuerzas de su mando y en el territorio que con ellas ocupe, comprendida la jurisdicción disciplinaria.

En uso de esta jurisdicción podrá: castigar por sí mismo y sin forma de juicio, toda falta o abuso que estime no alcanza a constituir delito, decretar el enjuiciamiento por los Fiscales de todos aquellos individuos a quienes estime responsables de delito; ordenar la formación de los Consejos de Guerra que deban juzgarlos; aprobar, revocar o modificar las sentencias que éstos pronuncien, y decretar el cumplimiento de toda sentencia.

Las cuestiones civiles comprendidas en la jurisdicción militar las resolverá por sí mismo, asesorado por su Auditor, el cual estará encargado de la tramitación de la causa.

Las mismas atribuciones y las de que tratan los artículos siguientes, corresponden al Comandante en Jefe de la Escuadra.

Artículo 75. El General en Jefe podrá delegar parte o todas de estas atribuciones en los Comandos que comanden divisiones o brigadas a sus órdenes, dentro de sus respectivos comandos.

DL 51 1973, Art. Único a)

INCISO SEGUNDO. Derogado.

DL 51 1973, Art. Único b)

Artículo 76. El Comandante Superior de divisiones, unidades o cuerpos que operen independientemente y sin fácil comunicación con el resto del Ejército, como asimismo el Jefe de una plaza o fortaleza sitiada o bloqueada, tendrá las mismas facultades indicadas en el artículo 74 mientras se encuentre en tales circunstancias.

Artículo 77. El General en Jefe del Ejército o el General Comandante de una División o Cuerpo de Ejército que opere por separado, tendrá autoridad para promulgar los bandos que creyere conveniente dictar para la seguridad y disciplina de las tropas; y estos bandos, como las penas que impusieren, obligarán a cuantas personas sigan al Ejército, sin excepción de clase, estado, condición o sexo.

Si operare en territorio enemigo, estos bandos serán también obligatorios para todos los habitantes del territorio ocupado.

Artículo 78. Si en un territorio enemigo ocupado por las armas chilenas no permanecieren las autoridades judiciales del respectivo país, o si el mantenimiento de ésta fuere considerado inconveniente o peligroso para la seguridad de las fuerzas ocupantes, el General en Jefe del Ejército de ocupación podrá dictar los bandos convenientes en que se establezcan autoridades judiciales para mantener el orden y asegurar el respeto a los derechos individuales. Podrán también establecerse las autoridades administrativas locales necesarias.

Estas autoridades deberán ajustarse, en cuanto sea posible, a la legislación del país ocupado, salvo en aquellos puntos que se estime necesario reformar para los fines militares y que los bandos determinen.

2. De los Fiscales

Artículo 79. Organizado un ejército o fuerzas militares para operar contra el enemigo o contra fuerzas rebeldes organizadas, el Presidente de la República nombrará los Fiscales que sean necesarios para su servicio judicial.

Si el Presidente de la República omitiere hacer estos nombramientos, podrá hacerlos el General en jefe o Comandante Superior de las fuerzas.

Estos nombramientos deberán recaer en Oficiales, comprendidos los de las reservas movilizadas, que sean abogados. A falta de ellos podrá nombrarse a otros Oficiales que se estime idóneos para el cargo.

Si el Ejército operare en territorio nacional y mientras duren estas operaciones, los Fiscales existentes en las provincias ocupadas quedarán a disposición del General en Jefe o Comandante Superior de las fuerzas.

Artículo 80. Los Fiscales tendrán las mismas atribuciones y deberes que se expresan en el Título anterior de este Libro, con las modificaciones que las necesidades de la guerra exijan.

A requisición del General en Jefe o Comandante Superior que corresponda, iniciarán y sustanciarán todos los procesos por los delitos cometidos dentro del territorio que ocupen o en que operen las fuerzas a que estén agregados, hasta dejarlos en estado de ser sometidos al Consejo de Guerra correspondiente, y desempeñarán ante estos Consejos las funciones que más adelante se detallarán.

Las medidas disciplinarias que impusieren, conforme al artículo 32, serán apelables en lo devolutivo ante el Consejo de Guerra que deba conocer de la respectiva causa.

3. De los Consejos de Guerra

Artículo 81. De todos los delitos que corresponda juzgar a la jurisdicción militar en tiempo de guerra, conocerán en única instancia los Consejos de Guerra.

Artículo 82. Los Consejos de Guerra se formarán, para cada caso determinado, por decreto del General en Jefe del Ejército, del General en quien haya delegado esta facultad, del Comandante Superior de una división, unidad o cuerpo que opere independientemente y sin fácil comunicación con el resto del Ejército, o del Jefe Superior de una plaza o fortaleza sitiada o bloqueada.

Serán integrados por el Auditor que se designe y serán compuestos, además, de los vocales que se indican en el artículo siguiente.

Cuando el inculpado sea un General o un Almirante, el Consejo deberá ser integrado por el respectivo Auditor General de Ejército, de la Armada o de la Fuerza Aérea.

LEY 19047, Art. 9
D.O. 14.02.1991

Los Consejos de Guerra serán presididos por el Jefe u Oficial más antiguo de la mayor graduación. En caso de que el Auditor tenga una asimilación o antigüedad igual o superior a la de los demás Jefes u oficiales que formen el Consejo, el Tribunal será presidido por dicho funcionario letrado.

LEY 18431, Art. Único N° 3
D.O. 23.08.1985

Artículo 83. Cuando se trate de juzgar a individuos de tropa o de tripulación, el Consejo será compuesto por seis vocales del grado de Subteniente a Capitán.

Cuando se trate de juzgar a Oficiales inferiores hasta el grado de Capitán, el Consejo se compondrá de seis vocales de los grados de mayor o Teniente Coronel; y cuando se trate de Oficiales de los grados de Mayor hasta General, se compondrá de seis vocales de los grados de General a Coronel.

Tratándose de procesos de la jurisdicción de los Tribunales de la Armada, los Consejos de Guerra se formarán con Oficiales de la Armada, de grados equivalentes a los de que tratan los dos incisos anteriores.

Si se tratare de juzgar a dos o más inculpados que fueren de diversa graduación, el Consejo se formará en consideración al procesado de la más alta.

Todos los miembros del Consejo, incluso el Auditor, tendrán las mismas atribuciones, igual representación e idénticos derechos, dentro de su funcionamiento.

LEY 19047, Art. 9
D.O. 14.02.1991

Artículo 84. Si para la constitución del Consejo no hubiere disponible el número de Jefes y Oficiales de los grados expresados en el artículo anterior, se formará o completará con los que hubiere, prefiriendo los de mayor graduación, y dentro de la misma graduación, los de mayor antigüedad.

Artículo 85. En el caso de plaza o fortaleza sitiada o bloqueada, o de destacamento o fuerzas que se encuentren aisladas del resto del Ejército, y no fuere posible constituir Consejo de Guerra conforme a los artículos anteriores, se ajustará su formación, en lo posible, a las reglas siguientes:

1° El Consejo podrá constituirse con cinco, y en casos graves hasta con tres miembros, contando entre ellos al que hará de Presidente;

2º Si no hubiere un Auditor, formará parte del Consejo un letrado que sea funcionario judicial del orden criminal o civil, y a falta de éste un abogado. Si el letrado fuere juez de letras o funcionario de mayor jerarquía, presidirá el Consejo; en caso contrario, lo presidirá el Oficial de mayor graduación;

3º El jefe de la plaza, fuerza o destacamento, podrá formar parte del Consejo, y entonces lo presidirá.

Artículo 86. Los Consejos de Guerra para juzgar a los prisioneros de guerra, se compondrán de la manera establecida en los artículos precedentes y según la graduación o asimilación que tuvieren tales prisioneros.

Los simples civiles sin asimilación militar, serán considerados como oficiales subalternos para su juzgamiento.

Artículo 87. Terminada la vista de una causa, el Consejo de Guerra no podrá disolverse ni suspender su funcionamiento ni sus miembros comunicarse con persona alguna extraña, sin haber antes pronunciado su sentencia.

Serán aplicables a sus decisiones las reglas de los artículos 72, 73 inciso 1º, 74 y 88 del Código Orgánico de Tribunales.

Artículo 88. Pronunciada la sentencia, el Consejo la remitirá al General en Jefe o Comandante que hubiere ordenado su formación, para su cumplimiento, previa su aprobación.

4. De los Auditores

Artículo 89. Nombrado un General en Jefe del Ejército o un Comandante en Jefe de la Escuadra, pasará inmediatamente a desempeñar las funciones de asesor letrado a sus órdenes, el respectivo Auditor General.

Artículo 90. A petición de los respectivos Auditores Generales, el Presidente de la República nombrará, además, para cada División o para cada cuerpo de Ejército, o para cada repartición análoga de la Escuadra, los

Auditores que estime necesario. Si el Presidente de la República omitiere hacer estos nombramientos, podrá hacerlos el Comandante en Jefe.

Deberán ser abogados, prefiriéndose a los que sean Oficiales en servicio activo o de reserva de la respectiva Institución, y tendrán la asimilación que indique el decreto de su nombramiento.

Podrá también decretar que los Auditores que existieren en tiempo de paz, pasen a prestar sus servicios en las fuerzas movilizadas.

Si estas fuerzas operaren o se movilizaren en provincias declaradas en estado de asamblea o de sitio, los Auditores existentes en ellas quedarán de asesores de su Comandante en Jefe.

Artículo 91. Corresponde a los Auditores:

1º Asesorar en materias legales al General o Comandante en Jefe al cual estuvieren agregados;

2º Integrar los Consejos de Guerra que éstos ordenaren formar; y redactar sus sentencias;

3º Tramitar todas las causas civiles que fueren de la jurisdicción militar en tiempo de guerra; concurrir con el General o Comandante en Jefe a la dictación de sus sentencias, y redactarlas aunque sean disconformes con su opinión.

TÍTULO IV. DE LOS HONORES, ESCALAFÓN, CALIFICACIONES, NOMBRAMIENTOS, ASCENSOS, DERECHOS Y PRERROGATIVAS

Artículo 92. Fuera de los honores que establezcan los reglamentos militares, el General en Jefe del Ejército y el Comandante en Jefe de la Escuadra, tendrán el tratamiento de Excelencia.

La Corte Marcial, el de Señoría Ilustrísima.

Los Consejos de Guerra, el de Honorable.

Cada uno de los miembros de estos Tribunales y los Jueces, Auditores y Fiscales, el de Señoría.

Artículo 93. Los funcionarios encargados de la administración de la Justicia Militar, formarán los cuerpos jurídicos militar, naval y de aviación, según corresponda. Estos funcionarios figurarán en el Escalafón de la respectiva Institución, en el que se consignarán los datos que un reglamento especial señale y se colocarán en el orden de antigüedad correspondiente.

DL 3425, 1980, Art. 3°

Artículo 94. El Auditor General del Ejército, el Auditor General de la Armada y el Auditor General de Aviación serán Jefes de los cuerpos jurídicos respectivos.

DL 3425, 1980, Art. 3°

Artículo 95. El personal de los cuerpos jurídicos militares será calificado por las autoridades que se indican:

Los Auditores, por los respectivos jueces institucionales.

Los secretarios relatores de las Cortes Marciales, por sus respectivos Auditores Generales, previo informe de la Corte Marcial que corresponda.

Los fiscales, por el respectivo juez institucional, previo informe del auditor, y

Los secretarios de juzgados institucionales y de fiscalías, por los respectivos jueces institucionales, previo informe del auditor respectivo.

El Fiscal General Militar será calificado por el Auditor General de la institución a que pertenezca.

DL 3425, 1980, Art. 3°

Artículo 96. Derogado.

DL 3425, 1980, Art. 3°

Artículo 97. Derogado.

DL 3425, 1980, Art. 3°

Artículo 98. Derogado.

DL 3425, 1980, Art. 3°

Artículo 99. Derogado.

DL 3425, 1980, Art. 3°

Artículo 100. Derogado.

DL 3425, 1980, Art. 3º

Artículo 101. Toda resolución que imponga una medida disciplinaria, deberá ser transcrita tan pronto como quede ejecutoriada, a la Auditoría General respectiva.

DL 3425, 1980, Art. 3º

Artículo 102. Derogado.

DL 3425, 1980, Art. 3º

Artículo 103. Derogado.

LEY 18431, Art. Único

Artículo 104. Derogado.

LEY 18431, Art. Único Nº 4

Artículo 105. Derogado.

LEY 18431, Art. Único Nº 4

Artículo 106. El personal de los cuerpos jurídicos militares tendrá los mismos derechos y prerrogativas del personal ordinario de justicia, establecidos en el Código Orgánico de Tribunales y demás Leyes y reglamentos respectivos.

DL 3425, 1980, Art. 3º

TÍTULO V. DE LAS IMPLICANCIAS Y RECUSACIONES

Artículo 107. Serán aplicables a los jueces, a los Auditores y a los Fiscales, las disposiciones de los artículos 194 a 200 del Código Orgánico de Tribunales.

Al Fiscal General Militar y sus delegados, a los secretarios y a los secretarios relatores les será aplicable lo dispuesto en los artículos 483, 487, 488 y 491 del Código Orgánico de Tribunales.

Para estos efectos, se considerarán como partes no sólo los procesados y el Fiscal General Militar, sino también los inculpados por el delito.

DL 3425, 1980, Art. 3º

LEY 19047, Art. 9
D.O. 14.02.1991

Artículo 108. Respecto de los tribunales de tiempo de guerra, la implicancia o recusación se solicitará verbalmente o por escrito al mismo funcionario o tribunal de que forme parte; y si la desechare, podrá ser reclamada por escrito al General en Jefe, Comandante Superior de las fuerzas o plaza o fortaleza, sin que en ningún caso se paralice la marcha de la causa.

Respecto de los tribunales de tiempo de paz, la declaración de implicancia o recusación se ajustará a lo prescrito en los artículos 114 a 124 del Código de Procedimiento Civil. La consignación a que se refiere el artículo 118, en su caso, será de un cuarto de sueldo vital mensual, vigente a la fecha de la solicitud.

DL 2059 1977, Art. 2°, N° 2

LIBRO SEGUNDO. DEL PROCEDIMIENTO

TÍTULO I. DISPOSICIONES GENERALES

Artículo 109. Derogado.

LEY 10003, Art. 8°

Artículo 110. Todos los días, incluso los feriados, son hábiles para actuar judicialmente y los plazos no se suspenderán en caso alguno, salvo que el tribunal lo decrete antes de su vencimiento.

Artículo 111. Todos los plazos pueden ser prorrogados cuando, a juicio del tribunal o autoridad respectiva, no haya sido posible practicar dentro de ellos los actos o diligencias para que hayan sido establecidos.

Artículo 112. Cuando no haya plazo establecido para practicar una diligencia o acto judicial, deberá ejecutarse inmediatamente y sin demora alguna.

Artículo 113. Las notificaciones se practicarán inmediatamente de pronunciadas las respectivas resoluciones. En ningún caso podrán demorarse más de veinticuatro horas.

Artículo 114. Las notificaciones se harán por el secretario del tribunal, o por un oficial u ordenanza comisionado por el tribunal para el efecto.

La remisión de cartas certificadas de notificación, de exhortos y de expedientes, que deba hacerse en la substanciación de una causa, estará libre de porte y derechos, como asimismo de franqueo aéreo.

LEY 16639, Art. 1°

Artículo 115. Las notificaciones se practicarán personalmente. No obstante el tribunal podrá decretar que se hagan por cédula o por carta certificada, salvo en los casos en que la ley disponga otra forma de notificación.

LEY 16639, Art. 1°

La cédula debe contener: La designación de la causa en que se hace la notificación; la indicación del tribunal que conoce de ella y la de su secretario, con indicación del lugar donde funciona; el nombre de la persona a quien se notifica; copia de la resolución o sentencia que se notifica; la fecha en que se efectúa la notificación, y la firma de quien la practica.

La carta certificada debe contener los pormenores que se señalan en el inciso precedente, y ser dirigida por el secretario al domicilio que la persona hubiere señalado en autos. Este funcionario deberá dejar constancia en el proceso de la fecha de expedición de la carta, y la notificación se entenderá practicada al día subsiguiente de su remisión.

LEY 16639, Art. 1°

Las resoluciones que declaren cerrado el sumario, las que ordenen el traslado a que se refiere el artículo 146, las que eleven la causa a plenario o que sobresean, y las sentencias definitivas, deberán notificarse personalmente al Fiscal General Militar.

DL 3425, 1980, Art. 3°

Artículo 116. Si no se encontrare la persona a quien se va a notificar, la cédula se entregará al militar más caracterizado si la notificación se hiciere en cuartel, establecimiento o vivac militar, o a cualquiera persona adulta de la familia si se hiciere en morada particular.

En este último caso, si no se encontrare persona de la familia o dependientes del notificado, la cédula se entregará al agente, puesto u oficina de policía más inmediato.

Cada vez que la cédula no se haya entregado personalmente al notificado, el secretario de la causa le dirigirá carta certificada por correo, el mismo día de la notificación, dándole noticia de que se ha efectuado. Esta carta circulará libre de porte y su falta no anula la notificación, pero deja al culpable de su omisión responsable a los perjuicios que se originen.

Artículo 117. La citación al juicio de las personas cuya concurrencia sea necesaria, se hará en la misma forma que las notificaciones, pero la cédula contendrá además la indicación del término dentro del cual deberá presentarse.

La citación de testigos podrá hacerse también por nota a los jefes respectivos, o por intermedio de la policía cuando se trate de particulares. En este caso, la autoridad militar se dirigirá a la autoridad de policía, directamente, por medio de oficio.

Artículo 118. Si la persona que debe notificarse se encontrare fuera del lugar en que funciona el tribunal, la notificación se hará por medio de oficio dirigido a la autoridad militar de quien dependa; y si no fuere militar, por exhorto a cualquiera de los jueces ordinarios de la localidad donde se encontrare.

Artículo 119. Cuando se ignorare el paradero del inculpado u otras personas, la notificación y la citación se harán por medio de un edicto que se fijará, por cinco días, en la secretaría del tribunal, debiendo certificarse tal hecho en los autos.

LEY 16639, Art. 1°

Artículo 120. En casos de urgencia y especialmente en tiempo de guerra, las notificaciones podrán hacerse en cualquiera forma que haga presumir fundadamente que el notificado tomará conocimiento de ella; y se dará entonces conocimiento al jefe respectivo cuando se trate de militares.

Artículo 121. En todos los casos no previstos en este Código, se aplicarán las reglas de procedimiento que correspondan a los tribunales ordinarios en los juicios de más rápida tramitación, interpretadas dentro del espíritu de la mayor rapidez de los procedimientos y de la mayor buena fe en las actuaciones.

TÍTULO II. DEL PROCEDIMIENTO PENAL EN TIEMPO DE PAZ

1. Reglas generales

Artículo 122. Son aplicables a los procesos penales militares las reglas de los artículos 50 a 53, 55, 56, 57, 59, 61, 62, 64, 66 inciso final, 67 y 75 del Código de Procedimiento Penal.

DL 3425, 1980, Art. 3°
LEY 16639, Art. 1°

NOTA 9. Respecto del procedimiento que debe seguirse en las causas por delitos contra la seguridad interior del Estado, véase la Ley N° 12.927, sobre Seguridad del Estado, y en cuanto al procedimiento aplicable para las causas por infracción a la Ley de Reclutamiento, el texto del DL 2306, de 1978.

Artículo 123. Solamente son apelables:
1° El auto de procesamiento;
2° La resolución del Fiscal que deniegue la libertad provisional con posterioridad al cierre del sumario, y, dentro del sumario, cuando la privación de libertad haya durado más de veinte días;
3° Los autos de sobreseimiento, y
4° Las sentencias definitivas e interlocutorias de primera instancia.
Las demás resoluciones serán apelables sólo en los casos en que se conceda expresamente el recurso.

En los casos de los números 1° y 2° la apelación se concederá sólo en el efecto devolutivo. En los demás, salvo regla especial en contrario, procederá en ambos efectos.

LEY 16639, Art. 1°
NOTA 10. Véase el artículo 20, letra b) de la Ley N° 17.798, sobre Control de Armas.

Artículo 124. Será declarado rebelde:

1° El inculpado o procesado que no compareciere al juicio después de haber sido emplazado en la forma que señala el artículo 119, y

2° El inculpado o procesado que se hubiere fugado del lugar donde se encontraba privado de libertad.

En ambos casos será necesaria la dictación por parte del tribunal de una orden de aprehensión contra el ausente, hecho éste que, junto con la ocurrencia de alguna de las circunstancias señaladas en los números 1 y 2, serán certificados previamente por el secretario, para que el tribunal decrete la rebeldía del inculpado o procesado.

DL 3425, DEFENSA, Art. 3°
D.O. 14.06.1980
LEY 19047, Art. 9
D.O. 14.02.1991

Artículo 125. Las investigaciones del sumario no se suspenderán por la declaración de rebeldía, sino que seguirán adelante hasta su conclusión. Una vez terminado el sumario, el Fiscal pedirá el sobreseimiento definitivo o temporal, según el mérito que arrojen los antecedentes, con arreglo a lo dispuesto en los artículos 408 y 409 del Código de Procedimiento Penal.

Si la rebeldía se declarare en el plenario, se suspenderá la causa hasta la presentación o aprehensión del procesado, salvo el caso de que la rebeldía fuere decretada después de notificada la certificación a que se refiere el artículo 160, en cuyo evento se procederá de acuerdo con lo establecido en el artículo 599 del Código de Procedimiento Penal.

DL 3425, 1980, Art. 3°

Artículo 126. Derogado.

DL 3425, 1980, Art. 3º

2. Del sumario

Artículo 127. Todo proceso criminal debe comenzar por decreto del Juez indicado en el artículo 16, que lo manda instruir.

Seguirá con la investigación hecha por el Fiscal, de los hechos que constituyan la infracción penal, fijen las circunstancias que pueden influir en su calificación y penalidad, determine la persona o personas responsables y aseguren sus personas y la responsabilidad pecuniaria a que haya lugar.

Todas estas diligencias constituyen el sumario.

Artículo 128. No obstante lo dispuesto en el artículo anterior, los Fiscales, desde el momento en que tengan conocimiento de la perpetración de un delito de la jurisdicción militar, estarán también obligados a evacuar las primeras diligencias a que se refiere el artículo 7 del Código de Procedimiento Penal, incluso conceder la libertad de los procesados en conformidad a la ley.

Juntamente con iniciar esas diligencias, deberá el Fiscal comunicar al Juzgado el hecho punible para los efectos del inciso 1º del artículo precedente.

Artículo 129. Serán aplicables al sumario las reglas de los artículos 77 a 79 del Código de Procedimiento Penal y 165 del Código Orgánico de Tribunales.

Artículo 130. El sumario no podrá prolongarse más de cuarenta días contados desde la fecha del decreto que lo ordenó formar; pero el Juez podrá ampliar o restringir este término según las circunstancias.

LEY 18431, Art. Único Nº 5
D.O. 23.08.1985

Si mediante esta ampliación el sumario se prolongare más de sesenta días, podrá hacerse público en cuanto no fuere perjudicial al éxito de la investigación, y todo aquel que tenga interés directo por su terminación podrá intervenir para instar en este sentido.

LEY 19047, Art. 2°, N° 7
D.O. 14.02.1991

Sin perjuicio de lo dispuesto en los incisos anteriores, el procesado podrá solicitar el conocimiento del sumario durante la tramitación de la causa y tendrá siempre derecho a él transcurridos 120 días desde la fecha de la resolución que lo sometió a proceso.

LEY 19047, Art. 9
D.O. 14.02.1991

Artículo 131. Todo el que tenga conocimiento de haberse cometido un delito comprendido en la jurisdicción militar, puede denunciarlo.

Están obligados a hacer esta denuncia los empleados públicos y los miembros de las fuerzas armadas.

La denuncia debe hacerse directamente al juez institucional o al fiscal que corresponda. Podrá también recibirla el Fiscal General Militar o las autoridades militares, quienes deben transmitirla al juez institucional o al fiscal competentes.

DL 3425, 1980, Art. 3°

Artículo 132. El Juez Institucional que tome conocimiento, ya por denuncia, ya por requerimiento del Fiscal General Militar o de otro modo, de haberse cometido un hecho punible, decretará la formación de un sumario para su investigación y castigo, salvo que estime que el hecho merece sólo una sanción disciplinaria o constituye una mera falta.

En este último caso, devolverá los antecedentes a la autoridad administrativa correspondiente para la aplicación de las medidas disciplinarias que se estimen conducentes.

LEY 18342, Art. 1°, N° 17
DL 3425, 1980, Art. 3°

Artículo 133. El sumario se seguirá exclusivamente de oficio y, por lo tanto, no se admitirá querellante particular en estos juicios. Sin embargo, tratándose de los delitos de violación, rapto, adulterio o estupro, no podrá iniciarse el sumario sin el consentimiento del ofendido o de las personas que en conformidad a la ley respectiva puedan perseguir o denunciar el delito.

Las personas perjudicadas con el delito, sus ascendientes, descendientes, cónyuge o hermanos, podrán, no obstante, impetrar las medidas de protección que sean procedentes, especialmente las relativas a asegurar el resultado de las acciones civiles que nazcan del delito; pero sin entorpecer en manera alguna las diligencias del sumario. Si se presentaren varias, deberán obrar conjuntamente.

LEY 11183, Art. 5°, N° 1

Artículo 133-A. Los perjudicados con el delito y las demás personas señaladas en el artículo 133, podrán:

1° Pedir en el sumario, la práctica de determinadas diligencias probatorias conducentes a comprobar el cuerpo del delito y a determinar la persona del delincuente, sin que entorpezca las diligencias del sumario;

2° Solicitar la publicidad del sumario en conformidad con lo prescrito en el inciso segundo del artículo 130;

3° Pedir la dictación del auto de procesamiento contra el o los inculpados;

4° Deducir recurso de apelación contra la resolución que le deniegue en todo o en parte la dictación del auto de procesamiento. Esta apelación se concederá sólo en el efecto devolutivo;

5° Deducir recurso de apelación contra los autos de sobreseimiento;

6° Apelar de las resoluciones que concedan a los inculpados su libertad provisional;

7° Solicitar en el plenario, hasta la dictación de la resolución que recibe la causa a prueba, diligencias probatorias conducentes a demostrar los hechos materia del juicio, lo que el Tribunal calificará en la citada resolución;

8° Asistir a las diligencias probatorias del plenario con los derechos que le corresponden a la parte;

9° Deducir recursos de casación en la forma o en el fondo contra las sentencias de las Cortes Marciales, cuando ello procediere y dentro de los plazos y con las formalidades señaladas por la ley, y

10° Ejercitar los demás derechos que conceda en forma expresa alguna disposición legal.

LEY 16639, Art. 1°
LEY 19047, Art. 2° a), b) y c)

Artículo 133-B. Si el perjudicado fuere el Fisco, podrá además:

1° Imponerse del sumario desde el primer momento, a menos que el Tribunal por resolución fundada que dicte en el interés del éxito de la investigación determine otra cosa;

2° Apelar de las resoluciones que concedan a los inculpados su libertad provisional;

3° Solicitar en el plenario, hasta la dictación de la resolución que recibe la causa a prueba, diligencias probatorias conducentes a demostrar los hechos materia del juicio, lo que el Tribunal calificará en la citada resolución;

4° Asistir a las diligencias probatorias del plenario con los derechos que corresponden a la parte, y

5° Deducir recurso de casación en la forma o en el fondo contra las sentencias de las Cortes Marciales cuando ello procediere y dentro de los plazos y con las formalidades señaladas por la ley.

LEY 16639, Art. 1°

Artículo 134. En caso de delito infraganti, el comandante del cuartel, oficial de guardia, jefe del establecimiento y, en general, todo militar a quien corresponda en ese momento el mando inmediato de la fuerza o del lugar donde el hecho se ha perpetrado, procederá rápidamente a la detención de los culpables y a investigar, con los medios a su alcance, la existencia del hecho y sus circunstancias.

Terminada su investigación pondrá al o los culpables a disposición del Juzgado correspondiente, con un parte en que relate el suceso en la forma que lo hubiere investigado.

El Juzgado procederá en la forma indicada en el artículo 132.

Artículo 135. El Fiscal encargado de levantar el sumario procederá inmediatamente a la comprobación del delito y averiguación del delincuente, ajustándose en cuanto fuere posible, y compatible con la celeridad de los procedimientos a las reglas dadas en el Título III, Primera Parte del Libro II, del Código de Procedimiento Penal.

Los menores de edad exentos de responsabilidad penal serán puestos a disposición del tribunal competente en asuntos de familia.

LEY 20084, Art. 62
D.O. 07.12.2005

NOTA. El artículo 1 transitorio de la LEY 20084, publicada el 07.12.2005, dispone que la modificación que introduce a la presente norma, rige dieciocho meses después de su publicación.

Artículo 136. Cuando haya motivo bastante para sospechar que una persona es autor, cómplice o encubridor de un delito, el Fiscal podrá decretar su prisión o limitarse a citarlo a prestar declaración indagatoria, según las circunstancias.

Artículo 137. Serán aplicables a las órdenes de detención y de prisión las reglas de los artículos 272, 280 a 282, y 284 a 295 del Código de Procedimiento Penal.

DL 3425, 1980, Art. 3º
LEY 19047, Art. 2º, 9) a)
LEY 19114, Art. Único a)

Si el detenido o preso fuere un civil, la privación de libertad se hará efectiva en la cárcel o lugar público de detención que indique el mandamiento. Si fuere militar, en el cuartel o establecimiento militar de la respectiva institución que el mismo mandamiento indique.

En caso de que en el lugar no exista cuartel o establecimiento militar de la institución a que pertenezca el inculpado, se hará efectiva la privación de libertad en el establecimiento que la misma orden señale.

INCISO DEROGADO.

LEY 19047, Art. 2º, 9) b

Lo dispuesto en este artículo y en el artículo 434, será aplicable también a los Oficiales Generales en retiro, y a aquellos que a la fecha de la comisión del delito hayan tenido el carácter de militares.

LEY 18431, Art. 1°, N° 6

Artículo 137 bis. Las disposiciones del artículo precedente no impiden ni suspenden, en caso alguno, el cumplimiento de las penas privativas de libertad en la forma prevista por el artículo 86 del Código Penal.

En consecuencia, la circunstancia de existir un mandamiento de detención o prisión expedido con anterioridad o posterioridad al momento de hallarse ejecutoriada la sentencia, no obstará al cumplimiento de la pena, ni modificará el régimen penitenciario al que, en conformidad al Reglamento, deba someterse el condenado.

LEY 19368, Art. 1°, N° 1

Artículo 138. También serán aplicables las reglas de los artículos 296 y siguientes del Código de Procedimiento Penal, sobre las medidas que agravan la prisión.

Artículo 139. Contra la orden de prisión de alguna autoridad judicial del fuero militar, solamente procede el recurso de amparo, de acuerdo con lo prescrito en la Constitución Política del Estado.

Conocerá de este recurso, en única instancia, la Corte Marcial respectiva, y su tramitación se sujetará a lo dispuesto en los artículos 306 a 310 del Código de Procedimiento Penal.

DL 3425, 1980, Art. 3°

Artículo 140. Las reglas sobre las declaraciones del inculpado, careos e identificación del inculpado y sus circunstancias personales, contenidas en la Primera Parte del Libro II del Código de Procedimiento Penal, serán también aplicables en el sumario militar.

Se aplicarán, asimismo, las disposiciones de los artículos 274, 276, 278 y 279 del mismo Código.

El auto de procesamiento será notificado al jefe de la casa de detención en que se encuentre el reo y a éste.

DFL 1, JUSTICIA, Art. Primero a)
D.O. 22.06.1992

NOTA. El artículo 9 de la LEY 19047, modificado por las leyes 19114 y 19158, ordenó sustituir la palabra "reo" por las expresiones "procesado", "inculpado", "condenado", "demandado" o "ejecutado" o bien mantenerse según corresponda.

Artículo 141. La prisión preventiva sólo durará mientras subsistan los motivos que la hubieren ocasionado. El detenido o preso será puesto en libertad en cualquier estado del sumario en que aparezca su inocencia.

Artículo 142. En los juicios militares serán aplicables las reglas del Código de Procedimiento Penal sobre libertad provisional de los procesados; pero si el delito fuere el de deserción, no regirá la disposición del artículo 357 de dicho Código. NOTA: 11 Véase el artículo 4 del DL N° 2621, de 1979.

LEY 16639, Art. 1°

NOTA 11. Véase el artículo 4° del DL N° 2621, de 1979

Artículo 143. Dictado auto de procesamiento contra el inculpado que tenga bienes, el Fiscal, a petición de parte interesada, o de oficio si se tratare de resguardar los intereses del Fisco, decretará en su contra mandamiento de embargarle bienes que basten para cubrir las responsabilidades pecuniarias que se pronuncien contra él, fijando el monto hasta el cual haya de calcularse el embargo. Para fijar este monto se tomarán en cuenta las responsabilidades civiles provenientes del delito.

Se procederá en seguida conforme a las reglas de los artículos 382 a 400 del Código de Procedimiento Penal.

D.F.L. 1 Justicia, 1992, Art. Primero, b)
DL 3425, 1980, Art. 3°

Artículo 144. Cuando el Fiscal de la causa estime necesario agregar al proceso documentos secretos pertenecientes a las Fuerzas Armadas o a Carabineros de Chile, los requerirá al respectivo Comandante en Jefe Institucional o al General Director de Carabineros, según corresponda, previa dictación de una resolución fundada que transcribirá junto a la solicitud.

Sin embargo, si la autoridad requerida considera que su remisión puede afectar la seguridad del Estado, la Defensa Nacional, el orden público interior o la seguridad de las personas, podrá rehusarse a ella. Si el Fiscal estimare indispensable la medida, procederá a elevar los antecedentes a la Corte Suprema para su resolución, Tribunal que en este caso se integrará en la forma prevista en el artículo 70-A de este Código.

LEY 18667, Art. 1°, a)

Artículo 144 bis. El Fiscal dispondrá la formación de un cuaderno separado para agregar los documentos secretos que le sean remitidos.

Al mismo cuaderno se incorporarán las declaraciones de testigos que se requiera mantener en reserva para preservar secretos que interesen a la seguridad del Estado, la Defensa Nacional, el orden público interior o la seguridad de las personas.

De los antecedentes que obren en dicho cuaderno se dará conocimiento a los abogados de las partes sólo en cuanto sirvan de fundamento de la acusación, del sobreseimiento o de la sentencia definitiva. Si se quisiere hacerlos valer ante los Tribunales Superiores, ello se comunicará previamente al Presidente del Tribunal respectivo, quien dispondrá, en tal caso, que la audiencia pertinente no sea pública.

Todos los que hubieren tomado conocimiento de tales antecedentes estarán obligados a mantener el secreto de su existencia y contenido.

Las disposiciones de este artículo serán aplicables aun cuando se hubiere cerrado el sumario o se hubiere dictado sentencia firme o ejecutoriada en el proceso.

LEY 18667, Art. 1°, a)

Artículo 145. Practicadas las diligencias necesarias para la averiguación del hecho punible y de sus autores, cómplices y encubridores, o vencido el término dentro del cual debe concluirse el sumario, el Fiscal lo dará por terminado.

Dentro del segundo día elevará el sumario, con todos los elementos de convicción acumulados, al Juzgado Institucional correspondiente, acompañado de su dictamen, en el cual hará una relación sucinta del proceso y concluirá pidiendo, o bien que se sobresea en la causa, o bien que se castigue a los inculpados en la forma que estime de derecho.

LEY 18342, Art. 1°, N° 18

Del plenario

DL 3425, 1980, Art. 3°

Artículo 146. Recibido el proceso por el juzgado institucional con el dictamen del fiscal, lo examinará, y, si estimare procedente sobreseer, dictará inmediatamente resolución en este sentido.

Si en el proceso se hubiere hecho parte el Fiscal General Militar, el juez institucional, antes de decidir su elevación a plenario o su sobreseimiento, le dará traslado de las peticiones del Fiscal por el término de tres días, a fin de que se adhiera al dictamen fiscal o formule las observaciones que estime procedentes.

El sobreseimiento, definitivo o temporal, procederá en los casos enumerados en los artículos 408 y 409 del Código de Procedimiento Penal.

El sobreseimiento sólo procede respecto de la persona del inculpado cuando se hubiere dictado auto de procesamiento en su contra.

D.F.L. 1 Justicia, 1992, Art. Primero, c)

Artículo 147. El auto de sobreseimiento deberá consultarse a la Corte Marcial cuando el proceso versare sobre delito que la ley castigare con pena aflictiva.

Deberá también consultarse cuando hubiere sido dictado contra la opinión del Fiscal.

La Corte Marcial se pronunciará sobre la consulta sin más trámite que señalar día para la vista de la causa. El o los inculpados y las personas expresadas en el artículo 133, podrán, por medio de abogado, formular las observaciones que estimen procedentes en la vista de la causa.

Artículo 148. Firme la resolución de sobreseimiento, tendrán aplicación los artículos 418 a 421 del Código de Procedimiento Penal.

Artículo 149. Si el Juzgado no estimare procedente el sobreseimiento, o la Corte Marcial dejare sin efecto el decretado u ordenare acusar, volverán los autos al Fiscal para el cumplimiento de lo resuelto.

Artículo 150. Cuando se elevare la causa a plenario, el Fiscal ordenará poner los autos en conocimiento del o los inculpados para que en el término de seis días respondan a los cargos que existan en su contra.

LEY 16639, Art. 1°

Artículo 151. En el momento de la notificación del decreto anterior, la cual deberá hacerse personalmente, el o los procesados deberán señalar el nombre de su abogado defensor.

En los casos en que el procesado careciere de abogado para contestar la acusación, o que el abogado designado por él no evacuare los trámites oportunamente y se encontrare remiso en el requerimiento judicial, cumplirá con el trámite el abogado de turno, y a falta de éste, el que designare la Corporación de Asistencia Judicial respectiva a requerimiento del Fiscal. A falta de los abogados anteriormente indicados, podrá designarse como tal a un Oficial de las instituciones armadas o de carabineros que no tenga un grado superior al del fiscal que sustancia la causa.

DL 3425, DEFENSA, Art. 3°
D.O. 14.06.1980
LEY 19047, Art. 9
D.O. 14.02.1991

Artículo 152. Los autos podrán ser retirados de Secretaría por el defensor designado, por el término de seis días, salvo que el Fiscal resolviere lo contrario.

Vencido el término por el cual se haya sacado el proceso, deberá ser devuelto a la oficina del Secretario. Si notificada la orden de devolución al defensor designado que lo hubiere retirado, no la efectúa dentro de las veinticuatro horas siguientes, podrá ser apremiado con arresto hasta la devolución.

LEY 16639, Art. 1°
LEY 18431, Art. 1°, N° 7

Artículo 153. Si fueren varios los procesados, el plazo expresado en el artículo 150 será sucesivo, pero no podrá exceder de sesenta días. El Fiscal determinará el orden en que los procesados responderán los cargos y adoptará las providencias necesarias para que puedan hacerlo en el tiempo máximo aquí establecido, en su caso.

LEY 16639, Art. 1º
LEY 19047, Art. 9
D.O. 14.02.1991

Artículo 154. La contestación del procesado contendrá todas las defensas que estime procedentes a su derecho, exponiendo con claridad los hechos, las circunstancias y las consideraciones que acrediten su inocencia o atenúen su culpabilidad.

Podrá presentar una o más conclusiones con tal que no sean incompatibles entre sí o con tal que, si fueren incompatibles, las presente subsidiariamente, para el caso que la sentencia deniegue la otra u otras.

LEY 19047, Art. 9
D.O. 14.02.1991

Artículo 155. En el mismo escrito de contestación, el procesado expondrá si renuncia a las demás diligencias del plenario y acepta que se pronuncie sentencia inmediatamente, o si quiere rendir prueba en el plenario.

En este caso, expresará cuáles son los medios probatorios de que intenta valerse y presentará la lista de los peritos o testigos que han de declarar a su instancia.

Igualmente, si fuere el caso, en el mismo escrito deducirá las tachas que tuviese contra los testigos del sumario y expondrá los medios de probarlas.

LEY 19047, Art. 9
D.O. 14.02.1991

Artículo 156. Si el procesado o procesados renuncian al plenario, el Fiscal elevará de inmediato los antecedentes al Juzgado militar para su fallo.

No obstante, si el Fisco o el Fiscal General fueran partes en el proceso, éstos dispondrán de un plazo de dos días, contado desde la notificación de la resolución que provee la contestación a la acusación del procesado o del último de ellos si fueren varios, para ofrecer la prueba que estimaren pertinente. Vencido dicho plazo sin que lo hubieren hecho, el Fiscal elevará los antecedentes con el fin previsto en el inciso anterior.

Si el procesado o procesados, el Ministerio Público Militar o el Fisco, ofrecieren prueba, se recibirá la causa a prueba por un término equivalente a la mitad del que haya durado la sustanciación del sumario, no pudiendo en ningún caso exceder de veinte días.

DL 3425, DEFENSA, Art. 3º
D.O. 14.06.1980

Artículo 157. Las listas de testigos expresarán sus nombres y apellidos, su apodo, si por él son conocidos, y su domicilio o residencia. La parte que los presenta manifestará, además, si se encarga de hacerlos comparecer o si pide que sean citados judicialmente. Si nada dijera a este respecto, se entenderá que se encarga de hacerlos comparecer.

DL 3425, 1980, Art. 3º

Artículo 158. La prueba y la manera de apreciarla se regirán por las reglas del Título IV de la Segunda Parte del Libro II del Código de Procedimiento Penal, con estas variantes:

1a Las actuaciones relativas a la prueba se practicarán en audiencia pública, salvo que la publicidad se estime peligrosa para las buenas costumbres, para el orden público o la seguridad y disciplina del cuerpo armado, lo que declarará el Fiscal en auto especial. Sin embargo, esta restricción de publicidad, no podrá impedir la asistencia a todos los trámites de la prueba, del Fiscal General Militar, del Fisco, del procesado y de su defensor.

2a Los testigos serán examinados por el fiscal al tenor de las preguntas escritas que deberán presentar las partes hasta las doce horas del día anterior al de la audiencia señalada para su examen, pudiendo el fiscal rechazar aquellos puntos que considere impertinentes.

3a El procesado, el Fiscal General o el Fisco, en su caso, podrán también interrogar a los testigos con permiso del fiscal, quien lo concederá para hechos pertinentes. No podrá negarlo cuando las preguntas se dirijan a establecer causales de inhabilidad de los testigos. El fiscal podrá también interrogarlos y hacerles preguntas para aclarar las formuladas por el procesado, el Ministerio Público Militar o el Fisco.

4a Para los efectos de lo dispuesto en el artículo 460 del Código de Procedimiento Penal, se considerará acusador particular al que hubiere sido reconocido como parte perjudicada en los términos de los artículos 133, 133 A y 133 B.

DL 3425, DEFENSA, Art. 3°
D.O. 14.06.1980
LEY 19047, Art. 9
D.O. 14.02.1991

Artículo 159. Son también aplicables en este caso las reglas de los artículos 490, 491, 495, 496 y 497 del Código de Procedimiento Penal.

Artículo 160. Vencido el término probatorio, el secretario de la causa certificará este hecho en el proceso y expondrá cuál ha sido la prueba rendida.

Previa notificación a los procesados y al Fiscal General Militar o al Fisco cuando procediere, el Fiscal enviará inmediatamente la causa al Juzgado Institucional.

LEY 19047, Art. 9
D.O. 14.02.1991

Artículo 161. Recibido el proceso por el Juzgado, lo hará examinar por su Auditor para ver si ha omitido alguna diligencia de importancia.

Si notare el Auditor alguna omisión, o si creyere necesario el esclarecimiento de algún punto dudoso, mandará el Juzgado que se practiquen las diligencias conducentes con la posible brevedad.

No faltando diligencia alguna o practicadas las que se ordenaren, el Juzgado pronunciará sentencia.

DL 3425, DEFENSA, Art. 3°
D.O. 14.06.1980

Artículo 162. La sentencia contendrá los requisitos indicados en el artículo 500 del Código de Procedimiento Penal y le serán aplicables las reglas de los artículos 501, 502, 503, 504, 505, 507, 508 y 509 del mismo Código.

LEY 16639, Art. 1º
DL 3425, 1980, Art. 3º

Artículo 163. La sentencia definitiva puede ser apelada por el procesado, por el Fiscal General Militar y por el Fisco cuando se hubiere hecho parte en el juicio; por el perjudicado con el delito; y por cualquiera de las personas expresadas en el artículo 133, dentro del término fatal de cinco días, desde que sean notificados.

La apelación se deducirá por escrito, o verbalmente en el acto de la notificación; y el recurso se concederá en ambos efectos.

DL 3425, DEFENSA, Art. 3º
D.O. 14.06.1980
LEY 19047, Art. 9
D.O. 14.02.1991

Artículo 164. Si la sentencia definitiva no fuere apelada en el término expresado, será enviada en consulta ante la Corte Marcial respectiva, en los casos enumerados en el artículo 533 del Código de Procedimiento Penal, o cuando hubiere sido dictada contra la opinión del auditor.

DL 3425, 1980, Art. 3º

Artículo 165. Concedida la apelación o siendo procedente la consulta, los autos se enviarán al Secretario de la Corte Marcial en la forma prescrita por el artículo 512 del Código de Procedimiento Penal, previa notificación de las partes.

Artículo 166. Recibidos los autos por la Corte Marcial, sea en apelación o en consulta, el presidente decretará que se traigan en relación, señalará en la misma resolución el día para la vista de la causa y ordenará la convocatoria a que se refiere el artículo 66, cuando haya de verse en audiencia extraordinaria.

Si hubiere procesado preso en la causa, la vista deberá decretarse para dentro del quinto día desde ese decreto. En los demás casos, podrá retardarse hasta el décimo desde la misma fecha.

LEY 19047, Art. 9
D.O. 14.02.1991

Artículo 167. Las partes podrán hacerse representar ante la Corte Marcial por medio de procurador del número y hacerse defender por medio de abogado que tenga facultad para alegar ante una Corte de Apelaciones.

Artículo 168. Hayan constituido o no las partes procurador para su representación, todas las notificaciones que ocurran ante la Corte Marcial se les harán por medio de cartas certificadas dirigidas por el secretario al domicilio que tuvieren señalado en los autos, la parte o su procurador. Se comprende en esta disposición aun la notificación del decreto a que se refiere el artículo 166. Sin embargo, no se recurrirá a la notificación A por carta certificada cuando se hubiere practicado en secretaría la notificación personal.

DL 3425, 1980, Art. 3º

Artículo 169. Sin más trámites que los indicados, la causa se verá prescrita por Procedimiento en el día que le corresponda, en la forma los artículos 223 a 226 del Código de Civil.

Artículo 170. En el curso de la apelación serán aplicables las disposiciones de los artículos 517 a 523, 525, 528, 529, 530, 531 y 532 del Código de Procedimiento Penal, sustituyéndose el Ministerio de Defensa Nacional al Ministerio de Justicia en el 531 y siendo el término igual al de la primera instancia en el 519.

DL 3425, DEFENSA, Art. 3º
D.O. 14.06.1980

Podrá la Corte Marcial ordenar que el procesado comparezca ante el tribunal para interrogarlo sobre los hechos, o para conocer el carácter y las condiciones de la persona a la cual va a juzgar. En todo caso, la diligencia podrá verificarse en el establecimiento carcelario, en la unidad militar donde se encuentre el procesado ante el tribunal para interrogarlo sobre los hechos, o para conocer el carácter y las condiciones de la persona a la cual va a juzgar. En todo caso, la diligencia podrá verificarse en el establecimiento carcelario, en la unidad militar donde se encuentre el procesado ante el tribunal para interrogarlo sobre los hechos, o para conocer el carácter y las condiciones de la persona a la cual va a juzgar. En todo caso, la diligencia podrá verificarse en el establecimiento carcelario, en la unidad militar donde se encuentre el procesado o en el lugar donde haya sido llevado para este efecto.

DL 3425, DEFENSA, Art. 3º
D.O. 14.06.1980

Artículo 171. Contra las sentencias de las Cortes Marciales procederá, para ante la Corte Suprema, el recurso de casación, así en la forma como en el fondo, de acuerdo con las reglas del Título X de la Segunda Parte del Libro II del Código de Procedimiento Penal, con las modificaciones siguientes:

LEY 19047, Art. 9
D.O. 14.02.1991

1º No será menester efectuar consignación alguna;

2º Sea el recurso de forma o de fondo, o bien se interpongan ambos, se anunciará y formalizará en un solo escrito, dentro del plazo fatal de diez días desde la notificación de la sentencia. Este escrito será firmado por abogado que pague patente para defender ante la Corte Marcial;

DL 3425, 1980, Art. 3º

3º La causal del Nº 2 del artículo 541 del Código de Procedimiento Penal podrá deducirse aunque el vicio se haya cometido en primera instancia, siempre que se hubiere reclamado oportunamente y no se hubiere subsanado el defecto en la segunda;

LEY 16639, Art. 1º

4º Elevados los autos a la Corte Suprema, este tribunal antes de la vista de la causa, los pasará en dictamen a su Fiscal por el término de ocho días;

5º La sentencia deberá pronunciarse dentro del término de quince días desde la terminación de su vista;

6º La sentencia será transcrita al Auditor General.

NOTA 12. Véanse, los arts. 27, letra j) de la Ley Nº 12.927 y 20, letra c) de la Ley Nº 17.798.

Artículo 172. Contra las sentencias firmes en materia de jurisdicción militar, procederá también, para ante la Corte Suprema, el recurso de revisión, de acuerdo con las reglas establecidas en el Título VII del Libro III del Código de Procedimiento Penal, con la siguiente modificación:

La prueba a que se refiere el artículo 660 será encomendada para recibirla, en vez del Juez Letrado, al Fiscal Militar de la provincia en que se encuentre el testigo.

Artículo 173. En los procesos militares serán asimismo aplicables las reglas sobre la extradición activa, contenidas en el Título VI del Libro III del Código citado.

4. De las cuestiones de competencia

Artículo 174. Las cuestiones de competencia podrán ser promovidas por los que figuren como inculpados en los procesos, por las personas enumeradas en el artículo 133, o de oficio, y se regirán por las reglas del Título XI, Libro I, del Código de Procedimiento Civil, en cuanto sean compatibles en el sistema y las reglas establecidas en este Código.

Artículo 175. La cuestión de competencia, en cualquiera forma que se promueva, ya sea afirmativa o negativa, se sustanciará en expediente separado y no entorpecerá la marcha del juicio.

Si llegado éste al estado de sentencia definitiva aún no se hubiere resuelto a firme la cuestión de competencia, se suspenderá el pronunciamiento de la sentencia.

Artículo 176. Mientras se resuelve la cuestión de competencia, los tribunales respecto de los cuales se promueve están obligados a practicar todas las diligencias de sustanciación de la causa hasta dejarla en estado de resolver; pero aquel en cuyo territorio jurisdiccional estuvieren deteni-dos los procesados, será el único que podrá resolver sobre todo lo relativo a su detención y libertad provisional.

Dirimida la cuestión, será aplicable lo dispuesto en el artículo 48 del Código de Procedimiento Penal.

LEY 19047, Art. 9
D.O. 14.02.1991

Artículo 177. Derogado.

DL 3425, 1980, Art. 3°

TÍTULO III. EL PROCEDIMIENTO CIVIL, DE LAS ACCIONES CIVILES QUE NACEN DEL DELITO

Artículo 178. Las acciones civiles para obtener la mera restitución de alguna cosa que hubiere sido objeto de un delito, se deducirán ante el juez que conociere o hubiere conocido de la causa en primera instancia; y se tramitarán conforme a las reglas del Código de Procedimiento Civil para los incidentes, en expediente o cuaderno especial.

Los recursos que en éste se deduzcan no entorpecerán la marcha de la causa principal, ni viceversa.

Artículo 179. La regla del artículo anterior se aplicará también cuan-do, desaparecida o perdida la cosa, se reclamare su valor.

TÍTULO IV. DEL PROCEDIMIENTO PENAL EN TIEMPO DE GUERRA

Artículo 180. Inmediatamente que la autoridad militar superior co-rrespondiente tuviere noticia por cualquier medio de que se ha cometido un delito de la jurisdicción militar, ordenará instruir el proceso correspon-diente al respectivo Fiscal.

Este procederá en el acto a investigar, breve y sumariamente y asistido por su secretario, la verdad de los hechos y a reunir los antecedentes que sirvan para comprobarlos. Detendrá también al o los presuntos delincuen-tes y los interrogará en la misma forma.

Terminado el sumario, que no podrá durar más de cuarenta y ocho horas, salvo que el jefe que lo hubiere ordenado señalare otro plazo, lo elevará a éste con todos los elementos de convicción acumulados, acompañado de su dictamen en el cual hará una relación sucinta de la investigación, e indicará con precisión las personas culpables, su grado de culpabilidad y las penas que a su juicio merezcan los responsables y si lo estimare procedente, pedirá el sobreseimiento.

Artículo 181. El Comandante en Jefe indicado en los artículos 74 y 76, asesorado por su respectivo Auditor, tomará conocimiento del sumario, y si no estimara procedente el sobreseimiento, dictará un auto fundado estableciendo los hechos delictuosos que se desprendan del sumario, y ordenará en el acto la convocatoria del Consejo de Guerra correspondiente que debe juzgar a los inculpados, designando a los vocales, conforme a las reglas de los artículos 82 y siguientes.

Ordenará, asimismo, la convocación del Consejo de Guerra cuando el Fiscal formule acusación, salvo que considere que se trata de una falta, en cuyo caso procederá a sancionarla disciplinariamente.

Artículo 182. En caso de delito infraganti, será aplicable lo dispuesto en el artículo 134 y el parte será enviado al General en Jefe o Comandante que corresponda.

Ordenará al mismo tiempo pasar el parte y demás antecedentes al Fiscal que corresponda, el cual podrá completar las investigaciones sin retardar por ello la reunión del Consejo.

Artículo 183. El decreto que ordena la convocación del Consejo de Guerra señalará el lugar, día y hora en que debe funcionar; y ordenará también ponerlo en conocimiento del o los inculpados con el mandamiento de que en el acto deben señalar su defensor.

Al inculpado que no designare en el acto su defensor, se le designará uno de oficio por el Fiscal.

Artículo 184. En el tiempo intermedio, el defensor tendrá derecho a imponerse de todos los antecedentes acumulados que existan en poder del

Fiscal y podrá por su parte reunir los que estime convenientes a la defensa que se le ha encomendado.

Podrá también comunicarse con el inculpado, sin que ningún decreto de incomunicación pueda impedírselo.

El defensor deberá hacer por escrito su defensa, indicando los medios de prueba de que piensa valerse y la lista de testigos y peritos que deban deponer a su instancia. Esa lista la comunicará previamente al Fiscal a fin de que los cite a la audiencia con la debida oportunidad.

Artículo 185. Decretada la convocatoria de un Consejo de Guerra, el Presidente se encargará de hacer las citaciones de sus miembros, obteniendo el reemplazo de los impedidos legal o materialmente de concurrir.

Designará también un secretario para el Consejo y los oficiales de pluma que sean necesarios, y pedirá la guardia militar que sea del caso.

Artículo 186. El día y hora designados, y en el lugar que se le hubiere señalado, se reunirá el Consejo de Guerra, debiendo concurrir todos sus miembros de uniforme.

Igualmente deberán concurrir de uniforme el Fiscal, defensor, inculpado y cuantas personas deban comparecer, si lo tuvieren.

LEY 19047, Art. 9
D.O. 14.02.1991

Artículo 187. El Consejo se constituirá conforme al decreto de su nombramiento, con la concurrencia del Fiscal y el secretario designado.

Si faltare algún miembro, se dará inmediato aviso a la Superioridad para su reemplazo.

Artículo 188. Constituido el Consejo, se hará pasar a su presencia al inculpado y a su defensor. El inculpado, aunque fuere Oficial, deberá concurrir desarmado, y, si se estimare prudente, con la custodia necesaria.

Todos deberán permanecer sentados durante el funcionamiento del Consejo, pero tanto el Fiscal como el defensor y el inculpado deberán ponerse de pie cuando usaren de la palabra.

LEY 19047, Art. 9

D.O. 14.02.1991

Artículo 189. El Presidente dará en seguida lectura al decreto de convocatoria del Consejo de Guerra, e interrogará al defensor si tiene alguna causa legal de implicancia o recusación que hacer valer contra alguno de sus miembros.

Si alguna se hiciere valer, el Consejo se pronunciará inmediatamente sobre ella, haciendo antes despejar el lugar de su funcionamiento para deliberar en privado. En la deliberación sólo podrá estar presente el secretario.

Artículo 190. Si se aceptare la implicancia o recusación reclamada, se comunicará en el acto a la autoridad que convocó el Consejo, para el inmediato nombramiento de reemplazante.

Artículo 191. No deducida reclamación de implicancia ni recusación, rechazada ésta, o nombrado el reemplazante, se constituirá nuevamente el Consejo y se hará pasar a su presencia a las personas indicadas en el artículo 188.

El Fiscal hará entonces una relación del sumario terminando con la lectura del dictamen o los cargos formulados por el Comandante en Jefe a que se refieren los artículos 180 y 181.

En seguida, el inculpado o defensor leerá la defensa, la que debe contener las conclusiones que creyeren del caso, sosteniendo la inculpabilidad del inculpado o las causales que atenúen su responsabilidad. En esa defensa, se contendrán también las tachas.

Artículo 192. Terminada la defensa, se recibirá la prueba que hubiese ofrecido el inculpado o el defensor.

Los testigos serán interrogados separadamente, sin que puedan comunicarse los que ya hubieren declarado con los que aún no lo hubieren hecho.

En la audiencia de prueba, cualquiera de los miembros del Consejo, el Fiscal y el defensor, podrán por intermedio del Presidente, pedirle que aclare o explique cualquier punto dudoso que dejare en su declaración. El

Presidente juzgará de la pertinencia de la aclaración o explicación solicitada.

Cuando el testigo se encontrare ausente del lugar en que se sigue el juicio, podrá este Tribunal, en caso de que estime indispensable la declaración de ese testigo, ordenar por exhorto se le tome declaración por la autoridad judicial militar dentro de cuya jurisdicción reside el testigo.

El Secretario por sí, o por medio de amanuenses, tomará nota del resumen de la declaración.

Artículo 193. Si el desarrollo de la causa manifestare la necesidad de practicar el reconocimiento de algún lugar o de algún objeto que no sea posible traer a la presencia del Consejo, podrá éste comisionar a uno o más de sus miembros para que lo efectúen, con la asistencia de peritos, si fuere necesario, y la concurrencia del Fiscal y el Defensor. Podrá ordenarse la asistencia del inculpado si se estimare conveniente.

Mientras el reconocimiento se practica, se suspenderá el funcionamiento del Consejo y una vez terminado, se reanudará dando inmediata cuenta del resultado los que lo hubieren llevado a efecto.

LEY 19047, Art. 9
D.O. 14.02.1991

Artículo 194. El Presidente ordenará en seguida el desalojamiento del local, no quedando en él sino los miembros del Consejo y su secretario.

Acto continuo, en acuerdo secreto, se procederá a deliberar y resolver todas las cuestiones propuestas, pronunciándose por la absolución del inculpado o por su condena; en este caso, se fijará con toda precisión la pena que se imponga.

El Tribunal para apreciar la prueba se sujetará en general a las reglas del procedimiento sobre la materia; no obstante, podrá apreciar en conciencia los elementos probatorios acumulados, a fin de llegar a establecer la verdad de los hechos.

La sentencia se redactará en el acto por el Auditor, de acuerdo con lo resuelto; será firmada por todos los miembros del Consejo, aunque hayan disentido de opinión, y será autorizada por el secretario.

En ella misma se dejará constancia de las opiniones disidentes y de sus fundamentos.

Artículo 195. Se notificará inmediatamente la sentencia, personalmente, al inculpado y al Fiscal y se elevará, juntamente con todo lo actuado, al conocimiento del General o Comandante que corresponda para su aprobación o modificación.

LEY 19047, Art. 9
D.O. 14.02.1991

Artículo 196. Salvo el caso indicado en el artículo 193, el Consejo de Guerra funcionará sin interrupción, excepto en aquellos intervalos que sean necesarios para el reposo de los jueces o demás personas que intervienen en su funcionamiento.

Excepto para el acuerdo de sus resoluciones y cuando el Tribunal en casos calificados así lo determine, funcionará públicamente. Los espectadores deberán guardar absoluto silencio y compostura, estándoles prohibida toda manifestación, sea de aprobación o reprobación.

El Presidente del Consejo mantendrá el orden, pudiendo hacer retirarse a los que provoquen desórdenes o falten al respeto debido.

Las faltas de respeto del Defensor se castigarán después que haya cumplido su misión, salvo que fueren de tal gravedad que dificultaren el funcionamiento del Consejo, en cuyo caso se le hará retirarse, si así lo resuelve el Consejo, continuando la causa sin su intervención.

El Consejo, durante su funcionamiento, tendrá las facultades disciplinarias de una Corte Marcial.

Artículo 196 bis. Serán aplicables al procedimiento penal en tiempo de guerra las disposiciones de los artículos 144 y 144 bis, en cuanto sean compatibles.

LEY 18667, Art. 1°, b)

TÍTULO V. DISPOSICIONES COMPLEMENTARIAS

Artículo 197. Derogado.

DL 3425, 1980, Art. 3°

Artículo 198. Ante los Tribunales Militares pueden ser Defensores los abogados autorizados para ejercer la profesión ante un tribunal ordinario de jerarquía semejante, y los Oficiales de las Fuerzas Armadas y de Carabineros que no tengan un grado superior a los miembros del Tribunal que conociere de la causa, salvo lo dispuesto en casos especiales.

DL 3425, 1980, Art. 3°

Artículo 199. El cargo de defensor es obligatorio para los militares y abogados de turno, salvo legítima excusa que calificará verbalmente el Fiscal.

LEY 16639, Art. 1°

Es, asimismo, obligatorio para los abogados, cuando fueren designados por el Fiscal, salvo legítima excusa que éste calificará verbalmente.

La responsabilidad funcionaria o profesional del militar o abogado designado como defensor por incumplimiento de sus deberes de tal, será hecha efectiva por la respectiva autoridad militar o por el correspondiente tribunal ordinario de justicia, previo requerimiento del Fiscal.

LEY 18342, Art. 1°, N° 20

Artículo 200. Todo Tribunal Militar, sea de tiempo de paz o tiempo de guerra, que deba cesar en sus funciones, deberá juzgar, antes de su disolución, salvo el caso de imposibilidad absoluta, todos los negocios en cuyo conocimiento haya prevenido.

No obstante, aquellas causas incoadas en tiempo de guerra con el procedimiento respectivo y cuya tramitación se hubiere suspendido, en los casos en que legalmente proceda su continuación, se sustanciarán por el tribunal que corresponda y con arreglo al procedimiento vigente al tiempo de su prosecución.

DL 3425, 1980, Art. 3°

Artículo 201. Derogado.

DL 1061, 1975, Art. Único

Artículo 202. Derogado.

LEY 18342, Art. 1º, Nº 21

TÍTULO VI. TRIBUNALES DE HONOR

Artículo 203. Si algún Oficial, de cualquiera jerarquía que sea, cometiere un acto deshonroso para sí o para la unidad, cuerpo o repartición en que sirva, podrá ser sometido a un Tribunal de Honor para que juzgue si puede continuar en el servicio.

Artículo 204. La organización y funcionamiento de estos Tribunales de Honor, se regirán por un reglamento que dictará el Presidente de la República.

NOTA 13. Existe un Reglamento de Tribunales de Honor para las Instituciones de la Defensa Nacional, aprobado por DS Nº 2076, de 27 de octubre de 1947.

LIBRO TERCERO. DE LA PENALIDAD

TÍTULO I. REGLAS GENERALES

Artículo 205. Tendrán aplicación, en materia militar, las disposiciones del Libro I del Código Penal, en cuanto no se opongan a las reglas contenidas en este Código.

LEY 11183, Art. 5º, Nº 2

Cuando este Código se refiere a "lesiones graves, menos graves o leves", se estará a lo que dice el Código Penal sobre estas materias.

DL 3425, 1980, Art. 3º

La expresión "sueldo vital" se refiere al sueldo vital mensual de la Región Metropolitana de Santiago, vigente a la fecha de la comisión del delito.

DL 3425, 1980, Art. 3º

Artículo 206. La injuria y la calumnia entre militares se considerará siempre delito militar, pero se penará de acuerdo con la ley común, salvo que constituya un delito especialmente penado por este Código.

Artículo 207. Será circunstancia atenuante en los delitos con pena militar, el hecho de contar el procesado con un total inferior a dos meses de servicios en las Instituciones Armadas, cualquiera que sea la época en que ellos se hayan prestado. Sin embargo podrá eximírsele de responsabilidad en tales casos si la ignorancia de los deberes militares fuere excusable, atendido su nivel de instrucción y demás circunstancias.

DL 3425, DEFENSA, Art. 3°
D.O. 14.06.1980

Lo dispuesto en este artículo no se aplicará al procesado que fuere Oficial.

LEY 19047, Art. 9
D.O. 14.02.1991

Artículo 208. Será causal eximente de responsabilidad para los militares, el hacer uso de armas cuando no exista otro medio racional de cumplir la consigna recibida.

Serán, asimismo, causales eximentes de responsabilidad penal para el personal de las Fuerzas Armadas que cumplan funciones de guardadores del orden y seguridad públicos, las establecidas en los artículos 410, 411 y 412 de este Código.

LEY 18342, Art. 1°, N° 22

Artículo 209. En los delitos militares se reputarán circunstancias atenuantes para los militares, además de las contempladas en el artículo 11 del Código Penal, las siguientes:

1° Cometer el delito con motivo de haber recibido el delincuente un castigo no autorizado por las leyes o reglamentos militares.

2° Ejecutar, después de cometido el delito, una acción distinguida frente al enemigo.

Para determinar la procedencia de la circunstancia atenuante de responsabilidad criminal del N° 6 del artículo 11 del Código Penal, respecto de un militar en delito militar, el tribunal considerará también la conducta de imputado que se deduzca de su Hoja de Vida en los últimos dos años.

DL 3425, 1980, Art. 3°

Artículo 210. Además, respecto de militares, se considerará circunstancia atenuante, regida por el artículo 73 del Código Penal, el haber muerto, herido o golpeado en vindicación próxima de la ofensa inferida a una ascendiente, descendiente, cónyuge o hermana, que haya sido violada, estuprada o raptada por el ofendido.

Artículo 211. Fuera de los casos previstos en el inciso segundo del artículo 214, será circunstancia atenuante tanto en los delitos militares como en los comunes, el haber cometido el hecho en cumplimiento de órdenes recibidas de un superior jerárquico. Y si ellas fueren relativas al servicio podrá ser considerada como atenuante muy calificada.

DL 3425, 1980, Art. 3º

Artículo 212. Derogado.

LEY 17266, Art. 2º

Artículo 213. En los delitos militares se considerarán circunstancias agravantes para los militares, además de las contempladas en el Código Penal, las siguientes:

1º Perpetrado estando en acto de servicio de armas, con daño o perjuicio del servicio.

2º Cometerlo previo concierto o en unión con sus inferiores.

3º Ejecutarlo ante tropa reunida.

4º Perpetrarlo frente al enemigo.

DL 3425, 1980, Art. 3º

Artículo 214. Cuando se haya cometido un delito por la ejecución de una orden del servicio, el superior que la hubiere impartido será el único responsable; salvo el caso de concierto previo, en que serán responsables todos los concertados.

El inferior que, fuera del caso de excepción a que se refiere la parte final del inciso anterior, se hubiere excedido en su ejecución, o si, tendiendo la orden notoriamente a la perpetración de un delito, no hubiere cumplido con la formalidad del artículo 335, será castigado con la pena inferior en un grado a la asignada por la ley al delito.

DL 3425, 1980, Art. 3°

Artículo 215. Los delitos militares serán sancionados con penas comunes o con penas militares, según la naturaleza del delito.

Artículo 216. Son penas comunes las que figuran en la escala general del artículo 21 del Código Penal y las accesorias correspondientes.

Son penas principales militares aplicables en conformidad al presente Código, las siguientes:

Muerte,

Presidio militar perpetuo,

Reclusión militar perpetua,

Presidio militar temporal,

Reclusión militar temporal,

Prisión militar,

Pérdida del estado militar.

La pena accesoria común de suspensión de cargo y oficio público por delito militar, no será aplicable a los militares cuando la pena principal no exceda de un año y siempre que el procesado conserve su condición de militar al dictarse sentencia.

DL 3425, DEFENSA, Art. 3°
D.O. 14.06.1980
LEY 19047, Art. 9
D.O. 14.02.1991

Artículo 217. Son penas militares accesorias las siguientes:

Degradación,

Destitución,

Separación del servicio,

Suspensión del empleo militar.

También es pena accesoria la pérdida del estado militar en el caso de que, no imponiéndola expresamente la ley, declare que otras la lleven consigo.

DL 3425, 1980, Art. 3°

Artículo 218. Las penas de presidio, reclusión y prisión militar se gradúan y tienen la misma duración que sus análogas de la ley común.

Las penas que se imponen como accesorias de otras tendrán la duración que se halle determinada en la ley o la de la pena principal, según los casos.

DL 3425, 1980, Art. 3°

Artículo 219. Las penas de degradación, destitución, separación del servicio y pérdida del estado militar, sea esta última principal o accesoria, son siempre de carácter permanente e imprescriptible.

DL 3425, 1980, Art. 3°

Artículo 220. Derogado.

DL 3425, 1980, Art. 3°

Artículo 221. Las penas comunes por delitos militares llevan consigo las accesorias previstas en el Código Penal y, además, respecto de aquellos que tenían la condición de militares al momento del delito, las que se determinan en el artículo siguiente, en tanto le fueren aplicables.

DL 3425, 1980, Art. 3°

Artículo 222. La pena de muerte y las de presidio y de reclusión perpetuas llevan consigo la degradación. Las penas de crimen, no comprendidas en el inciso anterior, llevan consigo la destitución.

Las penas de simples delitos que tienen el carácter de aflictivas, llevan como accesoria la separación del servicio.

Las penas de simples delitos de duración superior a un año y que no tienen el carácter de aflictivas, llevan consigo la pérdida del estado militar.

Las penas de simples delitos de duración hasta de un año lleven como accesoria la suspensión del empleo militar.

DL 3425, 1980, Art. 3°

Artículo 223. Iguales accesorias a las referidas en el artículo anterior, llevarán consigo las penas militares, para lo cual se considerarán las penas militares de muerte, presidio militar y reclusión militar perpetuos, equivalentes a las penas comunes de muerte y presidio perpetuo.

Son penas de crimen: muerte, presidio militar perpetuo, reclusión militar perpetua, presidio militar mayor y reclusión militar mayor.

Son penas de simples delitos: el presidio militar menor, la reclusión militar menor y la pérdida del estado militar.

Son penas aflictivas: las de crímenes y las de simples delitos sancionados con presidio militar o reclusión militar menores en su grado máximo.

DL 3425, 1980, Art. 3º

Artículo 224. La pena de destitución producirá el retiro absoluto de la institución; la incapacidad absoluta y perpetua para servir en el Ejército, Armada, Fuerza Aérea y Carabineros; la pérdida a perpetuidad de todos los derechos políticos activos y pasivos y la incapacidad para desempeñar, durante el tiempo de condena, cargos, empleos u oficios públicos.

DL 3425, 1980, Art. 3º

Artículo 225. La pena de separación del servicio producirá el retiro absoluto de la institución; la incapacidad absoluta y perpetua para servir en el Ejército, Armada, Fuerza Aérea y Carabineros y la pérdida a perpetuidad de todos los derechos políticos activos y pasivos.

DL 3425, 1980, Art. 3º

Artículo 226. La pena de suspensión del empleo militar priva de todas las funciones del mismo y de los ascensos que corresponderían al penado durante la condena, cuyo tiempo no se le contará para los efectos del retiro ni para la antigüedad en el grado.

INCISO SEGUNDO. Derogado.

DL 3425, 1980, Art. 3º

Artículo 227. La pena de pérdida del estado militar producirá el retiro absoluto de la institución y la incapacidad absoluta para recuperar la calidad de militar.

DL 3425, 1980, Art. 3º

Artículo 228. La pena de degradación producirá la privación del grado y del derecho a usar uniforme, insignias, distintivos, condecoraciones o medallas militares; el retiro absoluto de la institución; la incapacidad absoluta y perpetua para servir en el Ejército, Armada, Fuerza Aérea y Carabineros; la pérdida a perpetuidad de todos los derechos políticos activos y pasivos; y la incapacidad para desempeñar, a perpetuidad, cargos, empleos y oficios públicos.

DL 3425, 1980, Art. 3º

Artículo 229. Derogado.

DL 3425, 1980, Art. 3º

Artículo 230. Derogado.

DL 3425, 1980, Art. 3º

Artículo 231. Derogado.

DL 3425, 1980, Art. 3º

Artículo 232. Los que sufran las penas de degradación, destitución, separación del servicio o pérdida del estado militar, no podrán ser rehabilitados sino en virtud de una ley.

En caso de amnistía, esta rehabilitación no se producirá sino cuando la ley lo ordene así expresamente.

DL 3425, 1980, Art. 3º

Artículo 233. Derogado.

DL 3425, 1980, Art. 3º

Artículo 234. Derogado.

DL 3425, 1980, Art. 3º

Artículo 235. Para los efectos del artículo 59 del Código Penal, se tendrá presente la siguiente escala gradual de las penas militares:

1º Muerte.

2º Presidio o reclusión militar perpetuo.

3º Presidio militar o reclusión militar mayor en su grado máximo.

4º Presidio o reclusión militar mayor en su grado medio.

5º Presidio o reclusión militar mayor en su grado mínimo.

6º Presidio o reclusión militar menor en su grado máximo.

7º Presidio o reclusión militar menor en su grado medio.

8º Presidio o reclusión militar menor en su grado mínimo.

9º Prisión militar en su grado máximo.

10º Prisión militar en su grado medio, y

11º Prisión militar en su grado mínimo.

La pena de pérdida del estado militar se considera como pena especial no sujeta a graduaciones.

DL 3425, 1980, Art. 3º

Artículo 236. Cuando la pena señalada al delito fuese alternativa, el Tribunal aplicará la que sea más adecuada para el caso.

Artículo 237. La pena superior en uno, dos o más grados a la pérdida del estado militar será presidio militar menor en su grado medio; y la inferior en uno, dos o más grados será prisión militar en su grado máximo.

DL 3425, 1980, Art. 3º

Artículo 238. Cuando por coparticipación corresponda castigar por delito que tenga pena militar a un individuo que no tenía la calidad de militar al momento de perpetrarlo, se sustituirá la pena militar por una común, conforme a las siguientes reglas:

1º Las penas de presidio y reclusión militares por presidio y reclusión común;

2º La prisión militar, por prisión, y

3º La pérdida del estado militar, siempre que fuere pena principal, por presidio menor en su grado mínimo.

DL 3425, 1980, Art. 3º

Artículo 239. Derogado.

DL 3425, 1980, Art. 3º

Artículo 240. La pena de muerte se ejecutará ordinariamente de día, con la publicidad y en la forma que determinen los reglamentos que dicte el Presidente de la República, y al día siguiente de notificado el condenado del "cúmplase" de la respectiva sentencia.

Pero, en tiempo de guerra, se procederá a la ejecución inmediata de las sentencias de muerte, cuando el delito exija un pronto y ejemplar castigo a juicio del General en Jefe del Ejército o Comandante de la plaza sitiada o bloqueada por el enemigo.

LEY 19047, Art. 9
D.O. 14.02.1991

Artículo 241. El condenado a degradación será despojado, a presencia de las tropas que designe la autoridad militar, de su uniforme, insignias y condecoraciones, cumpliéndose las formalidades que determinen los reglamentos que dicte el Presidente de la República.

Si además hubiere de ser fusilado, se cumplirá inmediatamente después esta pena.

Artículo 242. Las penas de prisión militar y de presidio y reclusión militares no superiores a un año, se cumplirán en la unidad militar que señale la sentencia, siempre que el condenado conserve su condición de militar y que no estuviere o fuere condenado a otra u otras penas privativas de libertad que, sumadas entre sí o con las anteriores, totalicen más de un año.

Las penas de presidio y reclusión militares superiores a un año, y las que se señalan en el inciso anterior, cuando no se reúnan los requisitos para que se cumplan en una unidad militar, deberán hacerse efectivas en establecimientos especiales que se crearán con este objeto y se regirán por los reglamentos que al efecto dicte el Presidente de la República.

Sin embargo el condenado que haya sufrido, además, la pena de degradación, cumplirá las penas señaladas en los incisos anteriores en los establecimientos destinados para los condenados comunes.

Mientras se crean los establecimientos especiales, las penas de presidio militar a que se refiere el inciso segundo se cumplirán en la cárcel de la ciudad que indique el Presidente de la República, donde se creará una sección especial, independiente del resto del establecimiento, para albergar a los procesados condenados a esas penas.

DL 3425, DEFENSA, Art. 3°
D.O. 14.06.1980
LEY 19047, Art. 9
D.O. 14.02.1991

Artículo 243. Las penas comunes de privación de libertad impuestas a militares o no militares por delitos militares, se cumplirán en los establecimientos penitenciarios y carcelarios comunes. Sin embargo, tratándose de las penas de prisión o reclusión o de presidio que no excedieren de un año, tendrá aplicación la norma del inciso primero del artículo 242.

DL 3425, 1980, Art. 3°

Artículo 243-A. Derogado.

DL 3539 1980, Art. Único

TÍTULO II. DE LA TRAICIÓN, DEL ESPIONAJE Y DEMÁS DELITOS CONTRA LA SOBERANÍA Y SEGURIDAD EXTERIOR DEL ESTADO

Artículo 244. Será castigado con la pena de presidio mayor en su grado máximo a muerte el militar que cometiere cualquiera de los crímenes enumerados en los artículos 106, 107, 108 y 109 del Código Penal.

Si se hallare en el caso contemplado en el artículo 110 del mismo Código, la pena será de presidio mayor en su grado medio a muerte.

LEY 17266, Art. 2°

Artículo 245. Será castigado con la pena de presidio militar mayor en su grado máximo a presidio militar perpetuo:

1° El militar que pusiere en conocimiento del enemigo el santo y seña, las órdenes y secretos militares que le hubieren sido confiados, los planos de plazas de guerra o de fortificaciones, sean permanentes o de campaña, las explicaciones de señales, los estados de fuerzas, la situación de minas, torpedos o sus estaciones, o cualquier otra noticia o dato que favorezca sus operaciones o perjudique las del Ejército nacional;

2º El militar que sedujere tropa chilena o que se hallare al servicio de la República, para que se pase a las filas enemigas o deserte las banderas en tiempo de guerra;

3º El militar que directa o indirectamente mantuviere relaciones con el enemigo sobre las operaciones de la guerra, o que, sin la debida autorización, entrare por cualquier medio en entendimiento con el enemigo para procurar la paz o la suspensión de las operaciones;

4º El militar que, estando el país en estado de guerra o habiéndose decretado la movilización, inutilizare de propósito los caminos, vías férreas, comunicaciones telegráficas o de otra clase o sus aparatos, o causare averías que interrumpan el servicio; destruyere faros, semáforos o balizas, canales, puentes u obras de defensas, armas, municiones o cualquier otro material de guerra, o víveres para el aprovisionamiento del Ejército; interceptare convoyes o correspondencia; o de cualquier otro modo malicioso pusiere entorpecimiento a las operaciones del Ejército o facilitare las del enemigo;

5º El militar que en el territorio de las operaciones de guerra, con intención de favorecer al enemigo o de causar perjuicio a las fuerzas chilenas, propalare especies o ejecutare actos que puedan producir la dispersión de las tropas o impedir la reunión de las que se encuentren dispersas o rezagadas;

6º El que con ocasión del combate o para impedirlo, arriare, mandare arriar o forzare a arriar la bandera nacional, sin orden del jefe superior que pueda legítimamente mandarlo;

7º El militar que en plaza sitiada o bloqueada por el enemigo, o en operaciones de campaña, promoviere algún complot o sedujere tropas para obligar al que manda a rendirse, a capitular o a retirarse;

8º El que estando en acción de guerra o dispuesto a entrar en ella, se fugare en dirección al enemigo.

Se considerará que la fuga se ha verificado en dirección al enemigo, siempre que el acusado no justifique que el delito cometido fue otro distinto.

LEY 17266, Art. 2º
LEY 19029, Art. 1º, Nº 1

LEY 19029, Art. 1º, Nº 2

Artículo 246. Si en los crímenes indicados en el artículo anterior incurriere un chileno no militar o individuo de las clases de tropa, la pena podrá rebajarse uno o dos grados, según las circunstancias y las consecuencias que hubiere tenido el delito; excepto, en el caso del número 7º, los que sean jefes o promotores del complot o movimiento sedicioso.

Artículo 247. El prisionero de guerra que falte a la palabra empeñada de no volver a tomar la armas contra el Ejército nacional, sufrirá la pena de presidio perpetuo.

LEY 19029, Art. 1º, Nº 3

Artículo 248. Incurrirá en la pena de presidio mayor en su grado máximo a presidio perpetuo el que pusiere en libertada prisioneros de guerra con el objeto de que regresen a las filas enemigas.

LEY 19029, Art. 1º Nos. 4 y 5

Artículo 249. Cuando alguno de los delitos señalados en los artículos precedentes se cometiere respecto de los aliados de la República que obren contra el enemigo común, la pena, según las circunstancias, podrá rebajarse en uno o dos grados.

Artículo 250. En los casos contemplados en los artículos precedentes, el delito frustrado se castiga como si fuera consumado; la tentativa con la pena inferior en un grado a la señalada para el delito; la conspiración con la inferior en dos grados, y la proposición con la inferior en tres grados.

Artículo 251. El militar que, teniendo conocimiento de que se intenta cometer alguno de esos mismos delitos, no tomare las medidas necesarias para impedirlo o no diere cuenta a sus superiores tan pronto como le sea posible, será condenado como cómplice de dicho delito.

El chileno no militar que, en igual caso, no diere cuenta a alguna autoridad militar, será condenado como encubridor del delito.

Artículo 252. Será condenado a la pena de presidio perpetuo como espía:

1° El que subrepticiamente o con ayuda de disfraz, o con falso nombre o disimulando su calidad, profesión o nacionalidad, se introdujere en tiempo de guerra, sin objeto justificado, en una plaza de guerra, en un puesto militar o entre las tropas que operan en campaña;

2° El que conduzca comunicaciones, partes o pliegos del enemigo no siendo obligado a ello o, en caso de serlo, no los entregare a las autoridades nacionales o jefes del Ejército al encontrarse en lugar seguro;

3° El que, en tiempo de guerra y sin la competente autorización, practique reconocimiento, levante planos o saque croquis de las plazas, puestos militares, puertos, arsenales o almacenes que pertenezcan a la zona de operaciones militares, sea cualquiera la forma en que lo ejecute;

4° El que ocultare, hiciere ocultar o pusiere en salvo a un espía, agente o militar enemigo enviando a la descubierta, conociendo su calidad de tal.

LEY 17266, Art. 2°
LEY 19029, Art. 1°, N° 6

Artículo 253. No serán considerados espías, pero quedarán sujetos a las leyes de la guerra prescrita por el Derecho Internacional:

1° Los militares enemigos que abiertamente y con su uniforme, penetren en el territorio nacional o dentro de la zona en que operen fuerzas nacionales, con el objeto de practicar reconocimiento del terreno, observar los movimientos de las tropas o efectuar alguno de los actos a que se refiere el artículo anterior;

2° Los militares enemigos que valiéndose de algún medio de locomoción aérea, reconozcan las posiciones del Ejército o Armada nacionales, o crucen sus líneas con cualquier objeto, siempre que el aparato usado para ese efecto lleve un distintivo de su nacionalidad fácil de identificar.

Artículo 254. El que en tiempo de paz ejecutare alguno de los actos a que se refiere el artículo 252, será castigado, si fuere militar, con presidio mayor militar en cualquiera de sus grados, y si fuere civil, con presidio menor en su grado máximo a mayor en su grado mínimo.

Artículo 255. Será castigado con la pena de presidio mayor en cualquiera de sus grados, el que, sin alcanzar a cometer traición, divulgue en todo o parte, entregue o comunique a personas no autorizadas para ello, planos, mapas, documentos o escritos secretos que interesen a la defensa nacional o seguridad de la República; o comunique o divulgue datos o noticias extraídos de dichos planos, mapas, documentos o escritos; siempre que le hubieren sido confiados o de ellos hubiere tomado conocimiento por razón de su estado, profesión o de un una misión gubernativa, o con motivo de las funciones que ejerza o haya ejercido anteriormente.

Artículo 256. La pena del artículo anterior se aplicará en su grado mínimo respecto del que hubiere obtenido extraoficialmente los planos, mapas, documentos o escritos en referencia, o que en la misma forma hubiere tomado conocimiento de ellos.

Artículo 257. El que sin tener calidad para tomar conocimiento de los planos, mapas, documentos o escritos a que se refieren los artículos anteriores, se los proporcionare; y el que por negligencia o inobservancia de las leyes o reglamentos diere lugar a la sustracción, divulgación o destrucción de los mismos, serán castigados con la pena de presidio menor en su grado máximo a presidio mayor en su grado mínimo.

Artículo 258. La disposición del artículo 250 será aplicable a los delitos contemplados en los artículos 252 al 257.

TÍTULO III. DELITOS CONTRA EL DERECHO INTERNACIONAL

Artículo 259. El que sin orden o autorización competente, atacase o mandase atacar con fuerza armada a las tropas o súbditos de una nación amiga, neutral o aliada, o cometiere cualquier otro acto de hostilidad manifiesta que expusiere a la Nación a una declaración de guerra, será castigado:

Con la pena de reclusión mayor en su grado medio a máximo, si del acto de hostilidad cometido resultare declaración de guerra contra Chile, o fuere causa de incendios, devastación o muerte de alguna persona;

Con la pena de reclusión menor en su grado medio a reclusión mayor en su grado mínimo, en los demás casos.

Si el acto de hostilidad fuere precedido de provocación, la pena será disminuida en uno, dos o más grados según la gravedad de ella.

Artículo 260. El que, sin motivo justificado, prolongare las hostilidades después de recibir noticia oficial de haberse ajustado con el enemigo la paz, un armisticio o tregua, violare alguno de estos convenios o una capitulación, será castigado con la pena de presidio o reclusión menor en sus grados medio a máximo.

Si con motivo del acto realizado sobreviniere una declaración de guerra, represalias u otros actos de violencia, la pena será elevada en dos o tres grados.

Artículo 261. Derogado.

LEY 20357, Art. 42
D.O. 18.07.2009

Artículo 262. Derogado.

LEY 20357, Art. 42
D.O. 18.07.2009

Artículo 263. Derogado.

LEY 20357, Art. 42
D.O. 18.07.2009

Artículo 264. Derogado.

LEY 20357, Art. 42
D.O. 18.07.2009

TÍTULO IV. DELITOS CONTRA LA SEGURIDAD INTERIOR DEL ESTADO

Artículo 265. Serán procesados de delito de rebelión o sublevación militar, los militares que incurrieren en cualquiera de los delitos contemplados en el título II, Libro II del Código Penal, y los no militares en los casos siguientes: que estén mandados por militares; que formen parte de un movimiento iniciado, sostenido o auxiliado por fuerzas del Ejército; que formen partida militarmente organizada y compuesta de diez o más individuos; o que, formando partida en menor número de diez, exista en otro punto de la República otra partida o fuerza que se propongan el mismo fin.

LEY 19047, Art. 9
D.O. 14.02.1991

Artículo 266. Si formaren parte de una reunión tumultuosa y contraria al orden público, militares retirados absoluta o temporalmente de las fuerzas armadas u oficiales de reserva, usando uniforme o insignias de un empleo militar, serán considerados como militares para el efecto de su juzgamiento y penalidad.

Artículo 267. Los procesados de rebelión o sublevación militar serán castigados con las penas señaladas en el referido Título II, Libro II del Código Penal, aumentadas en uno o dos grados.

Los jefes o promotores del movimiento y el de mayor graduación, o el más antiguo si hubiere varios del mismo grado, serán castigados con las penas aplicadas en sus grados máximos, considerando aun el aumento prescrito en el inciso anterior.

LEY 19047, Art. 9
D.O. 14.02.1991

Artículo 268. Los meros ejecutores de la rebelión que, antes de cometer actos de agresión o defensa, se sometieren a las autoridades legítimas al ser intimados para ello o en la forma y tiempo que marquen los bandos publicados al efecto, obtendrán una rebaja de tres a seis grados de la pena que les corresponda, si son Oficiales, y quedarán exentos de la suya los individuos de la clase de tropa, los asimilados y los no militares.

Artículo 269. El militar que no empleare todos los medios que estuviesen a su alcance para contener la rebelión o sublevación en las fuerzas de su mando, será castigado con la pena de reclusión menor en cualquiera de sus grados; y si fuere Oficial, además y en todo caso, con la pena de destitución.

Artículo 270. En caso de producirse la rebelión o sublevación en presencia del enemigo extranjero, sus responsables serán castigados en la forma siguiente:

Los jefes o promotores del movimiento y el de mayor graduación, o el más antiguo si hubiere varios del mismo grado, con la pena de presidio perpetuo a muerte.

Los demás Jefes y Oficiales, con la pena de presidio mayor en cualquiera de su grados.

LEY 17266, Art. 2°

Artículo 271. Quedan exentos de responsabilidad por los delitos contemplados en este Título, los cabos y soldados que actuaron bajo el mando de sus superiores directos.

TÍTULO V. DELITOS CONTRA EL ORDEN Y SEGURIDAD DEL EJÉRCITO

1. Sedición o motín

Artículo 272. Los militares que, en número de cuatro o más rehúsen obedecer a sus superiores, hagan reclamaciones o peticiones irrespetuosas o en tumulto, o se resistan a cumplir con sus deberes militares, serán castigados como responsables de sedición o motín.

El que lleve la voz o se ponga al frente de la sedición, los promotores y el de mayor graduación, o el más antiguo si hubiere varios del mismo empleo, a la pena de presidio militar mayor en su grado máximo a muerte cuando el delito tenga lugar frente al enemigo, o de rebeldes u otros sediciosos, o si el motín ocasionare la muerte de alguna persona. A la de presidio o reclusión militares mayores, en cualquiera de sus grados, en los demás casos.

Los meros ejecutores del delito, si concurrieren en él las circunstancias agravantes indicadas en el inciso anterior, a la pena de presidio o reclusión militares mayores en sus grados mínimo a medio; y a la de presidio o reclusión militares menores en sus grados medio a máximo en los demás casos.

LEY 17266, Art. 2°

Artículo 273. Respecto de los meros ejecutores del delito, sin las circunstancias agravantes contempladas en el inciso segundo del artículo anterior, la pena podrá rebajarse uno o más grados según las circunstancias, respecto de los suboficiales y cabos, y llegarse hasta la irresponsabilidad respecto de los soldados.

Artículo 274. Todo individuo, militar o no, que sedujere o auxiliare tropas de las instituciones armadas para promover por cualquier acto directo la insubordinación en las filas, será reputado como culpable de sedición y tenido como promotor de ella.

Artículo 275. Será considerado siempre como promotor del delito de sedición, el que, estando la tropa sobre las armas, o reunida para tomarlas, levante la voz en sentido subversivo, o de otro modo excite a cometer este delito.

INCISO SEGUNDO. Derogado.

LEY 17266, Art. 2°

Artículo 276. El que, fuera del caso contemplado en el artículo anterior, induzca o incite por cualquier medio al personal militar al desorden, indisciplina o al incumplimiento de deberes militares, será castigado con la pena de reclusión militar mayor en su grado mínimo si es Oficial, con la de reclusión militar menor en su grado máximo si suboficial, y con la de reclusión militar menor en cualquiera de sus grados si cabo, soldado o individuo no militar.

LEY 20048, Art. 2°, N° 1
D.O. 31.08.2005

Artículo 277. El militar que sin objeto lícito conocido y sin la autorización competente, sacare fuerza armada de una plaza, destacamento, cuartel o establecimiento militar, será castigado con la pena de presidio o reclusión militares menores en cualquiera de sus grados, siempre que el hecho no constituyere otro delito.

Artículo 278. La conspiración para el delito de sedición o motín, se castigará con la pena inferior en un grado a la que corresponda al delito, y la proposición con la inferior en dos grados.

El delito frustrado se castigará como consumado, y la tentativa con la pena inferior en un grado a la del respectivo delito.

Artículo 279. Los delitos particulares que se cometan con motivo de la sedición o motín, o durante ella, serán castigados con las penas que les correspondan, con independencia del de sedición.

Cuando no pueda descubrirse a sus verdaderos autores, serán penados como tales los jefes principales o subalternos de los sediciosos que, hallándose en la posibilidad de impedirlos, no lo hubieren hecho.

Artículo 280. El militar que, teniendo conocimiento de que se comete o trata de cometer el delito de sedición, no empleare todos los medios a su alcance para contenerlo, sufrirá la pena de reclusión militar menor en cualquiera de sus grados.

La mera negligencia para combatir una sedición será penada con la pena de pérdida del estado militar.

DL 3425, 1980, Art. 3°

2. Ultraje a centinelas, a la bandera y al Ejército

Artículo 281. El que en campaña violentare o maltratare de obra a centinela, guarda o fuerza armada, será castigado:

Con la pena de presidio mayor en su grado medio a presidio perpetuo, si causare lesiones graves o muerte.

Con la de presidio menor en su grado máximo a presidio mayor en su grado mínimo, si causare lesiones menos graves.

Con la de presidio menor en sus grados medio a máximo, si no causare lesiones o éstas fueren leves.

NOTA 14. El artículo 1°, N° 24 de la Ley 18342, de 26 de septiembre de 1984, al modificar el artículo 284 del presente Código, eliminó del mismo el delito de ultraje a la bandera.

LEY 17266, Art. 2°

Artículo 281 bis. El que mate a un miembro de las Fuerzas Armadas, en razón de su función de resguardo de la seguridad pública, será castigado con la pena de presidio mayor en su grado máximo a presidio perpetuo calificado.

La conducta establecida en el inciso anterior será castigada con presidio perpetuo a presidio perpetuo calificado si concurre alguna de las circunstancias siguientes:

a) Cometerlo mediante precio, recompensa o promesa.

b) Ejecutarlo con auxilio de gente armada o de personas que aseguren o proporcionen la impunidad.

c) Si el imputado actúa con su rostro cubierto con el objeto de ocultar su identidad.

Ley 21560 Art. 3 N° 1
D.O. 10.04.2023

Artículo 281 ter. El que hiera, golpee o maltrate de obra a un funcionario de las Fuerzas Armadas, en razón de su función de resguardo de la seguridad pública, será castigado:

1. Con la pena de presidio mayor en su grado medio a máximo, si a consecuencia de las lesiones el ofendido resulta demente, inútil para el trabajo, impotente, impedido de algún miembro importante o notablemente deforme.

2. Con presidio mayor en su grado mínimo, si las lesiones producen al ofendido enfermedad o incapacidad para el trabajo por más de treinta días.

3. Con presidio menor en su grado medio a máximo, si le causa lesiones menos graves.

4. Con presidio menor en su grado mínimo, si le causa lesiones leves.

Ley 21560 Art. 3 N° 1
D.O. 10.04.2023

Artículo 281 quáter. Cuando los delitos establecidos en los artículos 395 y 396 del Código Penal se cometan respecto de un funcionario de las Fuerzas Armadas, en razón de su función de resguardo de la seguridad pública, se aplicarán las penas que siguen:

1. Con presidio mayor en su grado máximo, si es víctima del delito establecido en el artículo 395.

2. Con presidio mayor en su grado medio, si es víctima del delito establecido en el inciso primero del artículo 396.

3. Con presidio menor en su grado máximo, si es víctima del delito establecido en el inciso segundo del artículo 396.

Ley 21560 Art. 3 N° 1
D.O. 10.04.2023

Artículo 282. El que cometiere el mismo delito, no siendo en campaña, será castigado: Con la pena de presidio mayor en su grado mínimo a presidio perpetuo, si causare lesiones graves o muerte;

Con la de presidio menor en su grado medio a máximo, si causare lesiones menos graves;

Con la de presidio menor en su grado mínimo, si no causare lesiones o éstas fueren leves.

LEY 17266, Art. 2°

Artículo 282 bis. El que atentare en contra de un miembro de las Fuerzas Armadas, en su calidad de tal, y no le causare lesiones o éstas fueren de las contempladas en los artículos 397 N° 2°, 399 o 494 N° 5 del Código Penal, será castigado con presidio menor en su grado mínimo a medio.

LEY 18342, Art. 1°, N° 23

Artículo 283. El que amenazare u ofendiere con palabras o gestos a centinela, guarda o fuerza armada, será castigado con la pena de prisión en su grado máximo a reclusión menor en su grado mínimo. Pero si el hecho se efectuare en campaña, la pena se elevará uno o dos grados.

DL 3425, 1980, Art. 3°

Artículo 284. El que amenazare en los términos del artículo 296 del Código Penal, ofendiere o injuriare de palabra o por escrito o por cualquier otro medio a las Fuerzas Armadas, sus unidades, reparticiones, armas, clases o cuerpos determinados, o a uno de sus integrantes con conocimiento de su calidad de miembro de esas instituciones, será sancionado con la pena de presidio menor en su grado mínimo a medio.

LEY 19047, Art. 2°, 10)

Artículo 285. Para los efectos de los artículos 281 a 283, se considerará como centinela al encargado del servicio telegráfico o telefónico militar mientras esté en funciones, al que haga el servicio de imaginaria dentro del cuartel y, en general, a todos aquellos a quienes los reglamentos del Ejército denominen centinelas o guardas; y se considerará fuerza armada a toda pareja encargada de la conducción de pliegos u órdenes.

Artículo 286. Se consideran circunstancias agravantes de los delitos considerados en los artículos 281 a 284 ser el culpable militar, o ejecutar el delito en presencia de rebeldes o sediciosos.

TÍTULO VI. DELITOS CONTRA LOS DEBERES Y EL HONOR MILITARES

1. Delitos en el Servicio

Artículo 287. Será castigado con la pena de presidio militar perpetuo a muerte el militar que rehúse obedecer la orden de marchar contra el enemigo o la de realizar cualquier otro servicio de guerra en presencia del enemigo; el que dé voces para introducir el espanto o promover el desorden en la tropa, al principio o en el curso del combate; el que huya durante el combate, provoque la fuga de otros, se desbande, abandone el puesto que le corresponde o no haga en él la debida defensa y el que participe en amotinamiento, desobediencia o revuelta para obligar a retirarse o rendirse al jefe de las fuerzas atacadas por el enemigo o para impedir un combate o hacer cesar el comenzado.

El culpable comprendido en alguno de los casos antes expresados, podrá ser muerto en el acto por cualquiera de los presentes, sea superior o inferior.

LEY 17266, Art. 2°

Artículo 288. Será castigado con la pena de reclusión militar mayor en su grado máximo a muerte, previa degradación:

1º El militar que habiendo recibido orden absoluta de conservar su puesto a toda costa, no lo hiciere;

2º El Jefe que, sin agotar todos los medios de defensa que exigen las leyes del honor militar y del deber para con la Patria, haya rendido al enemigo o entregado por medio de capitulación o de otro modo no comprendido en el artículo 244, una plaza, puesto o fuerzas que tuviere bajo su mando; y los Oficiales que hayan cooperado a la rendición o capitulación.

La imposibilidad de ulterior defensa deberá ser probada por medio de la declaración de un consejo de defensa, compuesto en la forma que indiquen los reglamentos o, a falta de éstos, compuesto en la forma que el honor militar lo indique.

Si la rendición o capitulación fuere causada por desobediencia, amotinamiento o revuelta en las propias filas, el Jefe y Oficiales podrán ser castigados con la destitución o la reclusión militar mayor o menor en cualquiera de sus grados, y aun ser declarados exentos de pena, según el uso que hayan hecho de los medios que hayan tenido a su alcance para obligar a sus subordinados al cumplimiento de sus deberes;

3º El que, contando con medios de defensa, se adhiriere a la capitulación estipulada por otro, aunque lo hiciere por haber recibido órdenes de su jefe ya capitulado;

4º El que, en la capitulación ajustada por él, comprendiere tropas, plazas de guerra o puestos fortificados o guarnecidos que no se hallaren bajo sus órdenes, o que, estándolo, no hubieren quedado comprometidos en el hecho de armas que ocasionare la capitulación.

LEY 17266, Art. 2º

Artículo 289. Incurrirá en la pena de reclusión militar mayor en su grado medio a reclusión militar perpetua, el jefe o comandante de una plaza, fuerte o puesto militar cualquiera que, estando en peligro de ser atacado por el enemigo, no adoptare las medidas preventivas necesarias o no reclamare los auxilios o recursos que fueren precisos para la defensa, si de su negligencia resultare la pérdida de la plaza, fuerte o puesto que le estaba confiado.

Artículo 290. En la misma pena del artículo anterior incurrirá el General u Oficial Comandante en Jefe que, sin que hayan mediado razones especiales de táctica o estrategia, haya cedido ante el enemigo sin haber agotado antes los medios de defensa que exigen el honor militar y el deber para con la Patria.

Si en el caso concurrieren circunstancias atenuantes muy calificadas, la pena podrá ser reclusión militar menor en sus grados medio a máximo.

Artículo 291. Será castigado con la pena de reclusión militar menor en cualquiera de sus grados el Oficial que por negligencia u omisión de sus deberes, que no constituyan otro delito especialmente penado por este Código, fuere causa de daños considerables en las operaciones de guerra.

DL 3425, 1980, Art. 3°

La misma negligencia u omisión cometida por un suboficial, cabo o soldado, será penada con reclusión militar menor en sus grados mínimo a medio.

DL 3425, 1980, Art. 3°

Artículo 292. El Oficial que, fuera del caso de necesidad y contra la orden de su superior, ataque al enemigo, será castigado con la pena de reclusión militar mayor en su grado mínimo o destitución, o con ambas penas a la vez.

Pero si de este ataque resultare un beneficio para las operaciones de la guerra, la pena podrá ser rebajada uno o más grados y llegarse hasta la absolución, según el caso.

Artículo 293. El militar que, en campaña no se halle en una alarma, campo de batalla u otra cualquiera función de armas, con la debida prontitud, sin justificación de causa legítima que se lo haya impedido, incurrirá en la pena de reclusión militar menor en su grado máximo a reclusión mayor en su grado medio.

Artículo 294. El que en tiempo de guerra, con males supuestos o con cualquier pretexto, se excusare de cumplir sus deberes, o no se conformare con el puesto o servicio a que fuere destinado, incurrirá en la pena de reclusión militar menor en cualquiera de sus grados, o en la de pérdida del estado militar.

DL 3425, 1980, Art. 3°

Artículo 295. El que, por su propia voluntad y con el objeto de sustraerse de sus obligaciones militares, se mutilare o se procurare una enfermedad que le inhabilite para el servicio, aunque sea temporalmente, será castigado con la pena de reclusión menor en sus grados mínimo a medio.

En tiempo de guerra, la pena será de reclusión menor en sus grados medio a máximo.

Artículo 296. El militar que, en tiempo de guerra, sin cometer el delito penado en el artículo 248, fuese culpable de connivencia en la evasión de prisioneros, será castigado con la pena de presidio militar mayor en cualquiera de sus grados, si el delito se cometiere en campaña, y en su grado mínimo en los demás casos.

Artículo 297. El militar culpable de connivencia en la evasión de presos o detenidos militares, que no sean prisioneros de guerra, cuya conducción o custodia le estuviese confiada, será castigado con la pena superior en una grado a la que, con arreglo al Código Penal, corresponda al delito perpetrado por un empleado público.

Artículo 298. El militar que en campaña y sin cometer traición, revelare el santo y seña o una orden reservada, sobre el servicio, o faltare al secreto de la correspondencia, epistolar o telegráfica, será castigado con la pena de reclusión menor en su grado máximo a reclusión militar mayor en su grado mínimo.

Si de la revelación resultare grave daño para la causa pública o para las operaciones de la guerra, la pena será de reclusión militar mayor en sus grados medio a máximo.

Artículo 299. Será castigado con presidio militar menor en cualquiera de sus grados o con la pérdida del estado militar, el militar:

1° Que no mantenga la debida disciplina en las tropas de su mando o no proceda con la energía necesaria para reprimir en el acto cualquier delito militar, según los medios de que al efecto disponga;

2° El que por negligencia inexcusable diere lugar a la evasión de prisioneros, o a la de presos o detenidos cuya custodia o conducción le estuviere confiada;

3° El que sin incurrir en desobediencia o en el delito previsto en el artículo 294, deje de cumplir sus deberes militares.

DL 3425, 1980, Art. 3°

INCISO FINAL. Derogado.

DL 3425, 1980, Art. 3°
Por Sentencia del Tribunal Constitucional, publicada el 04.03.2022, el N° 3 del presente artículo fue declarado inconstitucional por aplicación del Art. 93 N° 7 de la Constitución Política de la República, debiendo considerarse como derogado a contar de la fecha de publicación de la sentencia.

Artículo 299 bis. Derogado

LEY 20000, Art. 66
D.O. 16.02.2005

2. Delitos del centinela

Artículo 300. El centinela que abandonare su puesto o se embriagare en él, estando frente al enemigo, será castigado con la pena de presidio militar mayor en su grado máximo a presidio militar perpetuo.

LEY 17266, Art. 2°
LEY 19029, Art. 1°, N° 8

Si el delito lo cometiere en campaña o en lugar declarado en estado de sitio, sin estar frente a enemigos, la pena será de presidio militar mayor en su grado máximo; y si fuere en otras circunstancias, con la de presidio militar menor en su grado máximo a presidio militar mayor en su grado medio.

DL 3425, 1980, Art. 3°

LEY 19029, Art. 1º, Nº 8

Artículo 301. El centinela que faltare a su consigna o se dejare relevar por otro que no fuere su cabo o quien haga sus veces, será castigado:

1º Con la pena de presidio militar mayor en su grado máximo a presidio militar perpetuo, si el delito se cometiere frente al enemigo y a consecuencia del hecho se hubiere comprometido la seguridad del puesto o de la plaza en que se encontraba prestando sus servicios;

2º Con la de presidio militar mayor en cualquiera de sus grados, si el delito se hubiere cometido en presencia del enemigo, pero no hubiere acarreado los perjuicios que se señalan en el número precedente; o en la campaña o plaza declarada en estado de sitio, sin estar frente a enemigos;

3º Con la pena de presidio militar menor en sus grados medio a máximo, en los demás casos.

LEY 19029, Art. 1º, Nº 9

Artículo 302. El centinela o individuo de patrulla a quien se hallare dormido, siempre que este estado no pueda atribuirse a embriaguez voluntaria, será castigado:

1º Con la pena de presidio militar mayor en su grado máximo a presidio militar perpetuo, si el hecho ocurriere al frente del enemigo;

2º Con la de presidio militar mayor en cualquiera de sus grados, si ocurriere en campaña o plaza declarada en estado de sitio, no estando frente al enemigo;

3º Con la de presidio militar menor en cualquiera de sus grados en los demás casos.

3. Abandono de servicio

Artículo 303. El comandante o jefe que sin motivo legítimo abandone su comando, sea en presencia del enemigo o sea en circunstancias tales que comprometa la seguridad del Ejército o de una parte de éste, incurrirá en la pena de presidio militar mayor en su grado máximo a muerte.

Si el abandono del comando, en tiempo de guerra, tuviere lugar en cualquiera otra circunstancia de peligro, la pena será de reclusión militar mayor en cualquiera de sus grados.

LEY 17266, Art. 2°

Artículo 304. El militar que sin la debida autorización abandonare su puesto estando al mando de guardia, patrulla, puesto avanzado o de cualquier otro servicio con armas, será castigado:

1° Con la pena de presidio militar mayor en su grado máximo a muerte, si el hecho ocurriere al frente del enemigo;

LEY 17266, Art. 2°

2° Con la de presidio militar mayor en su grado máximo a presidio militar perpetuo, si se cometiere en campaña no siendo frente al enemigo, o en lugar declarado en estado de sitio o en presencia de rebeldes o sediciosos;

LEY 17266, Art. 2°

3° Con la pena de presidio militar mayor en cualquiera de sus grados, si se cometiere en tiempo de guerra, pero en otras circunstancias que las señaladas en los números precedentes;

4° Con la pena de presidio militar menor en cualquiera de sus grados, si se cometiere en tiempo de paz, pero en una expedición u operación militar.

Artículo 305. Cualquier otro militar que abandonare los servicios en los casos a que se refieren los números 1° a 4° del artículo anterior, será castigado con las penas que cada uno de ellos contempla, rebajadas en un grado.

LEY 19029, Art. 1°, N° 10

Artículo 306. El militar que abandonare su servicio en cualquier otro caso, será castigado con prisión militar en su grado máximo a reclusión militar menor en grado mínimo.

DL 3425, 1980, Art. 2°

Artículo 307. La embriaguez completa y voluntaria por consumo de alcohol o la pérdida de conciencia por uso indebido de estupefacientes u otras sustancias sicotrópicas, en cualquiera de los casos contemplados en los artículos 304 y 305, será considerada como abandono de servicio y penado en la forma que corresponda según las circunstancias contempladas en dichos artículos.

LEY 18342, Art. 1°, N° 25

4. Abandono de destino o residencia

Artículo 308. Comete el delito de abandono de destino o residencia, siempre que no esté comprendido en las disposiciones del párrafo anterior, el Oficial que se encontrare en alguno de los casos siguientes:

1° Que deje de presentarse dentro de cuatro días, transcurridos los plazos reglamentarios, al puesto a que haya sido destinado;

2° Que, sin la debida autorización, faltare cuatro días consecutivos del lugar donde tuviere su destino o residencia;

3° Que, transitando por actos del servicio, no se presentare a los superiores respectivos, dentro de los cuatro días siguientes a la fecha que corresponda según los reglamentos, o a la que se le hubiere señalado para ese efecto en guía o itinerario especial;

4° Que, habiendo obtenido licencia, no se presentare en el lugar de su destino o residencia dentro de cuatro días contados desde la fecha en que haya expirado el plazo de ella, o desde la fecha en que tuviere noticia de haberse dejado sin efecto esa licencia.

Artículo 309. Son circunstancias agravantes especiales del delito a que se refiere el artículo anterior:

Llevarse el culpable armas, ganado, equipo, vestuario u otro objeto de propiedad del Estado y afecto al servicio militar, sin perjuicio de las responsabilidades que correspondan si este hecho constituye un delito especial;

Traspasar, sin la autorización competente, las fronteras del país de su destino o residencia, sea que el culpable preste sus servicios en Chile o en el extranjero;

Transcurrir sesenta días desde la consumación del delito, sin hacer su presentación a las autoridades competentes;

Cometer el delito de concierto, dos o más oficiales;

Perpetrarlo cuando el culpable se hallaba arrestado o detenido, o en un acto del servicio. Esto último sin que obste a las reglas del párrafo anterior.

Artículo 310. El abandono de destino o residencia será castigado:

En tiempo de guerra, con la pena de presidio militar perpetuo, si el delito se cometiere frente al enemigo; y con la de presidio militar mayor en su grado medio a presidio militar mayor en su grado máximo en los demás casos.

LEY 19029, Art. 1°, N° 11

En tiempo de paz, con la pena de reclusión militar menor en cualquiera de sus grados, o con la pérdida del estado militar, o con ambas a la vez, según las circunstancias.

DL 3425, 1980, Art. 3°

Como accesoria se impondrá además, en tiempo de guerra, la degradación.

Artículo 311. Derogado.

DL 3425, 1980, Art. 3°

Artículo 312. El Oficial en retiro temporal o perteneciente a las reservas que, habiéndose notificado su llamamiento al servicio, no se presentare a las autoridades correspondientes dentro del plazo de quince días, será castigado:

Si el hecho ocurriere en tiempo de guerra, con la pena de reclusión militar menor en sus grados medio a máximo y con la destitución; y si ocurriere en tiempo de paz, con la pérdida del estado militar.

DL 3425, 1980, Art. 3°

Artículo 313. El Oficial que, dentro de doce meses consecutivos, hubiere cometido faltas que sumen en total quince días de ausencia ilegítima en su destino o residencia, será castigado con la pena de prisión militar en su grado mínimo, si el hecho ocurriere en tiempo de paz, y con la reclusión militar en cualquiera de sus grados y destitución, si fuere en tiempo de guerra.

Lo cual se entiende siempre que la ausencia ilegítima no constituya por sí sola otro delito.

DL 3425, 1980, Art. 3°

5. Deserción

Artículo 314. Comete delito de deserción el individuo de tropa o de tripulación que se halle comprendido en alguno de los casos siguientes:

1° Haber faltado a ocho listas consecutivas; tratándose de Carabineros, haber faltado cuatro días;

2° Haber faltado a tres listas consecutivas o dos días respecto de Carabineros y ser aprehendido a cuarenta kilómetros o más del lugar o plaza de su destino o residencia, o del punto donde se encontrase acampado transitoriamente el cuerpo a que pertenezca;

3° El que, siendo cambiado de residencia o cuerpo, no se presentare al superior respectivo de su nuevo destino o residencia, cuatro días después de la fecha que se le hubiere señalado para ese efecto;

4° El que, habiendo obtenido licencia, no se presentare a su cuerpo dentro de los ocho días siguientes a la fecha en que expirare su permiso.

Las listas a que se refiere el presente párrafo son las de diana y retreta y las equivalentes en la Armada y Aviación.

Artículo 315. En tiempo de guerra, los plazos, listas y distancias señaladas en el artículo anterior, se reducirán a la mitad, sin perjuicio de las disposiciones especiales que pueda dictar el Comandante en Jefe del Ejército.

Artículo 316. La deserción es simple o calificada.

Es simple aquella en que no concurre ninguna de las circunstancias que se enumeran a continuación, y calificada la en que concurre alguna de ellas:

1° Cometer el delito con escalamiento, entendiéndose que lo hay cuando se sale por vía no destinada al efecto, o con rompimiento de pared o techo, fractura de puerta o ventana, o usando llave falsa, verdadera que hubiere sido sustraída, ganzúa u otro instrumento semejante;

2° Hallarse en prisión preventiva, arrestado o detenido;

3° Llevarse el desertor armamento, ganado, equipo, vestuario u otro objeto de propiedad del Estado y afecto al servicio militar, excepto el propio uniforme del desertor que usare al tiempo de cometer el delito;

4° Estar de servicio, sin perjuicio de los delitos especiales que pueda constituir el hecho por esta circunstancia;

5° Desertar al extranjero, entendiéndose que lo hace el que, sin autorización competente, traspasare las fronteras de Chile, o el que, estando en otro país a las órdenes de autoridades chilenas, lo abandonare sin causa justificada;

6° Desertar mediante concierto de dos a más individuos.

Artículo 317. La deserción simple en tiempo de paz, será castigada con la pena de reclusión militar menor en su grado mínimo.

Si el culpable fuere reincidente en el delito, la pena se aumentará en un grado; y si la reincidencia fuere tercera o posterior deserción, la pena será reclusión militar menor en su grado medio a máximo.

DL 3425, 1980, Art. 3°

Artículo 318. La deserción calificada en tiempo de paz será castigada con la pena de reclusión militar menor en cualquiera de sus grados.

Si el extravío o sustracción de especies a que se refiere el número 3° del artículo 316, constituye un delito más grave, se aplicará la pena que corresponda a este último, considerándose la deserción como una circunstancia agravante.

Al culpable de deserción calificada, que antes hubiere sido condenado por otra deserción, sea simple o calificada, se le aplicará el máximo de la pena indicada en el inciso primero.

DL 3425, 1980, Art. 3°

Artículo 319. Si el culpable se presentare voluntariamente a su cuerpo u otra autoridad militar dentro de quince días desde la fecha en que la deserción quedó consumada, podrá la pena ser rebajada en un grado.

Artículo 320. La deserción simple en tiempo de guerra, será castigada:

1° Si se cometiere frente al enemigo, con la pena de presidio militar mayor en su grado máximo a presidio militar perpetuo, previa degradación;

LEY 19029, Art. 1°, N° 12

2° Si se cometiere en campaña, no siendo frente al enemigo, con la de presidio militar mayor en cualquiera de sus grados;

3° En los demás casos, con la de presidio militar menor en cualquiera de sus grados.

DL 3425, 1980, Art. 3°

Si el culpable fuere reincidente en el delito, se le aplicará la pena correspondiente en su grado máximo.

Artículo 321. La deserción calificada en tiempo de guerra, será castigada con las penas indicadas para cada caso en el artículo anterior, aplicadas en su grado máximo.

Artículo 322. Será castigado como desertor simple el individuo de tropa o de tripulación:

1° Que en el transcurso de doce meses consecutivos hubiere cometido, sin consumar deserción, faltas que constituyan un total de veinte o más días de ausencia ilegítima;

2° Que, en tiempo de paz y sin haber obtenido la respectiva licencia, se enrole o tome plaza en cualquiera otra unidad o repartición del Ejército, Carabineros o Aviación o de la Armada;

3° Que, después de recobrar su libertad como prisionero de guerra, no se presentare a las autoridades correspondientes dentro del plazo de quince días, si se encontrare en territorio nacional. Si se hallare en territorio extranjero, este plazo comenzará a contarse desde que haya podido regresar a la Patria empleando los medios que haya podido tener a su alcance.

Artículo 323. La deserción en momentos de conmoción interior o en territorios declarados en estado de sitio, podrá ser considerada como si se cometiera en estado de guerra, en campaña, según calificación que haga el Tribunal.

Artículo 324. El que, sea civil o militar, induzca o fuerce a la deserción, será castigado con la misma pena que el desertor en su respectivo caso.

El que auxilie, con la pena inferior en un grado, y el que la encubra, con la inferior en dos grados a la que corresponda al desertor.

Artículo 325. Los individuos de tropa y de tripulación que, sin consumar deserción, faltaren a una o más listas, quedarán sujetos a los castigos disciplinarios que indiquen los respectivos reglamentos.

Artículo 326. Las responsabilidades civiles que se deduzcan de la sustracción o extravío de las prendas del uniforme u otras especies con que se hubiere ausentado el desertor, se harán efectivas administrativamente con cargo a los haberes del mismo.

6. Usurpación de atribuciones, abuso de autoridad, denegación de auxilio y uso indebido de uniforme

Artículo 327. El militar que sin autorización competente o motivo justificado asumiere un mando, o lo retuviere en contra de las órdenes de sus jefes, será castigado con la pena de reclusión militar menor en su grado mínimo a máximo.

Si del acto se hubiere seguido perjuicio para la causa pública, la tranquilidad social o la disciplina de las Fuerzas Armadas, la pena podrá ser elevada hasta reclusión mayor en su grado máximo.

En tiempo de guerra, este delito se castigará con la pena de reclusión militar mayor en su grado máximo a muerte.

Artículo 328. El militar que, ejerciendo mando o haciendo servicios con armas y requerido por autoridad competente, no prestare, sin causa legítima, la debida cooperación para actos de justicia u otro servicio público, incurrirá en la pena de presidio militar menor en su grado mínimo o pérdida del estado militar.

DL 3425, 1980, Art. 3°

Si de esta omisión resultare grave daño a la causa pública, la tranquilidad social, el servicio de las Fuerzas Armadas o a un tercero, la pena será de reclusión militar en su grado mínimo a medio, o pérdida del estado militar.

DL 3425, 1980, Art. 3°

La disposición del presente artículo se aplicará siempre que el hecho o la omisión no constituya un delito especial de mayor gravedad.

Artículo 329. Será castigado con la pena de reclusión militar en sus grados mínimo a medio, todo individuo al servicio del Ejército, sea militar o no, que abusivamente ordenare o practicare requisiciones, o que, efectuándolas legítimamente, se negare a dar recibos de los suministros.

Artículo 330. El militar que, con motivo de ejecutar alguna orden superior o en el ejercicio de funciones militares, empleare o hiciere emplear, sin motivo racional, violencias innecesarias para la ejecución de los actos que debe practicar, será castigado:

1° Con la pena de presidio mayor en sus grados mínimo a medio si causare la muerte del ofendido;

2° Con la de presidio menor en su grado medio a presidio mayor en su grado mínimo si le causare lesiones graves;

3º Con la de presidio menor en sus grados mínimo a medio si le causare lesiones menos graves, y

4º Con la de prisión en su grado máximo a presidio menor en su grado mínimo si no le causare lesiones o si éstas fueren leves.

Si las violencias se emplearen contra detenidos o presos con el objeto de obtener datos, informes, documentos o especies relativos a la investigación de un hecho delictuoso, las penas se aumentarán en un grado.

LEY 17266, Art. 2º

Artículo 331. El militar que maltratare de obra a un inferior será castigado:

1º Con la pena de presidio mayor en su grado medio a presidio perpetuo si causare la muerte del ofendido;

2º Con la de presidio menor en su grado máximo a presidio mayor en su grado mínimo si le causare lesiones graves;

3º Con la de presidio menor en sus grados mínimo a medio si le causare lesiones menos graves, y

4º Con la prisión en su grado máximo a presidio menor en su grado mínimo si no le causare lesiones o éstas fueren leves.

LEY 17266, Art. 2º
LEY 19029, Art. 1º, Nº 13

Artículo 332. No obstante lo dispuesto en el artículo anterior, quedará exento de pena, cualquiera que sea el resultado del maltrato, el superior que probare que éste tuvo por objeto contener, por un medio racionalmente necesario, los delitos flagrantes de traición, sedición, rebelión, insulto o ataque a un superior, desobediencia en acto del servicio, cobardía frente al enemigo, devastación, saqueo u otro de igual gravedad.

Artículo 333. Será castigado con la pena de reclusión menor en su grado mínimo a medio, todo individuo que sin derecho use uniforme, insignias, distintivos o condecoraciones correspondientes a las Fuerzas Armadas o a Carabineros de Chile.

LEY 19683, Art. Único Nº 2 a)
D.O. 04.07.2000

Igual pena se aplicará al que clandestina o maliciosamente fabricare, importare, internare al país, almacenare, distribuyere o comercializare en cualquier forma, alguna de las especies mencionadas en el inciso anterior.

LEY 18.850, Art. Único

Si en estos delitos se incurriere en tiempo de guerra, se aplicará la pena aumentada en un grado.

LEY 19683, Art. Único N° 2 b)
D.O. 04.07.2000

TÍTULO VII. DELITOS DE INSUBORDINACIÓN

LEY 19683, Art. Único N° 2 c)
D.O. 04.07.2000

1. De la desobediencia

Artículo 334. Todo militar está obligado a obedecer, salvo fuerza mayor, una orden relativa al servicio que, en uso de atribuciones legítimas, le fuere impartida por un superior.

El derecho a reclamar de los actos de un superior que conceden las leyes o reglamentos, no dispensa de la obediencia ni suspende el cumplimiento de una orden del servicio.

Artículo 335. No obstante lo prescrito en el artículo anterior, si el inferior que ha recibido la orden sabe que el superior al dictarla, no ha podido apreciar suficientemente la situación, o cuando los acontecimientos se hayan anticipado a la orden, o aparezca que ésta se ha obtenido por engaño, o se tema con razón que de su ejecución resulten graves males que el superior no pudo prever, o la orden tienda notoriamente a la perpetración de un delito, podrá el inferior suspender el cumplimiento de tal orden, y en casos urgentes modificarla, dando inmediata cuenta al superior.

Si éste insistiere en su orden, deberá cumplirse en los términos del artículo anterior.

Artículo 336. El militar que fuera del caso antes contemplado, dejare de cumplir o modificare por iniciativa propia una orden del servicio impartida por su superior, será castigado:

1º Con la pena de reclusión militar mayor en su grado máximo a muerte, si el delito se hubiere cometido en presencia del enemigo y, con tal motivo, se hubieren malogrado las operaciones de guerra del Ejército nacional o aliado, o favorecido las del enemigo;

2º Con la de reclusión militar menor en su grado medio a reclusión militar mayor en su grado medio, si se cometiere en presencia de rebeldes o sediciosos y se hubieren seguido perjuicios graves;

3º Con la reclusión militar menor en cualquiera de sus grados, en los demás casos.

Artículo 337. El militar que se negare abiertamente a cumplir una orden del servicio que le fuere impartida por un superior, será castigado:

1º Con la pena de reclusión militar perpetua a muerte, si la desobediencia se llevare a cabo en las condiciones señaladas en el número 1º del artículo anterior;

2º Con la de reclusión militar mayor en grado medio a máximo, si la desobediencia se cometiere en presencia de rebeldes o sediciosos y se hubieren producido perjuicios graves o si cometida en presencia del enemigo, no se hubieren producido los efectos a que se refiere dicho número 1º del artículo anterior;

3º Con la pena de reclusión militar menor en su grado mínimo a reclusión militar mayor en su grado mínimo, en los demás casos.

LEY 17266, Art. 2º

Artículo 338. Tratándose de los delitos a que se refiere este Título, los tribunales podrán sustituir las penas de reclusión militar menor por la de pérdida del estado militar.

DL 3425, 1980, Art. 3º

2. Ultraje a superiores

Artículo 339. El que maltratare de obra a un superior en empleo o mando causándole la muerte o lesiones graves, será castigado:

1° Con la pena de presidio mayor en su grado máximo a muerte, si el delito se cometiere frente al enemigo;

2° Con la de presidio mayor en su grado medio a presidio perpetuo, si el delito se cometiere en tiempo de guerra, en actos del servicio de armas o con ocasión de él, o en presencia de tropa reunida, y

3° Con la de presidio mayor en sus grados mínimo a medio, en los demás casos.

LEY 17266, Art. 2°

Artículo 340. El delito frustrado en los casos a que se refieren los números anteriores, se castigará con las penas que en cada uno de ellos se contemplan rebajadas en uno, dos o tres grados, según las circunstancias que rodeen el hecho, y la tentativa se castigará en la forma que expresa el artículo 343.

Artículo 341. El militar que en tiempo de guerra maltratare de obra a un superior en empleo o mando sin causarle lesiones graves o muerte, será castigado:

1° Con la pena de presidio mayor en su grado medio a máximo, si se cometiere en acto del servicio de armas o en presencia de tropa reunida para cualquier servicio;

2° Con presidio menor en su grado máximo a presidio mayor en su grado mínimo si se cometiere en otro acto del servicio o con ocasión de él, y

3° Con presidio menor en sus grados medio a máximo, en los demás casos.

LEY 17266, Art. 2°

Artículo 342. En tiempo de paz el delito que se describe en el artículo precedente será castigado:

1° Con la pena de presidio militar menor en su grado medio a mayor en su grado mínimo en el caso del número 1°;

2º Con la pena de presidio militar menor en su grado mínimo a máximo en el caso del número 2º, y

3º Con la pena de presidio militar menor en su grado mínimo a medio en el caso del número 3º.

LEY 16639, Art. 1º

Artículo 343. El militar que ofendiere a un superior en empleo o mando, con palabras, escritos, gestos, amenazas o en otra forma equivalente, será castigado:

1º Con la pena de presidio militar menor en su grado mínimo a medio, si la ofensa se cometiere en acto del servicio o con ocasión de él, o en presencia de tropa reunida; y

2º Con la de presidio militar menor en su grado mínimo en los demás casos.

DL 3425, 1980, Art. 3º

Artículo 344. Podrá disminuirse en un grado la pena señalada en los artículos 339 a 343, en los siguientes casos:

Cuando el ofensor y el ofendido fueren del mismo empleo, pero el último tuviere superioridad en el mando;

Cuando el ofendido fuere suboficial o cabo perteneciente a distinta unidad o repartición militar que el ofensor.

Artículo 345. No será circunstancia excusable en los delitos contemplados por los artículos 339 a 343 referidos, la de que el superior no llevare, en los momentos en que se perpetró el hecho, el uniforme o las insignias de su calidad o mando militar.

Pero si se comprobare que el inferior ignoraba la calidad del superior maltratado u ofendido, el tribunal, según las circunstancias, podrá aplicar al delincuente, en vez de las penas militares indicadas en los artículos referidos, las que correspondan según el Código Penal a las mismas infracciones cometidas entre particulares.

TÍTULO VIII. DELITOS CONTRA LOS INTERESES DEL EJÉRCITO

Artículo 346. El que a sabiendas suministre o autorice el suministro a las tropas, de víveres averiados o adulterados, será castigado: con la pena de presidio mayor en su grado máximo a presidio perpetuo, si por consecuencia del hecho resultare alguna muerte y con la de presidio mayor en su grado medio en los demás casos.

Si la adulteración se hubiere realizado con sustancias inofensivas o que no perjudiquen la salud, se impondrá la de presidio menor en sus grados medio a máximo.

LEY 19029, Art. 1°, N° 14

Artículo 347. El que, estando encargado en tiempo de guerra de suministrar a las tropas víveres, municiones u otros efectos, deje de hacerlo maliciosamente, será castigado con la pena de presidio mayor en su grado máximo a presidio perpetuo.

Si sólo hubiere descuido o negligencia en el proveedor, la pena será de presidio menor en su grado máximo a presidio mayor en su grado medio.

Si se hubiere seguido un perjuicio grave para el Ejército o parte de él, la pena podrá ser elevada hasta la de muerte.

Artículo 348. El que en tiempo de guerra sustrajere, consintiere que otro sustraiga o aplicare a usos propios o ajenos los caudales o efectos de cualquiera clase pertenecientes al Ejército, y que se encuentren a su cargo, será castigado:

Con la pena de presidio mayor en su grado medio a presidio perpetuo, si comete el delito en campaña y con daño de las operaciones de guerra o perjuicio efectivo de las tropas;

Con la de presidio mayor en sus grados medio a máximo, si no concurriere alguna de las circunstancias expresadas en el inciso anterior.

LEY 19029, Art. 1°, N° 15

Artículo 349. Será castigado con la pena de presidio mayor en cualquiera de sus grados, el que falsificare estado, relaciones, libros u otro documento militar, aumentando el efectivo de tropa, ganado, equipo, vestuario, armamento u otro material de guerra, o exagerando el consumo de víveres, forrajes u otros consumos, y el que cometiere cualquiera otra falsedad en materia de administración militar por efecto de la cual resulte un perjuicio para el Estado.

Artículo 350. Sufrirá la pena de presidio mayor en su grado medio a presidio perpetuo el que incendiare o destruyere por medio de mina, bomba u otro explosivo, un cuartel, fortaleza, parque, arsenal, maestranza o fábrica de las Instituciones Armadas.

Si se tratare de otros edificios u obras militares, la pena será de presidio mayor en su grado máximo.

LEY 17266, Art. 2°
LEY 19029, Art. 1°, N° 16

Artículo 351. El que destruyere o inutilizare, por otros medios que los que se indican en el artículo anterior, los edificios u obras que se mencionan en el mismo, sufrirá la pena de presidio mayor en su grado medio a máximo.

LEY 19029, Art. 1°, N° 17

La pena se elevará hasta el presidio perpetuo calificado, si a consecuencia del siniestro resulta la muerte o lesiones graves de personas cuya presencia allí se pudo prever.

LEY 19734, Art. 3°, N° 1
D.O. 05.06.2001

Artículo 352. Cuando los hechos contemplados en los dos artículos anteriores ocurran por imprudencia o negligencia, o por omisión en la observancia de los reglamentos militares, la pena será de reclusión militar menor en sus grados medio a máximo.

Artículo 353. El que maliciosamente y sin cometer alguno de los delitos que se describen en los artículos 474 a 482 del Código Penal, u otro de mayor gravedad que el que se contempla en el presente artículo, causare cualquier daño en el material de guerra o aprovisionamiento de las Instituciones Armadas, en armas, municiones, víveres, efectos de campamento, equipo, vestuario u otro objeto de uso en el Ejército destinado a la defensa nacional, será castigado:

1º Con la pena de presidio o reclusión menor en su grado máximo a presidio o reclusión mayor en grado medio, si el importe del daño excediere de cuarenta sueldos vitales;

DL 2059 1977, Art. 2º, Nº 5

2º Con la de presidio o reclusión menor en sus grados medio a máximo, si D excediere de cuatro sueldos vitales y no pasare de cuarenta sueldos vitales, y

DL 2059 1977, Art. 2º, Nº 5

3º Con la de reclusión menor en su grado mínimo, si el importe del daño no excediere de cuatro sueldos vitales.

DL 2059 1977, Art. 2º, Nº 5

Si el culpable fuere militar, la pena llevará siempre como accesoria la de destitución o separación del servicio.

TÍTULO IX. DELITOS CONTRA LA PROPIEDAD

Artículo 354. Se castigará con la pena superior en uno, dos o tres grados a la señalada por el Código Penal para el delito, al culpable de robo o hurto de material de guerra, ya se trate de armas, municiones, aparatos, instrumentos destinados a los servicios de las Fuerzas Armadas, o de maquinarias o útiles de uso exclusivo para la fabricación de material de guerra.

Artículo 355. Se aplicará la pena superior en uno o dos grados a la que señala el Código Penal para el delito, al militar culpable de robo o hurto de ganado, equipo, vestuario, forraje, víveres u otra especie cualquiera afecta al servicio de las instituciones armadas y que no forme parte del material de guerra.

Si el culpable no fuere militar, la pena se aumentará sólo en un grado.

Artículo 356. Todo individuo que, fuera de los casos en que las autoridades hayan autorizado su enajenación, adquiera a cualquier título o reciba en prenda, armamento, municiones u otros objetos que formen parte del material de guerra o del equipo o vestuario perteneciente a las instituciones armadas, será castigado con la pena de presidio menor en su grado mínimo.

No se aplicará esta disposición cuando al culpable le corresponda una pena mayor con arreglo al artículo 454 del Código Penal.

Artículo 357. Será también aplicable el artículo anterior al militar que enajene, distraiga, done, permute o empeñe, armamento, municiones, efectos del equipo o vestuario u otros objetos pertenecientes a las instituciones armadas, que hubiere recibido para su uso y con cargo de devolverlos.

Artículo 358. El militar que ordenare o practicare requisiciones con ánimo de lucrarse, será considerado como culpable de robo si hubiere intervenido violencia. Si ésta hubiere faltado, se le considerará culpable de estafa y se le aplicará el máximo de la pena que corresponda a este delito.

Artículo 359. Cuando, en los delitos contra la propiedad, fuere necesario determinar el valor de la cosa objeto del delito, se tendrá por tal el que le señalen los reglamentos militares, o los inventarios o los libros de administración.

A falta de este avalúo, se hará la tasación en la forma ordinaria.

Artículo 360. Si la especie robada o hurtada fuere una pieza o mecanismo esencial del arma, aparato o instrumento que describe el artículo 354, se le asignará el valor, para los efectos indicados en el artículo precedente, que corresponda al arma, aparato o instrumento completo de que formase parte la pieza o mecanismo sustraído.

Artículo 361. Se considerarán circunstancias agravantes especiales de los delitos de robo y hurto de especies militares:

1º Cometer el delito en tiempo de guerra;

2º Poner en peligro, por causa del delito, la seguridad de un cuartel, puesto o establecimiento militar, especialmente los destinados a la fabricación o guarda del material de guerra o municiones;

3º Por causa del delito no haberse podido cumplir una orden del servicio, siguiéndose de ello un perjuicio de cualquiera magnitud.

Artículo 362. Son también agravantes especiales de todos los delitos de robo y hurtos sujetos a la jurisdicción militar:

1º Cometer el hecho estando de centinela, de guardia o en otro servicio de armas;

2º Cometerlo en perjuicio de sus compañeros de armas;

3º Ejecutarlo en campaña y en perjuicio de un proveedor o vivandero del Ejército;

4º Ejecutarlo en casa de una persona que le hubiere proporcionado al culpable alojamiento por causa de requisición o del servicio que se le hubiere encomendado;

5º Ser el culpable militar, si la ley no hubiere contemplado esta circunstancia al referirse al delito o fijar la pena respectiva.

Artículo 363. El robo o hurto cometido por un militar en casa de su superior, se considerará, para todos los efectos legales, como perpetrado en un cuartel.

Artículo 364. Se presume autor de tentativa de robo al que se introdujere con forado, fractura, escalamiento, uso de llave falsa, de verdadera sustraída o de ganzúa, en un local donde se guarden armas, municiones, caudales, víveres, equipo, vestuario o cualesquiera otros objetos afectos al servicio militar.

Igual presunción se establece en contra del que, con armas y sin la debida autorización, o con simulación de autoridad o de órdenes superiores, se introdujere a alguno de los locales señalados en el inciso precedente.

Artículo 365. El civil o militar que despoje del dinero, alhajas u otros objetos que tengan consigo, a los militares o auxiliares muertos en el campo de batalla, con el fin de apropiárselos, será procesado por robo con violencia en las personas.

D.F.L. 1 Justicia, 1992, Art. Primero, d)

Artículo 366. Cuando alguno de los hechos delictuosos a que se refiere el presente Título merezca mayor pena conforme a otras disposiciones de este Código o del Código Penal, se aplicarán estas disposiciones preferentemente.

TÍTULO X. DELITOS DE FALSEDAD

Artículo 367. Será castigado con la pena de presidio o reclusión menores en sus grados medios a presidio o reclusión mayores en sus grados medios, el militar que, abusando de su cargo, cometiere alguno de los delitos siguientes:

1° Que falsificare letra, firma, rúbrica o sello de las autoridades, jefes o dependencias de las instituciones armadas, en las órdenes o comunicaciones que dictaren o en cualquiera otra clase de documentos oficiales;

2° Que por razón de su cargo, sin ser autor de la falsificación antedicha, pero sabiendo haberse cometido, dispusiere que se cumpla la orden, comunicación o documento falsificado, les diere curso o de cualquier otro modo usare de ellos;

3° Que obtuviere por sorpresa que el jefe de quien dependa autorice con su firma, rúbrica o sello, un documento falso o contrario al sentido en que se hubiere mandado extender;

4° Que, teniendo a su disposición, por razón de su destino, el sello de la autoridad a cuyas órdenes se encuentre, o del cuerpo o repartición militar en que sirva, lo estampare maliciosamente en un documento falso;

5° Que, fuera de los casos comprendidos en los números anteriores, cometiere falsedad en cualquiera de las formas indicadas por el artículo 193 del Código Penal, en un documento referente al servicio de las instituciones armadas.

Artículo 368. Se considerará especialmente comprendido en el artículo anterior, el militar:

1º Que falsificare, de cualquier modo que sea, actuaciones de un proceso militar, títulos de ascenso, de licencia o de baja, cédulas de retiro o de invalidez, libros de registro o de servicio militar, asientos de regimientos o de otras unidades;

2º Que usare maliciosamente los documentos a que se refiere el número anterior.

Artículo 369. Con la misma pena señalada en el artículo 367 será castigado:

1º El que falsificare sellos, marcas o cuños destinados a dar autenticidad a los documentos militares, o a servir de signo distintivo para objetos pertenecientes a las Fuerzas Armadas o Carabineros de Chile;

2º El que hiciere uso fraudulento de esos sellos, marcas o cuños verdaderos, o que maliciosamente usare de los falsificados; y

LEY 19683, Art. Único Nº 3 a y b)
D.O. 04.07.2000

3º El que falsificare o adulterare cualquier documento, distintivo o credencial destinado a acreditar la calidad de miembro de dichas Instituciones o el que, sin tener la calidad de tal o sin derecho para ello, hiciere uso maliciosamente de cualquiera de éstos, auténtico o no.

LEY 19683, Art. Único Nº 3 c y d)
D.O. 04.07.2000

Si los delitos a que se refiere este artículo fueren perpetrados en tiempo de guerra, se aplicará la pena aumentada en un grado.

Artículo 370. Será castigado con la pena de presidio o reclusión militar menores en sus grados mínimo a medio:

1º El militar que, sin cometer otro delito de mayor gravedad, diere a sabiendas un informe falso, de palabra o por escrito, sobre asuntos del servicio, o expidiere certificado de algún hecho en sentido diverso a lo que supiere;

2º El cirujano militar que en el ejercicio de sus funciones certificare falsamente, o encubriere la existencia de cualquiera enfermedad o lesión, o que exagerare o atenuare maliciosamente la gravedad de la dolencia existente;

3° El militar que hiciere uso de pasaporte, licencia o cualquier otro documento expedido a favor de otro militar.

LEY 19047, Art. 2° 11)

En los casos de este artículo, podrá además aplicarse la pena de separación del servicio o la de destitución, según la gravedad del delito.

Artículo 371. El que, en el acto de ser filiado, ocultare su edad, su nombre o apellido, o tomare otros imaginarios o de distinta persona, u ocultare su estado civil, el lugar de su nacimiento o su nacionalidad, será castigado con prisión en su grado mínimo a medio.

Si esta infracción se comete en un acto de justicia militar, la pena podrá ser hasta de presidio menor en su grado mínimo, siempre que el hecho no constituya un delito de mayor gravedad.

DL 3425, 1980, Art. 3°

TÍTULO XI. DISPOSICIONES ESPECIALES DE TIEMPO DE GUERRA

LEY 18342, Art. 1°, N° 27

Artículo 372. El chileno que comerciare con el enemigo extranjero, sufrirá la pena de reclusión mayor en cualquiera de sus grados.

Si el comercio versare sobre artículos declarados contrabando de guerra, la pena podrá elevarse hasta la de presidio perpetuo.

LEY 19029, Art. 1°, N° 18

Artículo 373. El que, poseyendo ganado, vehículos u otros objetos útiles para el servicio militar, no los presentare cuando se practique una requisición en forma legal, será condenado a la pena de reclusión menor en su grado mínimo.

Los vehículos, efectos y ganado a que se refiere este artículo, cuando sean descubiertos, se entregarán inmediatamente al servicio militar sin que su propietario tenga derecho a indemnización alguna.

Artículo 374. Contra un prisionero de guerra fugitivo se puede hacer uso de las armas si no obedeciere a la intimación de detenerse.

Si fuere capturado de nuevo antes de salir del territorio del captor o de haber podido incorporarse a sus propias filas, se le impondrá pena disciplinaria; pero, si hubiere logrado escapar y fuere capturado de nuevo, no se le impondrá pena alguna.

En ambos casos del inciso anterior, si el prisionero hubiese dado su palabra de no fugarse, puede ser privado de los derechos de prisionero de guerra.

Artículo 375. En caso de sublevación o motín de prisioneros de guerra, los participantes sufrirán la pena de presidio mayor en cualquiera de sus grados, y en el caso de los cabecillas, la pena podrá elevarse hasta la de presidio perpetuo. Lo anterior es sin perjuicio de lo que pueda acordarse en los tratados de paz o pactos de tregua.

LEY 19029, Art. 1°, N° 19

Artículo 376. El oficial chileno que, habiendo caído prisionero de guerra, acepte su libertad bajo palabra de no tomar las armas contra el enemigo, sufrirá la pena de pérdida del estado militar y reclusión militar menor en su grado medio.

DL 3425, 1980, Art. 3°

Artículo 377. Los oficiales extranjeros admitidos en las instituciones armadas en tiempo de guerra, quedan sujetos a todas las disposiciones de este Código que comprendan a los oficiales chilenos.

LIBRO CUARTO. OTRAS DISPOSICIONES

TÍTULO I. DISPOSICIONES ESPECIALES
RELATIVAS A LA ARMADA DE CHILE

LEY 18342, Art. 1°, N° 27

Artículo 378. Se consideran delitos militares especiales, relativos a la Armada, los que se establecen en el presente título, sin perjuicio de que sean también aplicables, en su caso, las demás disposiciones de este Código.

Artículo 379. Será castigado con la pena de presidio perpetuo a muerte el que, prestando servicios de práctico en tiempo de guerra, indicare intencionalmente una dirección distinta de la que convenga seguir con arreglo a las instrucciones del Comandante, retrasándose, malográndose o perjudicándose por algún modo por ella la expedición u operaciones u ocasionando la pérdida de uno o más buques.

Si no resultare ese perjuicio, pero se justificare que el práctico obró maliciosamente con el fin de causarlos, se le impondrá la pena de presidio militar mayor en su grado mínimo.

LEY 17266, Art. 2°

Artículo 380. Será castigado con la pena de presidio o reclusión menores en cualquiera de sus grados, el que sin objeto lícito y sin la autorización competente, desatracase lanchas o botes de buques de guerra, o de otro, al servicio de la Armada, o sacare fuerzas armadas de buques, arsenal, cuartel, destacamento u otro establecimiento militar a cargo de la Armada.

Artículo 381. El comandante u oficial que en escuadra o buque no cumpliere exactamente las órdenes o señales del Comandante en Jefe o de cualquiera otro de sus superiores, en punto a atacar o defenderse de fuerzas o buques enemigos hasta donde alcanzaren sus fuerzas o posibilidades, incurrirá en la pena de presidio mayor en su grado máximo a presidio perpetuo.

LEY 19029, Art. 1°, N° 20

Artículo 382. El comandante o jefe, que dejare o abandonare en tiempo de paz su comando inmediato, o lo entregare a otro, fuera de los casos expresamente autorizados por la ley y los reglamentos, sufrirá la pena de suspensión de su empleo militar o de separación del servicio.

En el caso de que sobreviniere peligro para la seguridad del buque de su mando, la pena será de reclusión militar mayor en su grado mínimo, pudiendo elevarse a su grado máximo en caso de avería, y a reclusión militar perpetua si el buque se perdiere a causa de este peligro.

Artículo 383. Todo jefe, autoridad, comandante y, en general, cualquier oficial o individuo perteneciente al personal de la Armada, que haya causado la pérdida de uno o más buques de la marina nacional o aliada, será castigado:

DL 3425, 1980, Art. 3º

1º Con la pena de presidio militar perpetuo a muerte, previa degradación en su caso, si hubiere obrado maliciosamente y el hecho ocurriere en tiempo de guerra o en campaña;

LEY 17266, Art. 2º

2º Con la de presidio militar mayor en su grado mínimo a presidio militar perpetuo, si el hecho hubiere sido el resultado de su negligencia en el cumplimiento de los deberes de su cargo y ocurriere en iguales circunstancias.

Si el hecho no ocurriere en tiempo de guerra o en campaña, podrá rebajarse la pena uno, dos o tres grados.

Artículo 384. Toda persona embarcada a bordo de un buque de la Armada u operado por ésta, que maliciosamente ocasionare su pérdida, sufrirá la pena de presidio perpetuo a muerte, si el hecho tuviere lugar en tiempo de guerra o en campaña.

Si no ocurrieren estas circunstancias podrá rebajarse la pena en uno, dos o tres grados.

DL 3425, 1980, Art. 3º

Artículo 385. El que maliciosamente causare daño o avería a un buque de la Armada u operado por ésta, sufrirá la pena de presidio o reclusión militar perpetua a muerte, si el buque estuviere empeñado en combate o en situación peligrosa para su seguridad.

En los demás casos, la pena será de presidio o reclusión militar mayor en cualquiera de sus grados.

DL 3425, 1980, Art. 3°

Artículo 386. El comandante que por negligencia u omisión de sus deberes ocasionare incendio, abordaje, varada, choque o avería grave al buque de su mando, será castigado con la pena de presidio militar menor en cualquiera de sus grados si el hecho ocurriere en tiempo de guerra, y con la pena de pérdida del estado militar si ocurriere en tiempo de paz.

DL 3425, 1980, Art. 3°

Artículo 387. Cualquier otro individuo de la Armada que por su negligencia ocasionare alguno de los hechos indicados en el artículo anterior, será castigado con presidio militar menor en sus grados mínimo a medio, si el hecho ocurriere en tiempo de guerra, y con prisión militar en su grado máximo a presidio militar menor en su grado mínimo si ocurriere en tiempo de paz.

DL 3425, 1980, Art. 3°

Artículo 388. El comandante de un buque que en caso de incendio, choque, naufragio, avería u otro peligro semejante, no toma todas las medidas del caso o no hace uso de todos los medios disponibles para evitar la pérdida total de la nave y salvar la tripulación, será castigado con presidio militar menor en sus grados mínimo a medio, si ocurriere en tiempo de guerra, y con prisión militar en su grado máximo a presidio militar menor en su grado mínimo, si ocurriere en tiempo de paz.

Igual pena se impondrá a todo oficial o individuo de la Armada que en las circunstancias contempladas no cumpliere celosamente con su deber.

DL 3425, 1980, Art. 3°

Artículo 389. El comandante que, en los casos previstos en los artículos anteriores, no haya sido el último en abandonar su buque, será castigado con presidio militar menor en su grado mínimo.

Si la pérdida del buque hubiese sido ocasionada precisamente por no haberlo abandonado el último en los mismos casos, la pena será la de presidio militar menor en cualquiera de sus grados.

DL 3425, 1980, Art. 3°

Artículo 390. El comandante que, ocurrido un naufragio, abandonare a su tripulación o no practicare cuanto fuere dable para mantenerla unida en buena disciplina y provista de su sustento, sufrirá la pena de presidio militar menor en su grados mínimo a medio, si fuere en tiempo de guerra; y la pérdida del estado militar, si fuere en tiempo de paz.

DL 3425, 1980, Art. 3°

Artículo 391. El comandante de un buque o de una agrupación cualquiera de las fuerzas navales de la República, culpable de haberse separado con su buque o fuerza de su mando de la escuadra o división a que pertenezca y todo individuo de la Armada que hubiere dado causa a tal separación, será castigado en el caso de haber obrado maliciosamente:

DL 3425, 1980, Art. 3°

1° Con la pena de presidio militar perpetuo a muerte si el hecho ha tenido lugar a la vista del enemigo, y con reclusión militar mayor en su grado máximo a muerte si ha tenido lugar al frente de rebeldes o sediciosos;

LEY 17266, Art. 2°

2° Con reclusión militar mayor en su grado medio a máximo si el hecho se ha realizado en tiempo de guerra, sin estar a la vista del enemigo, y en su grado mínimo a medio en caso de conmoción interior, sin encontrarse al frente de rebeldes o sediciosos.

En caso de que la separación haya sido el resultado de la negligencia, el culpable será castigado con reclusión militar menor en su grado medio a máximo.

Artículo 392. Todo Oficial que encargado en tiempo de guerra o en campaña de la escolta o conducción de un convoy, lo abandonare maliciosamente, sufrirá la pena de presidio militar mayor en su grado medio a muerte, y si a causa del abandono naufragare alguno de los buques o fuere atacado y destruido o apresado por fuerzas enemigas; y con la pena de reclusión militar menor en cualquiera de sus grados en los demás casos.

El Oficial que en tiempo de guerra se separe por negligencia u omisión de sus deberes de todo o parte de los buques, cuya escolta o convoy le estuviere encargada, será castigado, en caso de concurrir la circunstancia de naufragio y demás antes indicadas, con la pena de presidio militar menor en cualquiera de sus grados; y con la pérdida del estado militar en los demás casos.

Si estos hechos ocurrieren en tiempo de paz, se rebajará la pena en uno, dos o tres grados, según las circunstancias.

DL 3425, 1980, Art. 3°

Artículo 393. El comandante que, obligado por fuerzas enemigas a separarse de la división o escuadra de que forma parte, no empleare todos los medios disponibles para reunírsele en el más breve término, será castigado con presidio militar menor en cualquiera de sus grados, o con la pérdida del estado militar.

DL 3425, 1980, Art. 3°

Artículo 394. El que, habiendo recibido un pliego cerrado con instrucciones de no abrirlo sino en un lugar y tiempo determinados, lo abriese antes de tal tiempo, o en distinto lugar, será castigado con la pena de reclusión militar menor en sus grados mínimo a medio.

Artículo 395. El comandante de uno o más buques de guerra que en tiempo de paz, por negligencia en buscar o proveerse oportunamente de víveres, municiones y, en general, de todos los objetos necesarios a su armamento y a la ejecución de las órdenes recibidas, o que, por no vigilar y verificar cumplidamente la recepción, existencia y conservación de los mismos, ocasionare retardo u otro daño en el servicio, será condenado a la pena de presidio militar menor en su grado mínimo o con pérdida del estado militar.

Igual pena se impondrá en el mismo caso a los oficiales que, por razón de su cargo, tengan la responsabilidad del servicio.

DL 3425, 1980, Art. 3°

Artículo 396. El que teniendo a su cargo, por razón de su función, la construcción o carena de un buque, se apartare o consintiere que otro se aparte de los planos o instrucciones a que deba sujetarse, sufrirá la pena de presidio menor en sus grados mínimo a medio o pérdida de su estado militar.

DL 3425, 1980, Art. 3°

Artículo 397. Sufrirá la pena de presidio militar menor en sus grados mínimo a medio o la pérdida de su estado militar, aquel a quien, por razón de sus funciones, se encomendare la formación de planos o proyectos de construcción de buques o relativos a su carena y consignare en ellos, por negligencia inexcusable, errores que puedan producir perjuicios para el Estado o peligro para la defensa nacional.

DL 3425, 1980, Art. 3°

Artículo 398. El que, sin orden competente, introduzca o permita introducir luces o materias inflamables en pañoles o almacenes, que contengan efectos de fácil combustión, será castigado:

1° Con presidio militar menor en su grado mínimo si el culpable fuere el centinela, vigilante, pañolero o encargado del almacén;

2° Con reclusión militar menor en su grado mínimo si el culpable no fuese de los expresados en el número anterior.

Artículo 399. Todo el que tenga, use, emplee o maneje luces para el servicio y que permita actos que puedan producir incendios, incurrirá en la pena de presidio militar menor en su grado mínimo.

Artículo 400. El comandante que, sin la debida autorización, hiciere alteración de los diversos departamentos del buque de su mando, sufrirá la pena de presidio militar menor en sus grados mínimo a medio o la pérdida de su estado militar. Pero, si no hubiere sido posible solicitar la autorización y la alteración se hubiere efectuado en caso de extrema necesidad, así calificada por el mando de quien dependa, quedará exento de responsabilidad.

DL 3425, 1980, Art. 3°

Artículo 401. El que variase o mandase variar el rumbo dado por el comandante, o el comandante que sin necesidad hiciere arribadas contrarias a sus instrucciones, sufrirá la pena:

1° De reclusión militar mayor en su grado máximo a perpetua si en tiempo de guerra se perdiere el buque, se malograre la expedición, o se retardare con grave perjuicio del servicio;

2° De reclusión militar menor en su grado máximo a reclusión militar mayor en su grado mínimo, si en tiempo de paz se perdiere el buque;

3° De reclusión militar en su grado mínimo a medio o pérdida de su estado militar en los demás casos.

DL 3425, 1980, Art. 3°

Artículo 402. El miembro de la Armada que al zarpe de su buque, se quedare en tierra sin causa legítima y se presentare antes de expirar el plazo de cuatro días, sufrirá la pena de presidio militar menor en su grado máximo, en tiempo de guerra; y de prisión militar en su grado máximo, en los demás casos.

DL 3425, 1980, Art. 3°

Artículo 403. Será castigado en la forma establecida en el artículo 318 el miembro de la Armada que desertare en el extranjero.

DL 3425, 1980, Art. 3°

Artículo 404. La autoridad marítima y su personal, en el desempeño de sus funciones de policía marítima, tendrán el carácter de fuerza pública y serán aplicables en tal caso los artículos 410, 411, 416 y 417 del Código de Justicia Militar.

DL 3425, 1980, Art. 3°

TÍTULO II. DISPOSICIONES ESPECIALES
APLICABLES A CARABINEROS DE CHILE

LEY 18342, Art. 1°, N° 28

Artículo 405. Se consideran delitos militares especiales, relativos a Carabineros de Chile, los que se establecen en el presente título, sin perjuicio de que sean también aplicables, en su caso, las demás disposiciones de este Código.

Artículo 406. Todo miembro de Carabineros que se embriagare estando en acto se servicio, será castigado con la pena de prisión militar en cualquiera de sus grados, y si como consecuencia de la embriaguez cometiere algún delito, será castigado con la pena correspondiente al delito, estimando la embriaguez una circunstancia agravante del mismo.

DL 3425, 1980, Art. 3°

Artículo 407. El miembro de Carabineros que estando de servicio, sea de centinela, vigilante o cualquiera otro, lo abandonare, será castigado con la pena de presidio menor en su grado mínimo a medio si no resultare daño alguno como consecuencia de este abandono. Pero, si resultare algún daño, la pena podrá ser elevada en uno o dos grados, según sea la naturaleza y consecuencia del daño sufrido a juicio del Tribunal.

Artículo 408. Serán circunstancias atenuantes de la deserción, que autorizarán al Tribunal para rebajar la pena en uno o dos grados, las siguientes:

1° Haber desertado como consecuencia de los injustificados malos tratamientos que se dieren al desertor por sus superiores, no obstante haber reclamado de ellos a quien corresponda, pudiendo llegar hasta la Dirección General de Carabineros;

2° Consumar la deserción como consecuencia de la enfermedad grave de su cónyuge, hijos, hermanos o padres, después de haberse negado la licencia necesaria para su atención.

Esta circunstancia deberá ser plenamente acreditada con certificados médicos y prueba testimonial; y

3° Consumar la deserción como consecuencia de la crudeza del servicio en presencia de un estado precario de salud debidamente comprobado y después de haber solicitado a quien corresponda, sin resultado, un cambio de servicio.

Artículo 409. Las circunstancias anteriores podrán eximir de toda responsabilidad al desertor, si a juicio del Tribunal fuere procedente.

Artículo 410. Además de las exenciones de responsabilidad establecidas será causal eximente de responsabilidad penal para los Carabineros, el hacer uso de sus armas en defensa propia o en la defensa inmediata de un extraño al cual, por razón de su cargo, deban prestar protección o auxilio.

Artículo 411. Estará también exento de responsabilidad penal, el Carabinero que haga uso de sus armas en contra del preso o detenido que huya y no obedezca a las intimaciones de detenerse.

Esto no obstante, los Tribunales, según las circunstancias y si éstas demostraren que no había necesidad racional de usar las armas en toda la extensión que aparezca, podrán considerar esta circunstancia como simplemente atenuante de la responsabilidad y rebajar la pena en su virtud en uno, dos o tres grados.

Artículo 412. La disposición del artículo anterior se aplicará también al caso en que el Carabinero haga uso de sus armas en contra de la persona o personas que desobedezcan o traten de desobedecer una orden judicial que dicho Carabinero tenga orden de velar, y después de haberles intimado la obligación de respetarla; como cuando se vigila el cumplimiento del derecho de retención, el de una obligación de no hacer, la forma de distribución de aguas comunes, etc.

Artículo 413. En tiempo de paz, los Oficiales del Servicio de Justicia de Carabineros podrán, además, ser nombrados Fiscales Letrados del Ejército y Carabineros por el Presidente de la República, en los lugares donde desempeñen sus funciones, en conformidad con el inciso tercero del artículo 27 de este Código.

LEY 18342, Art. 1°, N° 29

Artículo 414. En tiempo de guerra, y movilizado para ello Carabineros de Chile, sus Oficiales del Servicio de Justicia, pasarán a ser Fiscales Militares con las atribuciones que se les fijan en el Título III del Libro

I, pero limitadas a los miembros de esta Institución; sin perjuicio de las disposiciones que pueda dictar, al respecto, en uso de sus facultades, el General en Jefe del Ejército.

LEY 18431, Art. Único, N° 8

Artículo 415. Si durante la guerra Carabineros de Chile formare una División o Brigada independiente, el General en Jefe del Ejército podrá delegar en su Comandante en Jefe, aunque no sea del grado de General, las facultades a que se refiere el artículo 75.

LEY 18431, Art. Único, N° 9

Artículo 416. El que matare a un carabinero en razón de su cargo o con motivo u ocasión del ejercicio de sus funciones será castigado con la pena de presidio mayor en su grado máximo a presidio perpetuo calificado.

La conducta establecida en el inciso anterior será castigada con presidio perpetuo a presidio perpetuo calificado si concurre alguna de las circunstancias siguientes:

a) Si se comete mediante precio, recompensa o promesa, o cualquier otro tipo de beneficio para sí o para un tercero.

b) Si se ejecuta con auxilio de gente armada o de personas que aseguren o proporcionen impunidad.

c) Si el imputado actúa con su rostro cubierto con el objeto de ocultar su identidad.

Ley 20064 Art. 1° N° 1
D.O. 29.09.2005
Ley 21560 Art. 3 N° 2 a) y b)
D.O. 10.04.2023

Artículo 416 bis. El que hiriere, golpeare o maltratare de obra a un carabinero en razón de su cargo o con motivo u ocasión del ejercicio de sus funciones, será castigado:

1°. Con la pena de presidio mayor en su grado medio a máximo, si de resultas de las lesiones quedare el ofendido demente, inútil para el trabajo, impotente, impedido de algún miembro importante o notablemente deforme.

2º. Con presidio mayor en su grado mínimo, si las lesiones produjeren al ofendido enfermedad o incapacidad para el trabajo por más de treinta días.

3º. Con presidio menor en grado medio a máximo, si le causare lesiones menos graves.

4º. Con presidio menor en su grado mínimo si le ocasionare lesiones leves.

LEY 20064 Art. 1º Nº 2
D.O. 29.09.2005
Ley 20931 Art. 3 Nº 1 a), b) y c)
D.O. 05.07.2016

Artículo 416 ter. Cuando los delitos establecidos en los artículos 395 y 396 del Código Penal se cometieren respecto de un carabinero, en razón de su cargo o con motivo u ocasión del ejercicio de sus funciones, se aplicarán las penas que siguen:

1º Con presidio mayor en su grado máximo, cuando fuere víctima del delito establecido en el artículo 395.

2º Con presidio mayor en su grado medio, cuando fuere víctima del delito establecido en el inciso primero del artículo 396.

3º Con presidio menor en su grado máximo, cuando lo fuere del delito establecido en el inciso segundo del artículo 396.

Ley 20931 Art. 3 Nº 2
D.O. 05.07.2016
Ley 21560 Art. 3 Nº 4
D.O. 10.04.2023

Artículo 417. El que amenazare en los términos de los artículos 296 y 297 del Código Penal a uno de los integrantes de Carabineros de Chile con conocimiento de su calidad de miembro de esa Institución, unidades o reparticiones, sufrirá la pena de presidio menor en su grado mínimo a medio.

LEY 20064, Art. 1º, Nº 4
D.O. 29.09.2005

Artículo 417 bis. Lo dispuesto en los artículos 416, 416 bis, 416 ter y 417 precedentes será también aplicable cuando las conductas tipificadas en dichas normas afecten a funcionarios de las Fuerzas Armadas o de los servicios de su dependencia que se encuentren desempeñando labores de control o restablecimiento del orden público interior.

Ley 21560 Art. 3 N° 5
D.O. 10.04.2023

TÍTULO III. DISPOSICIONES COMPLEMENTARIAS

Artículo 418. Para los efectos de este Código, se entiende que hay estado de guerra, o que es tiempo de guerra, no sólo cuando ha sido declarada oficialmente la guerra o el estado de sitio, en conformidad a las leyes respectivas, sino también cuando de hecho existiere la guerra o se hubiere decretado la movilización para la misma, aunque no se haya hecho su declaración oficial.

Artículo 419. Se considera que una fuerza está frente al enemigo no sólo cuando notoriamente lo tenga a su frente, sino desde el momento que haya emprendido los servicios de seguridad en contra de él.

Y se entiende por enemigo, para estos efectos, no solamente al extranjero, sino cualquiera clase de fuerzas rebeldes o sediciosas organizadas militarmente.

Artículo 420. Se considera que una fuerza está en campaña, cuando opera en plazas, territorios enemigos, o en plazas o territorios nacionales declarados en estado de asamblea o de sitio, aunque ostensiblemente no aparezcan enemigos en él.

Artículo 421. Se entiende por acto del servicio todo el que se refiera o tenga relación con las funciones que a cada militar corresponden por el hecho de pertenecer a las Instituciones Armadas.

Artículo 422. Se considerará que un hecho se ha verificado ante tropa reunida, cuando ha tenido lugar delante de cinco individuos o más reunidos para la ejecución de un acto de servicio militar.

Artículo 423. Se considera fuerza armada a los individuos del Ejército reunidos de acuerdo con los reglamentos, para el desempeño de cualquier acto del servicio o para la ejecución de cualquiera función táctica.

Artículo 424. Por servicio de armas se entiende el acto militar que reclama en su ejecución el uso, empleo o manejo de las mismas, con arreglo a las disposiciones reglamentarias que rijan o a las órdenes que dicten los jefes en su caso.

Artículo 425. Para los efectos penales se entiende también servicio de armas, aunque éstas no se empuñen por los militares:
Transmitir, recibir y cumplir una orden relativa al servicio de armas; toda acción preparatoria de armarse o amunicionarse individualmente, cuando se hallen, reunidos o llamados los soldados para formar, y cuantos actos preliminares o posteriores al mismo servicio de armas se relacionen con éste o afecten a su ejecución.

Artículo 426. La palabra "Ejército", empleada en los Libros I, II y III de este Código, comprenderá asimismo a la Armada, Fuerza Aérea y Carabineros, y la palabra "militar" a los miembros de aquellas Instituciones.

LEY 18342, Art. 1°, N° 32

Artículo 427. Cuando se empleen en este Código las palabras "suboficial", "cabo" o "soldado", se entenderá que son también aplicables a sus equivalentes en cada una de las instituciones armadas.

DL 3425, 1980, Art. 3°

Artículo 428. Para los efectos del artículo 3 del Código de Justicia Militar, se considerará territorio nacional todo buque de guerra chileno y toda nave mandada por un Oficial que pertenezca a la Armada cualesquiera que sean las aguas en que se encuentren.

LEY 18342, Art. 1°, N° 35

Artículo 429. El conocimiento de las causas relacionadas con Ejército y Carabineros, corresponde a los Juzgados que se denominan en este Código "Juzgados Militares", el conocimiento de las causas relacionadas con la Armada, a los Juzgados que se denominan en este Código "Juzgados Navales" y el conocimiento de las causas relacionadas con la Fuerza Aérea, a los Juzgados que se denominan en este Código "Juzgados de Aviación".

LEY 18342, Art. 1°, N° 33

Artículo 430. Se entiende por superior:

1° El que ejerza autoridad, mando o jurisdicción, por destino que se le ha conferido legalmente, o por sucesión de mando con arreglo a las leyes o reglamentos; en todos los asuntos de su autoridad, mando o jurisdicción;

2° El comisionado por autoridad competente para un acto del servicio, en lo relativo a su comisión;

3° Fuera de los dos casos anteriores, el de mayor empleo o el más antiguo si se trata de individuos de la misma graduación.

Artículo 431. El Presidente de la República dictará en cada Institución los reglamentos correspondientes sobre los deberes militares, las faltas de disciplina, las reglas del servicio y demás necesarios para el régimen militar.

En ellos se señalarán las autoridades a quienes corresponde el derecho de sancionar las faltas de disciplina, atendidas a las categorías del hechor y a la mayor o menor gravedad de las infracciones.

Las penas disciplinarias que podrán imponer serán:

Amonestación, represión y arresto militar hasta por dos meses respecto de todo militar; suspensión del empleo, retiro, disponibilidad, calificación y separación del servicio, tratándose de oficiales; y rebaja en el grado, deposición del empleo y licenciamiento del servicio, tratándose de individuos de tropa o de tripulación.

Podrán también imponerse a los suboficiales, cabos y soldados otros castigos disciplinarios menores, como servicios extraordinarios o especiales, presentaciones y otros, en los cuales no se rebaje la dignidad de los suboficiales ni se comprometa la salud de los infractores.

Artículo 432. La amonestación se impondrá siempre en privado, tratándose de Oficiales y suboficiales. Respecto de los demás individuos de tropa o de tripulación se impondrá en privado o en presencia de dos superiores de la misma unidad.

La reprensión a los Oficiales se ejercitará en presencia de dos Oficiales de superior o de igual graduación; a los suboficiales y cabos, en presencia de los de su clase de la misma unidad a que pertenezca el hechor; y a los demás individuos de tropa o de tripulación, en presencia de cualquiera plaza del grupo.

El arresto para Oficiales podrá ser con servicio o sin él, y se cumplirá en su habitación si es menor de quince días, y en el cuartel o establecimiento militar que señale la autoridad que imponga el castigo, en los demás casos. Los individuos de tropa o de tripulación lo cumplirán dentro de la unidad militar a que pertenezcan y en la forma que ordene la autoridad que imponga el castigo, pudiendo declararse compatible en todo servicio o imponerse en los calabozos del cuerpo.

Artículo 433. Toda falta contra los deberes militares o la disciplina, aunque haya sido castigada en conformidad a los reglamentos a que se refiere el artículo 431, podrá ser sometida al ejercicio de una acción penal cuando las circunstancias que le sean anexas indiquen que puede llegar a constituir un delito.

Artículo 434. Lo dispuesto en el artículo 137 y 137 bis respecto de los detenidos o presos que tengan carácter militar, será aplicable aun en las causas de que conociere la justicia ordinaria.

LEY 19368, Art. 1°, N° 2

Artículo 435. Se entiende por recinto militar o policial todo espacio debidamente delimitado, vehículo, naves o aeronaves en los cuales ejerce sus funciones específicas una autoridad militar o policial.

Artículo 436. Se entiende por documentos secretos aquellos cuyo contenido se relaciona directamente con la seguridad del Estado, la Defensa Nacional, el orden público interior o la seguridad de las personas y entre otros:

1. Los relativos a las Plantas o dotaciones y a la seguridad de las instituciones de las Fuerzas Armadas o de Carabineros de Chile y de su personal;

2. Los atinentes a planos o instalaciones de recintos militares o policiales y los planes de operación o de servicio de dichas instituciones con sus respectivos antecedentes de cualquier naturaleza, relativos a esta materia;

3. Los concernientes a armas de fuego, partes y piezas de las mismas, municiones, explosivos, sustancias químicas y demás efectos a que se refiere la ley N° 17.798 usados por las Fuerzas Armadas o Carabineros de Chile, y

4. Los que se refieran a equipos y pertrechos militares o policiales.

LEY 18667, Art. 1°, c)

Artículo final. El presente Código regirá desde el 1° de marzo de 1926, y desde esta fecha quedará totalmente derogada la Ordenanza General del Ejército de fecha 25 de abril de 1839 y las leyes que la hayan modificado o complementado.

Las causas que en dicha fecha se encontraren pendientes ante algunos de los Tribunales actualmente existentes, que se suprimen, pasarán al conocimiento del Tribunal de igual jerarquía que este Código establece.

Los Auditores de Guerra actualmente existentes continuarán desempeñando sus funciones de acuerdo con las prescripciones del presente Código.

INCISO FINAL. Derogado.

LEY 18431, Art. Único, N° 10

DECRETO Nº LEY 2.306
DICTA NORMAS SOBRE RECLUTAMIENTO Y MOVILIZACIÓN DE LAS FUERZAS ARMADAS

Santiago, 2 de agosto de 1978.– Con esta fecha se ha dictado lo siguiente:

Núm. 2.306.– Visto: lo dispuesto en los decretos leyes Nᵒˢ 1 y 128, de 1973; 527, de 1974, y 991, de 1976

La Junta de Gobierno de la República de Chile ha acordado dictar el siguiente

Decreto ley:

> NOTA. La LEY 18053, en su artículo 1, ordenó reemplazar, para todos los efectos legales y reglamentarios, el nombre de la "Dirección General de reclutamiento y Movilización de las Fuerzas Armadas" por "Dirección General de movilización Nacional".

TÍTULO PRIMERO. GENERALIDADES

Artículo 1. El reclutamiento y la movilización del personal que requieran las Fuerzas Armadas en sus misiones de paz y de guerra, se regirán por el presente decreto ley y sus reglamento complementario.

Artículo 2. Para los efectos de este decreto ley, las personas se agrupan en clases. Cada clase se forma con los chilenos nacidos en un mismo año.

Artículo 3. El Servicio de Registro Civil e Identificación deberá remitir anualmente a la Dirección General de Movilización Nacional, dentro de los diez primeros días del mes de enero, la nómina de las personas que cumplan dieciocho años de edad en el respectivo año, con indicación del rol único nacional, la fecha de nacimiento y el lugar de residencia de las mismas, con objeto de materializar su inscripción automática en el Registro Militar. Asimismo, deberá remitir mensualmente la nómina de las personas de dieciocho a cuarenta y cinco años de edad que hubieren fallecido en el respectivo mes.

LEY 20045, Art. 1°, N° 1
D.O. 10.09.2005

Artículo 4. En tiempo de paz, toda persona, natural o jurídica estará obligada a proporcionar los antecedentes, datos e informes sobre potencial humano que solicite la Dirección General de Movilización Nacional, en el plazo de treinta días. En tiempo de guerra, deberá proporcionarlos en el plazo en que le sean requeridos.

LEY 18053, Art. 1°

Artículo 5. La Dirección General del Registro Civil e Identificación, deberá remitir anualmente a la Dirección General de Movilización Nacional, en el mes de marzo, una nómina de las personas incorporadas en el año anterior al "Registro de Profesionales", que lleva el Servicio de Registro Civil e Identificación. Dicha nómina deberá contener a lo menos los nombres, apellidos, título profesional o técnico respectivo, domicilio particular y cédula de identidad.

LEY 18584, Art. 1° a)

TÍTULO SEGUNDO. DE LA DIRECCIÓN GENERAL DE MOVILIZACIÓN NACIONAL

LEY 18053, Art. 1°

Artículo 6. La Dirección General de Movilización Nacional, que en el texto de esta ley se denominará Dirección General, es un organismo del Estado, dependiente del Ministerio de Defensa Nacional que se relacionará, además, para los efectos de su buen servicio, con los Comandantes en Jefes Institucionales.

LEY 18053, Art. 1°
D.O. 11.11.1981

La Dirección General estará a cargo de un Oficial General del Ejército, Armada o Fuerza Aérea que, con el título de Director General de Movilización Nacional, será el jefe superior del servicio y dependerá directamente del Ministro de Defensa Nacional.

LEY 20045, Art. 1º, Nº 2
D.O. 10.09.2005

Artículo 7. La Dirección General será la encargada de la aplicación de las normas del presente decreto ley y su reglamento.

Le corresponde especialmente:

a) La elaboración del Registro Militar y de la Base de Conscripción, la distribución y la convocatoria de las personas y la realización de los sorteos en conformidad con este decreto ley.

LEY 20045, Art. 1º, Nº 3 a)
D.O. 10.09.2005

b) La participación en la selección de las personas convocadas, en conjunto con las restantes autoridades que señala este decreto ley, en lo relativo al cumplimiento de las obligaciones del servicio militar.

LEY 20045, Art. 1º, Nº 3 b)
D.O. 10.09.2005

c) La integración en la Comisión Nacional de Reclutamiento, por medio de su Director General, y en las Comisiones Especiales de Acreditación, a través de representantes, quienes se desempeñarán como secretarios de las mismas y nombrarán a los correspondientes oficiales de reclutamiento que participarán en ellas.

d) La organización, estadística, convocatoria y selección de la reserva.

e) El nombramiento y ascenso del personal de la reserva que no se encuentre llamado al servicio activo.

f) El llamado al servicio activo del personal de la reserva, a proposición de las Instituciones Armadas.

g) La proposición de las inhabilidades del personal de la reserva, a requerimiento de los Comandantes en Jefe.

h) La preparación de la movilización de la reserva nacional.

i) La proposición de nombramiento y ascensos de los oficiales de Reclutamiento y demás empleados civiles que se desempeñan en el servicio, y la resolución de sus destinaciones.

j) El requerimiento de informes relativos al potencial humano, de cualquier industria, empresa u organismo, sea público o privado.

k) La resolución de cualquiera situación no prevista en el presente decreto ley, deriva del cumplimiento del deber militar, salvo aquellas que por su naturaleza sean materia de ley o corresponda decidirlas a una autoridad superior.

l) El ejercicio de las demás atribuciones que le encomiende la ley.

Artículo 8. En todos aquellos casos en que no exista un procedimiento especialmente previsto, las resoluciones que dicte la Dirección General, respecto de las solicitudes que presenten las personas afectas a este decreto ley, serán reclamables administrativamente ante el Subsecretario de Guerra y de su resolución podrá recurrirse ante el Ministro de Defensa Nacional, quien resolverá oyendo al Comité de Auditores Generales.

LEY 20045, Art. 1°, N° 4
D.O. 10.09.2005

Artículo 9. La Dirección General proporcionará el contingente y personal de la reserva necesario para cubrir las exigencias del Ejército, Armada y Fuerza Aérea, y será el organismo encargado de satisfacer los requerimientos de potencial humano que le formulen el frente bélico y los otros frentes, en conformidad a sus atribuciones legales.

Artículo 10. El territorio nacional se dividirá en Zonas y Cantones de Reclutamiento, en la forma que señale el reglamento.

Artículo 11. En oficinas cantonales, Fuerzas Armadas y de Reclutamiento, en los lugares donde no existieren las unidades y reparticiones de las Carabineros podrán constituir Cantones la forma que determine el reglamento.

Artículo 12. Fuera del país, los Consulados chilenos desempeñarán funciones de reclutamiento en calidad de Cantones auxiliares.

TÍTULO TERCERO. DE LAS OBLIGACIONES MILITARES

CAPÍTULO I. DEL DEBER MILITAR

Artículo 13. El deber militar se extiende a todas las personas sin distinción de sexo, desde los dieciocho a los cuarenta y cinco anos de edad.

Las formas de cumplir el deber militar son:
– Servicio Militar Obligatorio;
– Participación en la Reserva, y
– Participación en la Movilización.

El servicio militar obligatorio podrá cumplirse mediante la conscripción ordinaria, los cursos especiales o la prestación de servicios.

Artículo 13-A. El cumplimiento de las obligaciones que impone este decreto ley se acreditará con el documento de situación militar expedido por el Cantón de Reclutamiento correspondiente, en la forma que determine el reglamento.

LEY 20045, Art. 1°, N° 5
D.O. 10.09.2005

Artículo 14. Para los efectos de este decreto ley, las personas serán clasificadas en la siguiente forma:

LEY 20045, Art. 1°, N° 6
D.O. 10.09.2005

a) Base de Conscripción;
b) Servicio Activo, y
c) Reserva.

Artículo 15. El deber militar sólo puede cumplirse en el Ejercito, Armada o Fuerza Aérea.

Los institutos, escuelas u organismos que impartan instrucción premilitar sólo pueden existir y funcionar bajo la dependencia directa del
Ministerio de Defensa Nacional.

La instrucción premilitar no libera a ninguna persona del cumplimiento
de su deber militar.

Artículo 16. Toda persona acuartelada para hacer el servicio militar
obligatorio o que sea llamada al servicio activo o movilizada de acuerdo
con las disposiciones de este decreto ley, retendrá los derechos inherentes
a su función, empleo o trabajo, incluida la antigüedad para el ascenso,
como si continuara en su desempeño.

Con todo, sus remuneraciones serán únicamente las fijadas en el Estatuto del Personal de las Fuerzas Armadas, salvo lo dispuesto en el artículo
51, respecto del personal de reserva.

LEY 18584, Art. 1° b)

Los que hubieren sido aceptados o seleccionados como alumnos de
cualquier establecimiento de educación y que no pudieren matricularse en
ellos, o que debieren interrumpir sus estudios por haber sido convocados
y seleccionados para cumplir con su servicio militar obligatorio, por haber
sido llamados al servicio activo para instrucción y preparación de la movilización o por haber sido movilizados, conservarán su derecho a matrícula
y a continuar sus estudios. Les serán válidas para este efecto todas las
exigencias que en su oportunidad hubieren cumplido, sin que pueda de-
mandárseles el cumplimiento de nuevos requisitos.

El derecho establecido en el inciso anterior, sólo podrá impetrarse
durante el período lectivo inmediatamente posterior a la fecha de término
de los deberes militares correspondientes, y en la misma institución que el
alumno hubiere sido seleccionado o se encontrare matriculado.

LEY 18584, Art. 1° c)

Toda persona acuartelada para hacer el Servicio Militar Obligatorio o
que sea llamada al servicio activo o movilizada, que sufriere una inutilidad
proveniente de un acto determinado del servicio, tendrá derecho a los
beneficios que establece a este respecto el citado Estatuto.

CAPÍTULO II. DE LAS EXENCIONES

Artículo 17. Estarán exentos del deber militar, mientras permanezcan en sus cargos:

LEY 20045, Art. 1º, Nº 7
D.O. 10.09.2005

1. El Presidente de la República; los Ministros de Estado y aquellos que tengan dicho rango; los Subsecretarios; el Contralor General de la República; los Consejeros del Banco Central; el Presidente del Consejo de Defensa del Estado, y los jefes superiores de los servicios de la Administración del Estado.

2. Los Senadores y los Diputados.

3. Los jueces de garantía, los jueces de los tribunales de juicio oral, los fiscales del Ministerio Público, el Defensor Nacional y los defensores regionales y locales.

4. Los ministros de la Corte Suprema y de las Cortes de Apelaciones; los secretarios, relatores y los fiscales de estos tribunales; los jueces y los secretarios de juzgados de letras; los funcionarios que ejercen el Ministerio Público Militar, y los miembros del Tribunal Constitucional y del Tribunal Calificador de Elecciones.

5. Los embajadores; los ministros plenipotenciarios; los encargados de negocios; los consejeros; los secretarios de embajadas y legaciones; los cónsules, y los agentes consulares.

6. Los intendentes, los gobernadores y los alcaldes.

7. Los ministros de culto pertenecientes a iglesias, confesiones o instituciones religiosas que gocen de personalidad jurídica de derecho público, siempre que acrediten su calidad de tales mediante certificación expedida por sus respectivas entidades religiosas.

8. Los que ejerzan cargos que no puedan ser abandonados por razones de interés nacional, previa calificación del Presidente de la República. Estarán igualmente exentas del deber militar las madres de menores de dieciocho años.

TÍTULO CUARTO. DEL SERVICIO MILITAR OBLIGATORIO

CAPÍTULO I. DEL REGISTRO MILITAR Y DE LA BASE DE CONSCRIPCIÓN

LEY 20045, Art. 1º, Nº 8
D.O. 10.09.2005

Artículo 18. Todos los chilenos que cumplan dieciocho años de edad integrarán el Registro Militar, el que será actualizado por la Dirección General con la información que le proporcione anualmente el Servicio de Registro Civil e Identificación, conforme a lo dispuesto en el artículo 3.

LEY 20045, Art. 1º, Nº 9
D.O. 10.09.2005

Artículo 18-A. Para los efectos del Registro Militar, las personas que cumplan diecisiete años de edad deberán actualizar su residencia o domicilio en el Servicio de Registro Civil e Identificación. Se considerarán válidas todas las notificaciones o actuaciones que se efectuaren a las personas a que se refiere el artículo anterior en la residencia o domicilio registrado en el mencionado Servicio.

LEY 20045, Art. 1º, Nº 10
D.O. 10.09.2005

Artículo 18-B. El Presidente de la República podrá ordenar a la Dirección General la actualización parcial o total de los datos contenidos en el Registro Militar respecto de las personas que hubiesen cumplido entre 20 y 45 años de edad.

LEY 20045, Art. 1º, Nº 10
D.O. 10.09.2005

Artículo 19. Derogado.

LEY 20045, Art. 1º, Nº 40
D.O. 10.09.2005

Artículo 20. La cantidad de contingente que debe acuartelarse cada año será determinada por el Presidente de la República a proposición del

Ministro de Defensa Nacional, conforme a los requerimientos efectuados por las Fuerzas Armadas.

LEY 20045, Art. 1°, N° 11
D.O. 10.09.2005

Artículo 21. La Base de Conscripción es el conjunto de personas que están sujetas a la obligación de cumplir el servicio militar. Será elaborada anualmente por la Dirección General y publicada en la forma que determine el reglamento.

LEY 20045, Art. 1°, N° 12
D.O. 10.09.2005

Pertenecerán a la Base de Conscripción los varones que integren el Registro Militar del año en curso, los disponibles del año anterior y los que por enfermedad o por haber estado procesados por delitos que no merezcan pena aflictiva o por haber sido condenados a una pena inferior, se hallaban imposibilitados para realizar el servicio militar en el año en que les correspondía hacerlo.

Los varones que no hayan sido sorteados en la primera convocatoria integrarán, además, la Base de Conscripción del año siguiente, por segunda y última vez, siempre que la clase correspondiente de ese año no alcance a completar las necesidades de las Fuerzas Armadas.

Artículo 22. Los varones pertenecientes a la Base de Conscripción deberán concurrir a las citaciones que les hicieren las autoridades de reclutamiento para integrar el contingente que será convocado al servicio militar. En caso de privación de libertad, el jefe del respectivo establecimiento penal informará al Cantón de Reclutamiento correspondiente las circunstancias de la misma.

LEY 20045, Art. 1°, N° 13
D.O. 10.09.2005

Artículo 23. Toda persona natural y todo representante legal de personas naturales o jurídicas sean públicas o privadas, institutos, empresas, organizaciones, o establecimientos comerciales, industriales, agrícolas, educacionales o de cualquier otra índole, que tengan a su cargo, bajo guarda o a su servicio a otras obligadas por este decreto ley, deberán tomar las medidas para facilitar el cumplimiento oportuno de las obligaciones militares de éstas.

INCISO ELIMINADO

LEY 20045, Art. 1°, N° 14
D.O. 10.09.2005

Artículo 24. Los varones declarados aptos para el servicio militar que no fueron acuartelados formarán durante un año más la categoría de disponibles, y quedarán sujetos a las obligaciones que señalan este decreto ley y su reglamento.

LEY 20045, Art. 1°, N° 15
D.O. 10.09.2005

Asimismo, quedarán en calidad de disponibles los varones que en el momento de resultar sorteados residan en el extranjero y mientras permanezcan fuera de Chile, circunstancia que deberán acreditar en el consulado correspondiente, en la forma que determine el reglamento.

Los varones de esta categoría podrán ser destinados a servir en la Defensa Civil de Chile hasta por un tiempo equivalente al de la conscripción, o ser incluidos en la lista de llamados en las condiciones que señala el artículo 30-A.

Artículo 25. Derogado.

LEY 20045, Art. 1°, N° 40
D.O. 10.09.2005

Artículo 26. Las personas que no cumplieren con las disposiciones de este decreto ley no podrán ocupar cargos ni empleos en la Administración del Estado.

CAPÍTULO II. DE LA SELECCIÓN

LEY 20045, Art. 1°

PÁRRAFO I. DE LA SELECCIÓN

LEY 20045, Art. 1° N⁰ˢ 16 y 17

Artículo 27. Créase la Comisión Nacional de Reclutamiento, que estará encargada de la supervisión y control del proceso de reclutamiento y selección del contingente. Será convocada anualmente por el Ministro de Defensa Nacional y estará integrada por el Subsecretario de Guerra, quien la presidirá, por los Subsecretarios de Justicia, de Educación, de Salud y de Planificación y Cooperación, por el Director General, y por un Oficial Superior de las Fuerzas Armadas, designado por el Subsecretario de Guerra a proposición del Director General, quien se desempeñará como secretario de la Comisión.

LEY 20045, Art. 1°, N° 18
D.O. 10.09.2005

Corresponderá a la Comisión Nacional de Reclutamiento, especialmente:

1) Supervisar las actividades del proceso de reclutamiento y selección del contingente y velar por el cumplimiento de este decreto ley y su reglamento. En particular, deberá ejercer la supervisión y control de las siguientes actividades específicas:

a) El uso de la información y de las nóminas proporcionadas por el Servicio de Registro Civil e Identificación; la elaboración, actualización, difusión y utilización del Registro Militar, de la Base de Conscripción, de las bases para los sorteos general y final, de las nóminas de voluntarios y de la lista de llamados, y la publicación oportuna y eficaz de las convocatorias y resultados del proceso de selección y reclutamiento;

b) La realización de los sorteos que contempla este decreto ley, y

c) La evaluación de la aptitud para realizar el servicio militar en el proceso de selección del contingente a que se refiere el artículo 30-D.

2) Constituir, bajo su dependencia, las Comisiones Especiales de Acreditación y ejercer la dirección de las actividades que éstas lleven a cabo.

3) Informar al Ministro de Defensa Nacional respecto del proceso de reclutamiento y selección del contingente.

4) Solicitar informes a los diferentes organismos que intervengan en el proceso de reclutamiento y selección sobre cualquier materia que sea de su competencia.

5) Solicitar, a las autoridades que corresponda, la destinación en comisión de servicio de representantes y peritos de entre los funcionarios de la Administración del Estado, para el cumplimiento de las funciones de la Comisión Nacional de Reclutamiento a que se refiere este Capítulo.

Artículo 28. La Comisión Nacional de Reclutamiento constituirá Comisiones Especiales de Acreditación en aquellas provincias o comunas del país que determine el reglamento, en función de la extensión territorial de la jurisdicción de los Cantones de Reclutamiento respectivos y del tamaño de su población.

LEY 20045, Art. 1°, N° 19
D.O. 10.09.2005

Corresponderá a las Comisiones Especiales de Acreditación conocer las reclamaciones que tengan por objeto hacer valer alguna de las causales de exclusión del servicio militar obligatorio a que se refiere el artículo 42 y resolverlas sobre la base de los antecedentes que acrediten dichas causales, en conformidad con el procedimiento establecido en el artículo 30-C, y ejercer las demás facultades previstas en este decreto ley.

Las Comisiones Especiales de Acreditación serán presididas por un delegado del Presidente de la Comisión Nacional de Reclutamiento y estarán integradas por profesionales de la Administración del Estado en representación de los Ministerios de Justicia, Educación, Salud y del Instituto Nacional de la Juventud, designados por el respectivo Intendente, por un Oficial representante de las Fuerzas Armadas nombrado por el Comandante de Guarnición de mayor antigüedad, y por un representante del Director General, designado por este último, quien se desempeñará como secretario de la Comisión.

Las Comisiones Especiales de Acreditación se constituirán en el momento de efectuarse el sorteo general y funcionarán en conformidad con las normas de organización y procedimiento que establezca el reglamento, bajo la dirección y dependencia directa de la Comisión Nacional de Reclutamiento.

PÁRRAFO II. DEL PROCESO DE SELECCIÓN DEL CONTINGENTE

LEY 20045, Art. 1°, N° 20
D.O. 10.09.2005

Artículo 29. Para la realización del servicio militar se seleccionará preferentemente a las personas que hayan manifestado su decisión de presentarse voluntariamente a su cumplimiento o de efectuarlo voluntariamente, y que cumplan con los requisitos legales, reglamentarios y de salud. En el caso de que los voluntarios varones no sean suficientes para enterar el contingente a que alude el artículo 20, se completará la cantidad faltante mediante los sorteos que contempla esta ley.

LEY 20045, Art. 1°, N° 21
D.O. 10.09.2005

Artículo 29-A. Los varones que integren la Base de Conscripción podrán concurrir al Cantón de Reclutamiento respectivo para manifestar su decisión de presentarse voluntariamente a cumplir con la obligación de realizar el servicio militar.

LEY 20045, Art. 1°, N° 22
D.O. 10.09.2005

Las mujeres que pertenezcan a las clases comprendidas en el correspondiente llamado podrán concurrir al Cantón de Reclutamiento respectivo para manifestar su decisión de efectuar voluntariamente el servicio militar.

Dichas personas serán incluidas en la lista de llamados en calidad de voluntarios, una vez que el Cantón de Reclutamiento verifique el cumplimiento de los requisitos a que se refiere el artículo anterior.

Asimismo, las personas sin instrucción militar de entre veinte y veinticuatro años de edad podrán, igualmente, manifestar su decisión de efectuar voluntariamente el servicio militar en los términos de este artículo.

Artículo 30. Para completar la cantidad del contingente que debe acuartelarse anualmente, y que no se entere con los varones incluidos como voluntarios, la Dirección General realizará un primer sorteo público, denominado sorteo general, entre quienes conformen la Base de Conscripción, con exclusión de dichos voluntarios. Corresponderá a la Dirección General determinar el número de varones que deberán ser sorteados y velar por que dicho sorteo se efectúe en forma proporcional a la Base de Conscripción de cada comuna.

LEY 20045, Art. 1º, Nº 23
D.O. 10.09.2005

Artículo 30-A. La lista de llamados para el cumplimiento del servicio militar estará conformada por los varones que determine el sorteo general y por aquellas personas que tengan la calidad de voluntarias según lo dispone el artículo 29-A.

LEY 20045, Art. 1º, Nº 24
D.O. 10.09.2005

Artículo 30-B. Los varones convocados en virtud del sorteo general podrán recurrir a la correspondiente Comisión Especial de Acreditación con objeto de hacer valer las causales de exclusión que correspondan, en conformidad con el artículo 42.

LEY 20045, Art. 1º, Nº 24
D.O. 10.09.2005

La reclamación se interpondrá por escrito ante cualquier Cantón de Reclutamiento, dentro de los treinta días siguientes a la publicación de los resultados del sorteo general, acompañando los documentos o antecedentes que le sirvan de fundamento.

Artículo 30-C. Los Cantones de Reclutamiento remitirán a la Comisión Especial de Acreditación competente las reclamaciones y sus antecedentes, dentro de tercero día hábil a partir de la interposición de la reclamación.

LEY 20045, Art. 1º, Nº 24
D.O. 10.09.2005

Dicha Comisión podrá solicitar, a toda persona natural o jurídica, antecedentes, datos e informes relativos a las reclamaciones de que conozca, la que estará obligada a proporcionárselos en el plazo que se le señale.

Cada reclamación será resuelta en el plazo de treinta días, contado desde la recepción de la misma por la Comisión, y la resolución se notificará al Cantón de Reclutamiento respectivo, el que la pondrá en conocimiento del reclamante dentro de quinto día hábil.

Artículo 30-D. Corresponderá a las Fuerzas Armadas evaluar la aptitud para realizar el servicio militar de las personas convocadas en calidad de voluntarias y de los varones seleccionados por el sorteo general cuyas reclamaciones fueren rechazadas conforme al procedimiento establecido en el artículo 30-C, o que no presentaren reclamaciones.

LEY 20045, Art. 1°, N° 24
D.O. 10.09.2005

Para cumplir con esta función, las instituciones de las Fuerzas Armadas comisionarán a personal especializado de su dependencia, el que procederá a examinar a las personas a que se refiere el inciso anterior, en conformidad con los criterios técnicos y procedimientos que fije un reglamento de selección de soldados conscriptos para las Fuerzas Armadas.

Se dejará constancia, en el acta reservada de selección del contingente, del hecho de que una persona haya sido declarada no apta para el cumplimiento del servicio militar. La violación de esta reserva será sancionada conforme a las normas legales vigentes.

Artículo 30-E. Cuando el número de varones declarados aptos exceda la cantidad de contingente a que se refiere el artículo 20, se realizará un segundo sorteo público, denominado sorteo final, el que, con exclusión de los voluntarios aptos, determinará quiénes de entre ellos cumplirán con el servicio militar.

LEY 20045, Art. 1°, N° 24
D.O. 10.09.2005

Artículo 30-F. Los varones que se encontraren cursando el último año de enseñanza media, estudios tendientes a la obtención de un título profesional o técnico de nivel superior en establecimientos de educación superior del Estado o reconocidos por éste o realizando su práctica profesional, y que resultaren convocados en virtud del sorteo general tendrán derecho a optar, por una sola vez, entre las siguientes modalidades alternativas de cumplimiento del servicio militar:

LEY 20045, Art. 1º, Nº 24
D.O. 10.09.2005

1. Conscripción ordinaria, en forma inmediata o al término de los estudios correspondientes. En ambos casos, podrán optar por la institución de las Fuerzas Armadas y la unidad que sean de su preferencia.

2. Prestación, hasta por ciento ochenta días, de servicios vinculados a sus estudios en aquellas profesiones que interesen a las Fuerzas Armadas.

3. Participación, hasta por ciento cincuenta días, en cursos especiales de instrucción militar para estudiantes del último año de enseñanza media o de establecimientos de educación superior del Estado o reconocidos por éste.

El reglamento regulará las modalidades alternativas de cumplimiento del servicio militar a que se refieren los números anteriores, definirá las profesiones y cursos especiales que interesen a las Fuerzas Armadas y establecerá los procedimientos mediante los cuales éstas informarán a la Dirección General de sus requerimientos y disponibilidades.

Las solicitudes para optar a las modalidades alternativas de cumplimiento del servicio militar se presentarán por escrito ante cualquier Cantón de Reclutamiento, dentro de los treinta días siguientes a la publicación de los resultados del sorteo general.

CAPÍTULO III. DEL SERVICIO ACTIVO

Artículo 31. El Servicio Activo es la condición en que se encuentran las personas que han sido convocadas y están cumpliendo cualquier forma del deber militar.

LEY 20045, Art. 1º, Nº 31

D.O. 10.09.2005

El personal de planta de las Fuerzas Armadas y los subalféreces, cadetes, grumetes, aprendices y alumnos de las escuelas institucionales que no formen parte del personal de planta, pertenecen al Servicio Activo.

Artículo 32. La Dirección General, a petición del interesado, podrá autorizar la anticipación del servicio militar, en calidad de voluntario, en la modalidad de conscripción ordinaria hasta en un año. Con todo, estas personas no podrán ser movilizadas antes de cumplir dieciocho años de edad.

LEY 20045, Art. 1°, N° 26
D.O. 10.09.2005

Artículo 33. La Dirección General deberá considerar, en calidad de disponibles, a los deportistas que sean designados seleccionados nacionales por las correspondientes federaciones deportivas. Para tal efecto, en los meses de enero y julio de cada año, el Instituto Nacional de Deportes de Chile remitirá a la Dirección General una nómina que individualice a los deportistas que reúnan tal calidad, con indicación de los nombres completos, el rol único nacional, el domicilio y la fecha de nacimiento.

LEY 20045, Art. 1°, N° 27
D.O. 10.09.2005

Artículo 34. El Presidente de la República, a requerimiento de alguna Institución de las Fuerzas Armadas podrá disponer el funcionamiento de cursos especiales para que personas de determinado nivel educacional cumplan en ellos el Servicio Militar Obligatorio.

En la misma forma, podrá decretarse que determinadas personas que tengan profesiones, ocupaciones, oficios o conocimiento que interesen a las Fuerzas Armadas cumplan con el servicio militar obligatorio mediante la modalidad de "Prestación de Servicios", en la que recibirán instrucción militar y podrán aportar sus especialidades a las Instituciones de la Defensa Nacional.

Esta Prestación de Servicios tendrá una duración máxima de ciento ochenta días y deberá cumplirse en dos etapas que no excedan de noventa días cada una, debiendo mediar entre dichos períodos, a lo menos un año. Los primeros cuarenta y cinco días de la primera etapa se cumplirán con jornada completa; los segundos cuarenta y cinco días, y la segunda etapa completa, se cumplirán con media jornada.

LEY 18062, Art. Único

Las características y modalidades de esta forma de cumplir el servicio militar obligatorio serán determinadas por el reglamento.

Artículo 35. El servicio militar será de hasta dos años en el Ejército, Armada o Fuerza Aérea.

LEY 20045, Art. 1°, N° 28
D.O. 10.09.2005

La convocatoria de las personas que cumplirán el servicio militar se hará por decreto supremo en el que deberá indicarse el tiempo de su duración.

Durante las situaciones de excepción, derivadas de guerra externa o interna, conmoción interior, emergencia y calamidad pública, el contingente en servicio activo permanecerá en las filas mientras lo requiera la seguridad de la Nación, circunstancia que será determinada por el Presidente de la República.

En casos especiales, podrá establecerse, por decreto supremo, una reducción del tiempo del servicio militar fijado en la convocatoria, o su cumplimiento fraccionado en períodos determinados.

Artículo 36. Derogado.

LEY 20045, Art. 1°, N° 40
D.O. 10.09.2005

Artículo 37. Derogado.

LEY 20045, Art. 1°, N° 40
D.O. 10.09.2005

Artículo 38. El Servicio Militar Obligatorio, en cualquiera de sus modalidades, se iniciará en la calidad de soldado o marinero conscriptos.

Una vez terminado el período de instrucción individual o básica, los soldados o marineros conscriptos podrán optar a la calidad de aspirantes a Oficiales de reserva.

Los aspirantes podrán ser nombrados hasta en el grado de Subtenientes de reserva, de acuerdo con las necesidades institucionales y con lo que disponga el reglamento.

LEY 18091, Art. 3º

Artículo 39. Derogado.

Artículo 40. Los alumnos de las Escuelas Militar, Naval o de Aviación que sean dados de baja con valer militar, pasarán a la reserva instruida de su clase y se les dará por cumplido el Servicio Militar Obligatorio, con la calidad de aspirantes a oficiales.

A los alumnos de los otros establecimientos de enseñanza de las Fuerzas Armadas que sean dados de baja con valer militar, se les dará por cumplido el Servicio Militar Obligatorio y pasarán a la reserva instruida de su clase, hasta con el grado de Sargento 1º de reserva.

Los dados de baja sin valer militar harán el servicio militar si aún se encuentran en la base de conscripción.

Artículo 41. Las personas llamadas a los cursos especiales a que se refiere el artículo 34 que no se presentaren a completar su período de instrucción, serán llamados a hacer su servicio militar con el contingente ordinario.

CAPÍTULO IV. DE LAS EXCLUSIONES

LEY 20045, Art. 1º, Nº 29
D.O. 10.09.2005

Artículo 42. Quedan excluidos del cumplimiento del servicio militar:

1. Las personas que fueren declaradas no aptas por imposibilidad física o psíquica, según lo disponga el reglamento.

2. Los miembros de las Fuerzas de Orden y Seguridad Pública y el personal de Gendarmería de Chile.

3. Las personas a quienes el cumplimiento del servicio militar ocasione un grave deterioro en la situación socio-económica de su grupo familiar del cual constituyan su principal fuente de ingreso.

4. Las personas que hubieren contraído matrimonio, que estén en vías de ser padres o lo sean con anterioridad al primer sorteo de selección del contingente.

5. Las personas que hubieren sido condenadas a pena aflictiva, salvo que la Dirección General las considere moralmente aptas. En todo caso, la amnistía extingue la causal de exclusión señalada en este numeral.

6. Los descendientes por consanguinidad en línea recta y en línea colateral, ambos hasta el segundo grado inclusive, de las personas a que se refiere el artículo 18 de la ley N° 19.123, que beneficia a familiares de víctimas de violaciones de los derechos humanos o de violencia política.

Las personas que se encuentren en las condiciones que se describen en los números 3, 4 y 6 podrán, no obstante, manifestar su decisión de presentarse voluntariamente al cumplimiento de la obligación de realizar el servicio militar, o de efectuarlo voluntariamente, en conformidad con lo dispuesto en el artículo 29-A.

La exclusión del servicio militar no constituirá impedimento para el ejercicio del derecho a postular a las escuelas matrices de las Fuerzas Armadas o a ingresar a las plantas civiles de las mismas, acreditando el cumplimiento de los requisitos legales, reglamentarios y de salud.

El reglamento determinará el procedimiento que deberá observar la Dirección General para dar cumplimiento a lo establecido en este artículo.

CAPÍTULO V. DE LOS DEBERES Y DERECHOS DE LOS SOLDADOS CONSCRIPTOS

LEY 20045, Art. 1°, N° 30
D.O. 10.09.2005

Artículo 42-A. Durante la realización del servicio militar obligatorio, los soldados conscriptos estarán obligados a dar cumplimiento a las órdenes que impartan los superiores y a las prescripciones y mandatos que constituyen la base fundamental del servicio, y deberán observar un comportamiento honorable compatible con esa carga pública.

LEY 20045, Art. 1°, N° 30
D.O. 10.09.2005

Artículo 42-B. Se asegura a las personas que se encuentren cumpliendo el servicio militar obligatorio el efectivo ejercicio del conducto regular, teniendo siempre derecho a ser oídas por la autoridad militar a cargo de la unidad o dependencia en que se desempeñen, con objeto de hacer presente cualquier situación de su interés.

LEY 20045, Art. 1°, N° 30
D.O. 10.09.2005

Artículo 42-C. En cada una de las ramas de las Fuerzas Armadas existirá una Oficina de Asistencia al Soldado Conscripto, dependiente del Oficial General que tenga a cargo el Servicio de Bienestar Social de la respectiva Institución.

LEY 20045, Art. 1°, N°
D.O. 10.09.2005

Además de la Oficina Central, existirán Oficinas Locales conforme la situación de cada Institución, las que deberán cumplir, en sus respectivos radios jurisdiccionales, las tareas y misiones establecidas para este organismo.

Artículo 42-D. La Oficina tendrá por misión recibir, atender y canalizar las solicitudes, peticiones o inquietudes, verbales o escritas, que los padres o apoderados, pudieran formular respecto de las actividades que conlleva la realización del servicio militar de sus hijos o pupilos.

LEY 20045, Art. 1°, N° 30
D.O. 10.09.2005

Sin perjuicio de las atribuciones de los Comandantes de las respectivas Unidades, la Oficina podrá recibir denuncias formuladas por los padres o apoderados de un Soldado Conscripto, referidas a tratamientos reñidos con la dignidad y honor de las personas, o que no se ajusten a la reglamentación vigente.

Con todo, el Soldado Conscripto deberá siempre formular sus solicitudes, peticiones o inquietudes, verbales o escritas, y reclamar, conforme a las normas establecidas en el decreto supremo N° 1.445, de 14 de diciembre de 1951, del Ministerio de Defensa Nacional, "Reglamento de Disciplina para las Fuerzas Armadas".

En el cumplimiento de su cometido, la Oficina se desempeñará como organismo asesor y coordinador de las autoridades militares respectivas, sin que ello implique interferencias con la labor de otros entes civiles o militares que tengan competencia sobre la materia, pudiendo proponer las medidas conducentes a dar pronta solución a las solicitudes, peticiones o inquietudes que se le hayan presentado, así como aquellas que digan relación con denuncias de actos reñidos con la dignidad y honor de las personas o que no se ajusten a la reglamentación vigente, de acuerdo con el ordenamiento jurídico.

Un Reglamento dictado por el Ministerio de Defensa Nacional, a proposición de los Comandantes en Jefe de las Fuerzas Armadas, establecerá los procedimientos comunes y específicos conforme a los cuales la Oficina Central y las Oficinas Locales cumplirán sus funciones.

TÍTULO QUINTO. DE LA RESERVA

Artículo 43. La reserva es el conjunto de personas, con instrucción militar o sin ella, integrantes del potencial humano del país, que no se encuentran comprendidas en la Base de Conscripción ni en Servicio Activo.

Para los efectos de este decreto ley se entiende por:

a) Potencial humano: El conjunto de personas que se encuentran en el territorio nacional o están en condiciones de ingresar a él y que por su nacionalidad chilena, constituyen el total de la disponibilidad de recursos humanos con que cuenta el país.

b) Reserva nacional: El conjunto de personas, sin distinción de sexo, que se encuentran en condiciones psíquicas, físicas y morales de ser movilizadas o de cumplir otras funciones en beneficio del país.

c) Reserva militar o de las Fuerzas Armadas: El conjunto de personas, sin distinción de sexo, que encontrándose en edad militar de acuerdo con lo establecido en el artículo 13, con instrucción militar o sin ella, están en condiciones de ser movilizadas por las Fuerzas Armadas. La reserva militar o de las Fuerzas Armadas está constituida sobre la base del siguiente personal:

1. Personal en retiro proveniente de la planta de las instituciones de la Defensa Nacional;

2. Personal proveniente de las Escuelas Matrices de las Fuerzas Armadas, dado de baja con valer militar;

3. Personal con instrucción militar proveniente del Servicio Militar Obligatorio, curso militar profesional u otro especial, y

4. Personal sin instrucción militar.

El personal de la reserva Militar o de las Fuerzas Armadas se denominará reservista y se clasificará en reserva con instrucción y reserva sin instrucción.

LEY 18770, Art. Único

Corresponderá al Ministerio de Defensa Nacional, por intermedio de la Dirección General de Movilización Nacional, la supervigilancia y control del tiro ciudadano, entendiendo por tal, las actividades deportivas de aplicación militar que benefician directamente a los fines de la seguridad y de la defensa nacional.

Para tal efecto, se desempeñarán como autoridades ejecutoras y contraloras, las Comandancias de Guarnición de las Fuerzas Armadas y Autoridades de Carabineros de Chile.

CAPÍTULO I. DEBERES Y DERECHOS DE LOS RESERVISTAS

Artículo 44. El personal de reserva se agrupará en las mismas calidades, formará escalafones similares e investirá los mismos grados que el personal de planta de las Fuerzas Armadas, según lo prescrito en el reglamento.

Podrán también organizarse, en conformidad con el reglamento, escalafones especiales con el personal de determinados servicios, aún cuando ellos no existan en la planta de las Instituciones de las Fuerzas Armadas.

Artículo 45. Los cambios de Institución del personal de la reserva se realizarán por decreto supremo a solicitud escrita del interesado o de alguna de las Instituciones de la Defensa Nacional, debiendo contar en todo caso, con la autorización de la Institución a la que pertenece el reservista.

La Dirección General elaborará el decreto respectivo sólo después de haber recibido la solicitud y la aprobación para el cambio de la Institución a la que pertenece el reservista.

El decreto indicará el escalafón y el lugar que en él ocupará el reservista manteniendo, para estos efectos, su antigüedad y grado.

Artículo 46. Los reservistas deberán efectuar periódicamente una declaración militar en el Cantón más cercano a su residencia, actualizando los datos de su individualización y su actividad laboral, todo ello según lo disponga el reglamento. Esta declaración estará exenta de impuestos y su envío por correo será de libre franqueo.

Artículo 47. En tiempo de paz, todo reservista tiene la obligación de pertenecer a un Centro de Reservistas, conforme lo establezca el reglamento. Las instituciones de las Fuerzas Armadas deberán considerar los recursos necesarios para el buen funcionamiento de estos centros.

Los reservistas deberán comunicar al Centro de Reservistas a que se hallen adscritos, sus cambios de domicilio dentro de los treinta días siguientes de producido el cambio. Esta obligación deberá cumplirse hasta los 55 años de edad.

Los Centros de Reservistas serán unidades de entrenamiento o instrucción militar de reservistas, y su funcionamiento y atribuciones se regirán por un reglamento.

Los reservistas aptos para el servicio, con instrucción militar o sin ella, quedan sujetos a la obligación de concurrir al Centro de Reservistas de su adscripción o a los puntos de reunión que se les asignen, cuando sean citados por el jefe del Centro de Reservistas respectivo, para efectuar sesiones o períodos de instrucción, sin remuneración alguna, por lapsos no superiores a treinta días, continuos o fraccionados, cada año.

LEY 18584, Art. 1º, d)

Artículo 48. Todo reservista está obligado a guardar secreto de los conocimientos o informaciones recibidos en el cumplimiento del deber militar, cuya difusión pueda afectar a la seguridad nacional.

CAPÍTULO II. DEL LLAMADO AL SERVICIO ACTIVO DEL PERSONAL DE LA RESERVA

Artículo 49. En tiempo de paz, el Presidente de la República, a proposición de la Dirección General, podrá llamar al servicio activo a determinado personal de la reserva, con instrucción o sin ella, para alguna de las siguientes finalidades:

a) Para instrucción y preparación de la movilización, y

b) Para desempeño en las Fuerzas Armadas.

Los llamados al servicio activo de reservistas para desempeño en las Fuerzas Armadas, sólo se podrán efectuar previa solicitud presentada por el reservista.

Artículo 50. El personal de reserva llamado al servicio activo, por períodos superiores a 30 días, tendrán derecho a las remuneraciones y beneficios que se otorguen al personal de planta de igual grado.

Artículo 51. En caso de ser llamado al servicio por períodos inferiores a los indicados en el artículo anterior, el personal de reserva tendrá derecho a que su empleador le pague, por ese período, el total de las remuneraciones que estuviese percibiendo a la fecha de ser llamado, las que serán de su cargo, a menos que, por decreto supremo, se disponga expresamente que sean de cargo fiscal.

Artículo 52. Sin perjuicio de lo dispuesto en los artículos anteriores, el reservista llamado al servicio activo conservará, para todos los efectos legales, la propiedad del empleo público o privado que ocupare a la fecha del llamado.

Artículo 53. Los reservistas serán llamados con el último grado alcanzado en la reserva y, mientras permanezcan en servicio activo, tendrán los mismos deberes, rango y prerrogativas que las leyes y reglamentos establecen para el personal de planta de cada Institución.

LEY 18584, Art. 1º e)

Si el reservista sufre un accidente o contrae una enfermedad en acto de servicio, cuyas secuelas aparecen durante el período para el que fue llamado, tendrá derecho a que éste le sea prorrogado por un lapso que permita su total recuperación o la respectiva declaración de inutilidad en su caso.

Si las secuelas aparecen dentro de los ciento ochenta días siguientes de terminado el período para el cual fue llamado, el reservista será nuevamente convocado, por un lapso que permita su total recuperación o la declaración de inutilidad que proceda, si se acredita en la forma establecida en el reglamento que la secuela es consecuencia necesaria de un accidente sufrido en acto de servicio o de una enfermedad contraída en él.

Si el reservista muere dentro de los ciento ochenta días siguientes de terminado el período para el cual fue llamado, su muerte producirá los mismos efectos que si hubiere ocurrido encontrándose en servicio activo si se acredita, en la forma establecida en el reglamento, que el deceso fue consecuencia necesaria de un accidente sufrido en acto de servicio o de una enfermedad contraída en él.

Artículo 54. El personal de reserva llamado al servicio activo será considerado menos antiguo que el personal de carrera regular de su mismo grado.

Artículo 55. El personal de reserva proveniente de la planta de las Instituciones, llamado al servicio activo, será considerado más antiguo en su grado que aquél llamado de otras provenencias.

Artículo 56. Los llamados obligatorios de reservistas al servicio activo podrán hacerse hasta por el plazo de un año. Si el llamado se hubiere originado a petición del interesado, podrá hacerse por tiempo indefinido o por el lapso que determinen las necesidades institucionales.

Artículo 57. Los llamados de reservistas podrán hacerse por contingentes completos o fraccionados, por clases, por especialidades o individualmente, en conformidad con las necesidades institucionales.

Los llamados por clases se harán en orden inverso a la fecha de su licenciamiento.

Durante los casos de emergencia contemplados en el inciso tercero del artículo 35, el personal de reserva podrá ser llamado al servicio activo por tiempo indefinido y permanecerá en las filas mientras así lo determine el Presidente de la República.

Artículo 58. El personal de reserva llamado al servicio activo tendrá derecho, durante su permanencia en él, a ser provisto gratuitamente por el Estado de equipo militar, alojamiento, vestuario, transporte y alimentación, de acuerdo con la reglamentación institucional correspondiente.

Artículo 59. El personal de la reserva que desee ser llamado al servicio activo con fines de instrucción o a fin de cumplir requisitos para el ascenso, deberá solicitarlo a la Dirección General, por intermedio de la respectiva Dirección del Personal institucional. En tal caso, el reservista no tendrá derecho a remuneración, aun cuando sus servicios se prolonguen por períodos superiores a treinta días.

El personal de la reserva que desee ser llamado al servicio activo para desempeño en las Fuerzas Armadas, deberá solicitarlo a la respectiva Dirección del Personal institucional, la que, si aprueba dicha solicitud, pondrá en conocimiento de ello a la Dirección General.

CAPÍTULO III. ASCENSOS EN LA RESERVA

Artículo 60. Los nombramientos y ascensos de los oficiales de reserva se efectuarán por decreto supremo, a proposición de la Dirección General y previa aprobación a que pertenece el reservista.

Los ascensos del personal del cuadro permanente y gente de mar de reserva serán resueltos por la Dirección General, previa aprobación de la Institución a que pertenece el reservista.

Artículo 61. Los Oficiales subalternos de reserva podrán ascender, hasta el grado de Mayor de Ejército o grados equivalentes en la Armada y Fuerza Aérea.

LEY 18997, Art. Único

No obstante, los Oficiales de reserva del grado de Mayor de Ejército o grados equivalentes en la Armada y Fuerza Aérea, podrán ascender al grado inmediatamente superior, siempre que se encuentren llamados al servicio activo y cumplan los siguientes requisitos:

a) Un tiempo mínimo de permanencia efectiva en el grado igual al que se exige para el ascenso a los Oficiales de Planta de su misma graduación y similar escalafón, o siete años efectivos en el grado si pertenecieren a escalafones especiales;

b) Veinte años de servicios efectivos en la Institución;

c) Que el ascenso sea propuesto por el Comandante en Jefe Institucional respectivo, y

d) Cumplir con las demás exigencias que establezca la legislación correspondiente.

Artículo 62. Los Oficiales de las Fuerzas Armadas que hayan obtenidos su retiro con el grado de Mayor o grados equivalentes, podrán ser ascendidos, al grado superior.

Los Oficiales de las Fuerzas Armadas que hayan obtenido su retiro con el grado de Teniente Coronel o grados equivalentes, podrán, excepcionalmente, ser ascendidos al grado superior.

Artículo 63. El personal del cuadro permanente y gente de mar de reserva, de cualquier procedencia, podrá ascender hasta el grado de Suboficial.

El personal indicado en el inciso anterior que haya obtenido su retiro con el grado de Suboficial, podrá, excepcionalmente, ser ascendido al grado de Suboficial Mayor.

Artículo 64. Los requisitos para los ascensos a que se refieren los artículo anteriores, serán determinados por el reglamento.

Los requisitos de ascenso para los Oficiales, personal del cuadro permanente y gente de mar de la reserva llamados al servicio activo serán determinados por la respectiva institución en el reglamento, considerando las limitaciones de grado establecidas en el presente capítulo.

Estos ascensos se cursarán por la Dirección del Personal respectiva, siguiéndose el mismo procedimiento que para el personal de planta de las Fuerzas Armadas, e informando de ello a la Dirección General.

TÍTULO SEXTO. DE LA MOVILIZACIÓN DEL POTENCIAL HUMANO

Artículo 65. Para los efectos de este decreto ley, la movilización del potencial humano es el conjunto de actividades y medidas decretadas por el Presidente de la República, destinadas a poner parte o la totalidad de dicho potencial en situación de afrontar adecuadamente cualquier caso de emergencia de aquellos mencionados en el inciso tercero del artículo 35.

Artículo 66. Las personas movilizadas podrán ser llamadas por sexo, clases, profesiones o actividades afines y por el período que señale el decreto supremo de movilización.

Artículo 67. Las clases llamadas en caso de movilización integrarán las unidades y organismos que determinen las disposiciones respectivas.

Artículo 68. Las personas movilizadas para las Fuerzas Armadas pertenecerán al servicio activo.

LEY 18037, Art. Único

En caso de guerra externa o interna, determinadas personas que integran la reserva podrán ser movilizadas hasta con el grado de Teniente Coronel de Ejército, o al grado equivalente en la Armada y la Fuerza Aérea. Excepcionalmente, podrá otorgárseles a aquéllas el grado de Coronel de Ejército o grados equivalente, según calificación que hará, en ambos casos, el Comandante en Jefe institucional correspondiente, en la proposición de llamada.

Artículo 69. En tiempo de guerra, el Presidente de la República podrá llamar a todas las personas, sin distinción de sexo ni límite de edad, para ser empleadas en los diversos servicios que requiera el país.

TÍTULO SÉPTIMO. DE LA PENALIDAD Y PROCEDIMIENTO JUDICIAL

CAPÍTULO I. DE LA RESPONSABILIDAD PENAL

LEY 20045, Art. 1°, N° 40
D.O. 10.09.2005

Artículo 70. Derogado.

Artículo 71. Derogado.

LEY 20045, Art. 1°, N° 40
D.O. 10.09.2005

Artículo 72. Los que no concurrieren a las citaciones que las autoridades de reclutamiento les hicieren para los efectos de su selección, serán infractores y sufrirán la pena de inhabilitación absoluta temporal para el ejercicio de cargos y oficios públicos en su grado mínimo.

LEY 20045, Art. 1°, N° 31
D.O. 10.09.2005

Artículo 73. Los que fueren seleccionados y no se presentaren a reconocer cuartel para cumplir con el servicio militar, se considerarán remisos y sufrirán la pena de inhabilitación absoluta temporal para el ejercicio de cargos y oficios públicos en su grado medio.

LEY 20045, Art. 1°, N° 32
D.O. 10.09.2005

Las personas de la categoría de disponibles que fueren convocadas y no se presentaren a reconocer cuartel para cumplir con el servicio militar, serán consideradas remisas y sufrirán la pena a que se refiere el inciso anterior.

Las personas de la categoría de disponibles destinadas a la Defensa Civil de Chile que no se presentaren, serán sancionadas con multas de cuatro a ocho unidades tributarias mensuales.

Artículo 73-A. El cumplimiento de las penas que se establecen en los artículos 72 y 73 no exime o excluye del cumplimiento del servicio militar obligatorio, el que para estos efectos sólo podrá efectuarse en la modalidad de conscripción ordinaria.

LEY 20045, Art. 1°, N° 33
D.O. 10.09.2005

Sin perjuicio de lo anterior, los infractores y los remisos a que se refieren el artículo 72 y los incisos primero y segundo del artículo 73, respectivamente, podrán solicitar la conmutación de la pena por la realización del servicio militar obligatorio en la modalidad de conscripción ordinaria por un período de dos años.

Artículo 73-B. El que, con el propósito de ser eximido o excluido del servicio militar obligatorio, hiciere uso de documento o certificado falso, será sancionado en conformidad con lo dispuesto en los párrafos 4, 5 y 6 del Título IV del Libro II del Código Penal.

LEY 20045, Art. 1°, N° 33
D.O. 10.09.2005

El que emitiere el mencionado documento o certificado falso será sancionado de acuerdo con las normas penales señaladas, y si fuere militar, en conformidad con lo dispuesto en el Título X del Libro III del Código de Justicia Militar.

Artículo 74. Los reservistas que no asistieren a los períodos de instrucción o a los llamados para ejercicios de movilización, serán sancionados con el cumplimiento de las obligaciones impuestas por dichos llamados por un tiempo que fijará prudencialmente el juez de la causa, atendidas las circunstancias del caso, el que no podrá ser inferior al tiempo por el cual se hizo el llamado, sin exceder del doble. Con todo, si por las características de los llamados no pudiere aplicarse esta pena, los reservistas serán sancionados con la pena de prisión en cualquiera de sus grados.

Si lo hicieren con retraso, quedarán sujetos a la acción disciplinaria correspondiente, debiendo graduarse la sanción proporcionalmente al número de días que ha durado el retraso.

> NOTA. El Artículo 1° de la LEY 18742, Defensa, publicada el 11.10.1988, concedió amnistía en favor de las personas que a la fecha de su publicación, hayan cometido infracción a las disposiciones de reclutamiento de las Fuerzas Armadas.
>
> NOTA 1. El Artículo 1 de la LEY 19292, Interior, publicada el 11.02.1994, concedió amnistía en favor de las personas que a la fecha de su publicación, hayan cometido infracción a las disposiciones de reclutamiento de las Fuerzas Armadas.
>
> NOTA 2. El Artículo único de la LEY 19706, Defensa, publicada el 25.01.2001, concedió amnistía en favor de las personas que al 31 de julio de 2000, hayan cometido infracción a las disposiciones de reclutamiento de las Fuerzas Armadas.

Artículo 75. Los reservistas que, sin motivo justificado, no concurrieren al llamado cuando fueren movilizados, sufrirán la pena de presidio militar menor en cualquiera de sus grados. Este delito será considerado flagrante para el solo efecto de poner a los reservistas a disposición de la autoridad correspondiente.

> LEY 20045, Art. 1°, N° 34
> D.O. 10.09.2005

Si sus servicios, por sus condiciones y aptitudes, fueren considerados útiles o necesarios para el logro de la finalidad que motivó la movilización, podrán ser destinados a prestarlos sirviéndoles de abono al entero de su pena el tiempo durante el cual los hubieren cumplido.

Si los servicios prestados se consideraren distinguidos, la autoridad que corresponde podrá, de oficio o a petición de parte, recomendar el indulto, según lo disponga el reglamento.

Artículo 76. Los reservistas que fingieren o se atribuyeren algún grado, título o jerarquía militar del que no están en posesión legal, serán sancionados con la pena de reclusión menor en sus grados mínimos a medio.

Artículo 77. Todo el que divulgue, propale o publique indebidamente informaciones o conocimientos recibidos durante el cumplimiento de su deber militar, que puedan perjudicar a la seguridad nacional, será sancionado con la pena de reclusión menor en cualquiera de sus grados.

Artículo 78. Las personas naturales o los representantes legales de personas jurídicas que no respetaren los derechos a que se refiere el artículo 16, sufrirán la pena de prisión en cualquiera de sus grados, sin perjuicio del derecho del afectado para recurrir al tribunal del trabajo que corresponda.

Igual pena sufrirá la persona natural o el representante legal de personas naturales o jurídicas, que maliciosamente infringiere las obligaciones impuestas en el artículo 23.

Artículo 79. Los que no cumplieren cualquiera de las obligaciones establecidas en el artículo 47 serán sancionados con las siguientes penas:

LEY 20045, Art. 1º, Nº 35
D.O. 10.09.2005

1. Multa de hasta cuatro unidades tributarias mensuales para los soldados reservistas con instrucción militar, y
2. Multa de hasta seis unidades tributarias mensuales para los Oficiales y Suboficiales de Reserva.

Artículo 80. Derogado.

LEY 20045, Art. 1º, Nº 40
D.O. 10.09.2005

Artículo 81. Los que, requeridos por segunda vez, negaren, retardaren, falsearen o impidieren la entrega, dentro del plazo, de los informes que se les solicitaren con arreglo a lo dispuesto en los artículos 4º y 30 C, serán sancionados con multa de cuatro a treinta unidades tributarias mensuales.

LEY 20045, Art. 1°, N° 36
D.O. 10.09.2005

Artículo 82. Derogado.

LEY 20045, Art. 1°, N° 40
D.O. 10.09.2005

Artículo 83. Los delitos contemplados en este decreto ley, que por su naturaleza, pudieren perpetrarse en cualquier tiempo, se agravarán si se cometieren durante el estado de asamblea, pudiendo doblarse las penas pecuniarias, aumentarse en un grado las penas de inhabilitación, y hasta en dos grados las penas privativas de libertad.

LEY 20045, Art. 1°, N° 37
D.O. 10.09.2005

Artículo 84. Derogado.

LEY 20045, Art 1°, N° 40
D.O. 10.09.2005

Artículo 85. En los procesos criminales generados por infracción a lo dispuesto en el artículo 77 de este decreto ley, podrá constituir, a juicio del tribunal, causal de exención o circunstancia atenuante de responsabilidad penal, el hecho de que el infractor pos su insuficiente ilustración o por alguna otra causa debidamente acreditada, permita presumir que ha tenido conocimiento imperfecto del alcance de las normas infringidas.

Tratándose de procesos criminales por infracción a otras disposiciones de este decreto ley, las circunstancias antes señaladas serán constitutivas de la atenuante de responsabilidad penal.

El tribunal apreciará en conciencia los hechos constitutivos de la causal eximente o atenuante, en su caso.

Artículo 86. Derogado.

LEY 20045, Art. 1°, N° 40
D.O. 10.09.2005

CAPÍTULO II. DE LA COMPETENCIA

LEY 20045, Art. 1°, N° 38
D.O. 10.09.2005

Artículo 87. Todas las causas por delitos contemplados en este decreto ley serán de competencia de la justicia ordinaria, con excepción de los procesos que se instruyan con ocasión del delito previsto en el artículo 75, cuyo conocimiento corresponderá a la justicia militar.

LEY 20045, Art. 1°, N° 39
D.O. 10.09.2005

Artículo 88. Derogado.

LEY 20045, Art. 1°, N° 40
D.O. 10.09.2005

Artículo 89. Derogado.

LEY 20045, Art. 1°, N° 40
D.O. 10.09.2005

TÍTULO OCTAVO. DE LOS DERECHOS DE RECLUTAMIENTO

DL 2398, 1978, Art. 26

Artículo 90. Las solicitudes relacionadas con este decreto ley estarán afectas a derechos de reclutamiento, cuyas tasas no podrán exceder de un treinta por ciento de una unidad tributaria mensual.

DL 2398, 1978, Art. 26

En los meses de enero y julio de cada año se establecerán, dentro del límite señalado, las tasas de dichos derechos, las que serán fijadas por decreto supremo y regirán desde su publicación en el Diario Oficial.

DL 2398, 1978, Art. 26

El total del rendimiento de los derechos y multas establecidos en el presente decreto ley constituirá ingresos propios de la Dirección General de Movilización Nacional, los cuales percibirán directamente y administrará sin intervención del Servicio de Tesorería.

DL 2398, 1978, Art. 26

LEY 18053, Art. 1°

Artículo 91. La Dirección General podrá eximir del pago de todo o parte de los derechos que establece el artículo 90, en casos calificados.

DL 2398, 1978, Art. 26

Artículo 92. El pago de las multas que establece el presente decreto ley se hará con derechos de reclutamiento.

DL 2398, 1978, Art. 26

Artículo 93. La Ley de Presupuesto contemplará anualmente los fondos necesarios para el cumplimiento del inciso 1° del artículo 47.

Artículo 94. Derógase la ley N° 11.170 y toda otra disposición legal o reglamentaria contraria al presente decreto ley.

Derógase, asimismo, el artículo 29 de la ley N° 16.466, exclusivamente en lo referente a materias de la Ley de Reclutamiento.

ARTÍCULOS TRANSITORIOS

Artículo 1. Mientras no se dicte el reglamento del presente decreto ley, será aplicable el actual reglamento complementario de la ley N° 11.170 en todo lo que sea compatible con este cuerpo legal.

Artículo 2. Lo dispuesto en el artículo 47 sólo entrará a regir después de que se dicte el reglamento.

Artículo 3. Derogado.

LEY 18751, Art. Único N° 2

Regístrese en la Contraloría General de la República, publíquese en el Diario Oficial e insértese en los Boletines Oficiales del Ejército Armada, Fuerza Aérea, Carabineros e Investigaciones y en la recopilación oficial de dicha contraloría.– AUGUSTO PINOCHET UGARTE, General de Ejército, Presidente.– T. MERINO CASTRO Almirante, Comandante en Jefe de la Armada.– CESAR MENDOZA DURAN, General Director de Carabineros.– FER-

NANDO MATTHEI AUBEL, General del Aire, Comandante en Jefe de la Fuerza Aerea.– César Benavides Escobar, General de División, Ministro de Defensa Nacional.

Lo que se transcribe para su conocimiento.– Julio Bravo Valdés, Coronel, Subsecretario de Guerra.

DECRETO N° 400
FIJA TEXTO REFUNDIDO, COORDINADO Y SISTEMATIZADO DE LA LEY N° 17.798, SOBRE CONTROL DE ARMAS

FIJA TEXTO REFUNDIDO, COORDINADO Y SISTEMATIZADO DE LA LEY N° 17.798, SOBRE CONTROL DE ARMAS

Núm. 400.- Santiago, 6 de diciembre de 1977.- Teniendo presente:

Que es de manifiesta necesidad incorporar a la ley N° 17.798, sobre "Control de Armas", las diversas modificaciones de que ha sido objeto, coordinando y sistematizando sus preceptos.

Que por razones de orden administrativo y de utilidad práctica, resulta necesario indicar la correspondencia a la nueva numeración del articulado de la ley texto original, e igualmente señalar, mediante notas al margen, el origen a las normas que se incorporan y que forman parte de las leyes que la han modificado y que se coordinan en el presente texto, y

Vistos:

Las facultades que me confiere el decreto ley N° 2.042, de 1977,

Decreto:

Fíjase el siguiente texto refundido, coordinado y sistematizado de la ley N° 17.798, que establece el Control de Armas.

TÍTULO I. CONTROL Y TENENCIA RESPONSABLE DE ARMAS Y ELEMENTOS SIMILARES

Ley 21412, Art. 1 N° 1
D.O. 25.01.2022

Artículo 1. El Ministerio de Defensa Nacional a través de la Dirección General de Movilización Nacional estará a cargo de la supervigilancia y control de las armas, explosivos, fuegos artificiales y artículos pirotécnicos y otros elementos similares de que trata esta ley.

LEY 18592, Art. Único N° 1
D.O. 21.01.1987

LEY 19680, Art. 1°, N° 1
D.O. 25.05.2000
LEY 20014, Art. 1°, N° 1
D.O. 13.05.2005

Sin perjuicio de lo señalado en el inciso anterior, la Dirección General de Movilización Nacional actuará como autoridad central de coordinación de todas las autoridades ejecutoras y contraloras que correspondan a las comandancias de guarnición de las Fuerzas Armadas y autoridades de Carabineros de Chile y, asimismo, de las autoridades asesoras que correspondan al Banco de Pruebas de Chile y a los servicios especializados de las Fuerzas Armadas, en los términos previstos en esta ley y en su reglamento.

Lo dispuesto en los incisos precedentes debe entenderse sin perjuicio de las facultades que corresponden al Ministerio del Interior y Seguridad Pública en lo relativo a la mantención del orden público y la seguridad pública interior; al procesamiento y tratamiento de datos y a la coordinación y fomento de medidas de prevención y control de la violencia relacionadas con el uso de armas, conforme a lo dispuesto en el artículo 3° de la ley N° 20.502.

Ley 20813, Art. 1 N° 1
D.O. 06.02.2015

Artículo 2. Quedan sometidos a este control:

a) El material de uso bélico, entendiéndose por tal las armas, cualquiera sea su naturaleza, sus municiones, explosivos o elementos similares construidos para ser utilizados en la guerra por las fuerzas armadas, y los medios de combate terrestre, naval y aéreo, fabricados o acondicionados especialmente para esta finalidad;

Ley 18592, Art. único N° 2
D.O. 21.01.1987
Ley 20813, Art. 1 N° 2 a)
D.O. 06.02.2015

b) Las armas de fuego, sea cual fuere su calibre, y sus partes, dispositivos y piezas.

Ley 21412, Art. 1 N° 2, a)

D.O. 25.01.2022

Se entenderá por arma de fuego toda aquella que tenga cañón y que dispare, que esté concebida para disparar o que pueda adaptarse o transformarse para disparar municiones o cartuchos, aprovechando la fuerza de la expansión de los gases de la pólvora, o cualquier compuesto químico. El reglamento determinará las armas que se consideren adaptables o transformables para el disparo.

Las armas de fuego se clasifican, conforme a su uso, en armas de defensa personal, de seguridad privada, deportivas, de caza mayor o menor, de control de fauna dañina, de caza submarina, de uso industrial, de colección, y de ornato o adorno, así como toda otra categoría que el reglamento señale;

c) Las municiones y cartuchos;

d) Los explosivos y otros artefactos de similar naturaleza de uso industrial, minero u otro uso legítimo que requiera de autorización, sus partes, dispositivos y piezas, incluyendo los detonadores y otros elementos semejantes;

Ley 20813, Art. 1 N° 2 c)
D.O. 06.02.2015

e) Las sustancias químicas que esencialmente son susceptibles de ser usadas o empleadas para la fabricación de explosivos, o que sirven de base para la elaboración de municiones, proyectiles, misiles o cohetes, bombas, cartuchos, y los elementos lacrimógenos;

Ley 21250, Art. 42 a)
D.O. 17.08.2020

f) Los fuegos artificiales, artículos pirotécnicos y otros artefactos de similar naturaleza, sus partes, dispositivos y piezas. En este caso no será aplicable lo dispuesto en los artículos 8° y 14 A;

Ley 20014, Art. 1° N° 1 b)
D.O. 13.05.2005
Ley 20813, Art. 1 N° 2 d), e), f)
D.O. 06.02.2015

g) Las instalaciones destinadas a la fabricación, armaduría, prueba, reparación, práctica o deporte, almacenamiento o depósito de estos elementos, y

Ley 21412, Art. 1 N° 2, b)
D.O. 25.01.2022

h) Las armas basadas en pulsaciones eléctricas, tales como los bastones eléctricos o de electroshock y otras similares.

Ley 21412, Art. 1 N° 2, c)
D.O. 25.01.2022

Artículo 3. Ninguna persona podrá poseer o tener alguna de las siguientes armas, artefactos o municiones:

Ley 21412, Art. 1 N° 3, a)
D.O. 25.01.2022

a) Armas largas cuyos cañones hayan sido recortados.

b) Armas cortas de cualquier calibre que funcionen en forma totalmente automática.

c) Armas de fantasía, entendiéndose por tales aquellas que se esconden bajo una apariencia inofensiva.

d) Armas de juguete, fogueo, balines, postones o aire comprimido, adaptadas o transformadas para el disparo de municiones o cartuchos.

e) Armas artesanales o hechizas, artefactos o dispositivos, cualquiera sea su forma de fabricación, partes o apariencia, que no sean los señalados en las letras a) o b) del artículo 2, y que hayan sido creados, adaptados o transformados para el disparo de municiones o cartuchos.

f) Armas cuyos números de serie o sistemas de individualización se encuentren adulterados, borrados o carezcan de ellos.

g) Ametralladoras y subametralladoras, metralletas o cualquiera otra arma automática o semiautomática de mayor poder destructor o efectividad, sea por su potencia, por el calibre de sus proyectiles o por sus dispositivos de puntería.

h) Silenciadores.

i) Municiones perforantes, explosivas, incendiarias, adaptadas, de alto calibre y toda aquella que por su naturaleza no corresponda al uso civil, lo que será determinado por la Dirección General de Movilización Nacional, mediante resolución fundada.

j) Dispositivos liberadores de automatismo, que permitan modificar los sistemas de disparo de las armas de semiautomática a automática.

k) Armas transformadas respecto de su condición original, a menos que la Dirección General de Movilización Nacional lo autorice para fines exclusivamente deportivos y siempre que no implique una transformación estructural del arma.

Asimismo, ninguna persona podrá poseer, tener o portar artefactos fabricados sobre la base de gases asfixiantes, paralizantes o venenosos, de sustancias corrosivas o de metales que por la expansión de los gases producen esquirlas, bombas o artefactos explosivos o incendiarios; ni los implementos específicamente adaptados para el lanzamiento o activación de cualquiera de estos elementos.

Ley 20813, Art. 1 N° 3 b)
D.O. 06.02.2015
Ley 21412, Art. 1 N° 3, b), i y ii
D.O. 25.01.2022
Ley 21412, Art. 1 N° 3, c)
D.O. 25.01.2022

Se exceptúa de estas prohibiciones a las Fuerzas Armadas y a Carabineros de Chile. La Policía de Investigaciones de Chile, Gendarmería de Chile y la Dirección General de Aeronáutica Civil, estarán exceptuadas sólo respecto de la tenencia y posesión de armas automáticas livianas y semiautomáticas, y de disuasivos químicos, lacrimógenos, paralizantes o explosivos y de granadas, hasta la cantidad que autorice el Ministro de Defensa Nacional, a proposición del Director del respectivo Servicio. Estas armas y elementos podrán ser utilizados en la forma que señale el respectivo Reglamento Orgánico y de Funcionamiento Institucional.

Ley 19047, Art. 3° N° 1
D.O. 14.02.1991

Ninguna persona podrá poseer, desarrollar, producir, almacenar, conservar o emplear armas químicas, biológicas o toxínicas. La prohibición anterior y los delitos asociados a ésta quedarán sujetos a la ley que implementa la convención sobre la prohibición del desarrollo, la producción, el almacenamiento y el empleo de armas químicas y sobre su destrucción y la convención sobre la prohibición del desarrollo, la producción y el almacenamiento de armas bactereológicas (biológicas) y toxínicas y sobre su destrucción.

Ley 21250, Art. 42 b), i) y ii)
D.O. 17.08.2020

En todo caso, ninguna persona podrá poseer o tener armas nucleares.

NOTA: El artículo 10 transitorio de la LEY 19047, publicada el 14.02.1991, dispuso que las personas que posean armas o elementos prohibidos por la presente ley, podrán hacer entrega de ellos a cualquier autoridad pública, dentro del plazo de 90 días, contados desde la publicación de esta ley, quedando exentas de la responsabilidad penal que se derive únicamente de la posesión o tenencia indebida.

Artículo 3° A. Los fuegos artificiales, artículos pirotécnicos y otros artefactos similares, que se importen, fabriquen, transporten, almacenen o distribuyan en el país, deberán cumplir con los requisitos y especificaciones técnicas que establezca el reglamento.

Ley 19680, Art. 1° N° 3
D.O. 25.05.2000

Prohíbese la fabricación, importación, comercialización, distribución, venta, entrega a cualquier título y uso de fuegos artificiales, artículos pirotécnicos y otros artefactos de similar naturaleza, sus piezas o partes, comprendidos en los grupos números 1 y 2 del Reglamento Complementario de esta ley.

Ley 20813, Art. 1 N° 4
D.O. 06.02.2015

Artículo 4°. Para fabricar, armar, transformar, importar, internar, exportar o efectuar actividades de corretaje de las armas o elementos indicados en el artículo 2° y para hacer instalaciones destinadas a su fabricación, armaduría, almacenamiento o depósito, se requerirá autorización de la Dirección General de Movilización Nacional, la que se otorgará en la forma y condiciones que determine el reglamento.

Ley 20014, Art. 1° N° 4 a)
D.O. 13.05.2005
Ley 21412, Art. 1 N° 4, a)
D.O. 25.01.2022

Ninguna persona, natural o jurídica, podrá poseer o tener las armas, elementos o instalaciones indicados en el artículo 2, ni transportar, almacenar, distribuir, celebrar convenciones sobre dichas armas y elementos, o transbordarlas, sin la autorización de la misma Dirección o de las autoridades a que se refiere el inciso siguiente, otorgada en la forma que determine el reglamento. Sin perjuicio de lo anterior, las armas adaptables o transformables para el disparo señaladas en la letra b) del artículo 2, tales como armas de fogueo, de señales u otras, sólo podrán tenerse o poseerse para fines debidamente acreditados de adiestramiento canino profesional, control de fauna dañina, espectáculos públicos, filmaciones cinematográficas y artes escénicas, y otros similares que determine el reglamento. No obstante, tratándose de las armas y elementos establecidos en la letra a) del artículo 2, esta autorización sólo podrá ser otorgada por la Dirección General de Movilización Nacional.

Ley 21412, Art. 1 N° 4, b)
D.O. 25.01.2022

La autorización que exige el inciso anterior, con la excepción señalada, deberá otorgarse por las Comandancias de Guarnición de las Fuerzas Armadas o por la autoridad de Carabineros de Chile de mayor jerarquía, designadas en uno o en otro caso por el Ministro de Defensa Nacional, a proposición del Director General de Movilización Nacional, el que podrá también señalar para este efecto, a nivel local, y con las facultades que indica el reglamento, a otras autoridades militares o de Carabineros de Chile.

La venta de las armas señaladas en el artículo 2° y de sus elementos, incluyendo municiones o cartuchos, efectuada por las personas autorizadas, requerirá, al menos, que el vendedor individualice, en cada acto y de manera completa, al comprador y el arma respectiva, sin perjuicio de las demás obligaciones establecidas en el reglamento.

Ley 20813, Art. 1 N° 5 a)
D.O. 06.02.2015

Sin perjuicio de lo señalado en los incisos precedentes, el Banco de Pruebas de Chile continuará asesorando a la Dirección General de Movilización Nacional, a través del Instituto de Investigaciones y Control del Ejército (IDIC), en la determinación de la peligrosidad, estabilidad y calidad de las armas y elementos sometidos a control. En cuanto al material de uso bélico fabricado por las empresas privadas, su peligrosidad, estabilidad, funcionamiento y calidad será controlado y certificado por los Servicios Especializados de las Fuerzas Armadas.

El Director General de Movilización Nacional podrá solicitar, por intermedio del Ministro de Defensa Nacional, la asesoría técnica a organismos o personal dependiente de las Instituciones de las Fuerzas Armadas, para supervisar, en las fábricas de material de uso bélico autorizadas, el proceso de fabricación e individualización, la producción y los inventarios.

Ley 20813, Art. 1 N° 5 b)
D.O. 06.02.2015

El derecho a adquirir, almacenar y manipular explosivos por quienes laboran en faenas mineras será objeto de un reglamento especial dictado por el Ministerio de Defensa Nacional con la asesoría del Servicio Nacional de Geología y Minería.

Ley 19047, Art. 3° N° 2
D.O. 14.02.1991

Las Fuerzas Armadas, Carabineros de Chile y la Policía de Investigaciones de Chile estarán exceptuados de las autorizaciones y controles a que se refieren los incisos precedentes, como, asimismo, lo que las Fábricas y Maestranzas del Ejército, Astilleros y Maestranzas de la Armada y la Empresa Nacional de Aeronáutica produzcan para el uso de las Instituciones de la Defensa Nacional. Sin embargo, el Ministro de Defensa Nacional autorizará a dichas Empresas en lo relativo a la exportación de las armas y elementos indicados en el artículo 2°, y respecto de lo que produzcan para los particulares e industria bélica privada.

Ley 21412, Art. 1 N° 4, c)
D.O. 25.01.2022

La Dirección General de Movilización Nacional y las autoridades indicadas en el inciso tercero podrán, en virtud de una resolución fundada, denegar, suspender, condicionar o limitar las autorizaciones que exige esta ley.

Ley 21412, Art. 1 Nº 4, d)

D.O. 25.01.2022

NOTA: El artículo 9° transitorio de la LEY 19047, publicada el 14.02.1991, dispuso que para los efectos del presente inciso, el Ministerio de Defensa Nacional deberá proceder a la dictación del reglamento especial de explosivos para las faenas mineras, en un plazo máximo de noventa días.

Artículo 4 A. Previo al ingreso al país de armas de fuego o municiones, el consignatario o importador, según el caso, deberá informar a la Dirección General de Movilización Nacional sobre su origen, e incluirá tanto al fabricante como a los intermediarios que hubieren tenido el arma o municiones con anterioridad al referido ingreso. Dicha institución deberá entregar un certificado que acredite el cumplimiento de la diligencia antes referida, el que deberá ser presentado por el consignatario o importador, según corresponda, ante el Servicio Nacional de Aduanas al ingresar la mercancía.

Ley 21412, Art. 1 Nº 5

D.O. 25.01.2022

Toda arma de fuego o munición que ingrese al país y que no cuente con el certificado previsto en este artículo será retenida por el Servicio Nacional de Aduanas y remitida a la autoridad fiscalizadora correspondiente, sin perjuicio de lo dispuesto en el inciso primero del artículo 23. El consignatario o importador, según el caso, podrá recuperar el arma de fuego o munición sólo una vez que haya informado satisfactoriamente a la Dirección General de Movilización Nacional sobre el origen e intermediarios del arma o municiones, y emitirá al efecto el certificado a que se refiere el inciso anterior, el que deberá ser presentado ante el Servicio Nacional de Aduanas para cursar la destinación aduanera.

La Dirección General de Movilización Nacional, previo a autorizar la inscripción de un arma en el Registro Nacional de Inscripciones de Armas, deberá proceder a tomar muestras del efecto del disparo en los proyectiles y casquillos de balas o cartuchos, e incorporar la información a un sistema de identificación balística automatizada.

El reglamento podrá establecer un sistema de trazabilidad complementario para todas las armas de fuego y municiones que sean fabricadas en el país o importadas.

Artículo 5. Toda arma de fuego que no sea de las señaladas en el artículo 3 deberá ser inscrita a nombre de su poseedor o tenedor ante las autoridades indicadas en el inciso tercero del artículo 4. En el caso de las personas naturales, la autoridad competente será la que corresponda a la residencia del interesado y, en el caso de las personas jurídicas, la del lugar en que se guarden las armas. La inscripción de armas de fuego sólo podrá ser realizada personalmente por su poseedor o tenedor y, en el caso de las personas jurídicas, por su representante legal. Solamente podrán inscribir armas personas jurídicas que se hayan constituido como federaciones deportivas nacionales, asociaciones o clubes que se encuentren afiliados a estas federaciones y aquellas que, sin estar afiliadas, se hayan constituido con la finalidad de impartir la práctica de tiro y que cuenten con polígonos o canchas de tiro o prueba que cumplan los requisitos que establezca el reglamento; coleccionistas; empresas de control de fauna dañina, o aquellas a que se refiere el decreto ley N° 3.607, de 1981. La Dirección General de Movilización Nacional calificará, mediante resolución dictada a requerimiento de la persona jurídica interesada, que ésta cumple con los requisitos establecidos en este inciso.

Ley 21412, Art. 1 N° 6 a)
D.O. 25.01.2022
NOTA 1

La Dirección General de Movilización Nacional llevará un Registro Nacional de las Inscripciones de Armas, en el que se anotarán las adquisiciones de armas de fuego y sus transferencias a nombre de los poseedores o tenedores adquirentes una vez que éstos hayan cumplido los requisitos señalados en el artículo 5 A. Previa solicitud, la autoridad fiscalizadora correspondiente otorgará una guía de libre tránsito para el traslado del arma de fuego, a que se refiere la letra b) del artículo 2, al domicilio declarado en la transferencia autorizada.

La inscripción sólo autoriza a su poseedor o tenedor para mantener el arma en el bien raíz declarado correspondiente a su residencia, a su sitio de trabajo o al lugar que se pretende proteger. Todo cambio del lugar autorizado deberá ser comunicado por el poseedor o tenedor de un arma inscrita a la autoridad fiscalizadora correspondiente.

Ley 18592, Art. único N° 5
D.O. 21.01.1987
Ley 20813, Art. 1 N° 6 b)
D.O. 06.02.2015

Las referidas autoridades sólo permitirán la inscripción del arma cuando, a su juicio, su poseedor o tenedor sea persona que, por sus antecedentes, haga presumir que cumplirá lo prescrito en el inciso anterior.

DL 2553, DEFENSA
Art. 1° N° 4 b)
D.O. 19.03.1979

El cumplimiento de lo dispuesto en los incisos tercero y séptimo será verificado por las autoridades fiscalizadoras a que se refiere el artículo 1 o por cualquier funcionario de las Fuerzas de Orden y Seguridad Pública, y deberá registrar de forma inmediata toda actuación realizada, así como los actos asociados a ella, conforme lo disponga el reglamento.

Ley 21412, Art. 1 N° 6 b)
D.O. 25.01.2022

La fiscalización sólo podrá realizarse entre las ocho y veintidós horas, ya sea en días hábiles o inhábiles, y no requerirá de aviso previo. La fiscalización no facultará a quien la practique para ingresar al lugar autorizado al que alude el inciso tercero. Sin perjuicio de lo anterior, cuando en dicho lugar se haya declarado mantener más de dos armas, se permitirá el ingreso a quien la practique, no obstante lo prescrito en los incisos siguientes, para el solo efecto de fiscalizar el cumplimiento de las medidas de seguridad establecidas en la ley y en el reglamento. Exceptúanse de estas restricciones las fiscalizaciones que realicen las Fuerzas de Orden y Seguridad

Pública en el marco de actuaciones investigativas que le encomiende el Ministerio Público, o de aquellas previstas en los literales a), b) y c) del artículo 83 del Código Procesal Penal.

Con todo, en el caso de almacenes y depósitos e instalaciones destinadas a la fabricación, armaduría, reparación o pruebas; polígonos o canchas de tiro o prueba, y de organizaciones deportivas señaladas en el inciso primero, se podrá fiscalizar, sin previo aviso, las armas, municiones y demás elementos sujetos a control; el uso de ellas; sus permisos de transporte y padrones; las inscripciones y autorizaciones que correspondan; las nóminas de socios, instructores y alumnos, y verificar que los socios realicen las actividades deportivas efectivamente autorizadas. Esta diligencia podrá realizarse en el horario de funcionamiento del recinto, así como en el señalado en el inciso anterior.

> Ley 21412, Art. 1 N° 6 c)
> D.O. 25.01.2022

El poseedor o tenedor estará obligado a exhibir el arma. Si debiendo encontrarse el arma en el lugar autorizado, ésta no es exhibida, el fiscalizador deberá comunicar dicha circunstancia a la Dirección General de Movilización Nacional, la que procederá a la cancelación de la inscripción. Asimismo, el fiscalizador deberá realizar la denuncia correspondiente, a fin de que se investigue la eventual comisión de alguna de las infracciones o delitos previstos en esta ley. Este mismo procedimiento se deberá adoptar si se verificare que un arma se encuentra injustificadamente en un lugar distinto al autorizado.

> Ley 21412, Art. 1 N° 6 d)
> D.O. 25.01.2022

Si el poseedor o tenedor no es habido, no podrá practicarse la fiscalización, sin perjuicio de que si ello ocurre por tres veces consecutivas en un lapso mínimo de cuarenta y cinco días, el fiscalizador cada vez dejará constancia escrita de la fiscalización fallida en el lugar autorizado y comunicará dicha circunstancia a la Dirección General de Movilización Nacional, la que iniciará un procedimiento administrativo destinado a declarar la cancelación de la inscripción, conforme a lo dispuesto en los incisos segundo y tercero del artículo 5 B. Además, deberá efectuar la denuncia correspondiente, a fin de que se investigue la eventual comisión de alguna de las infracciones o delitos previstos en esta ley.

> Ley 21412, Art. 1 N° 6 e)
> D.O. 25.01.2022

Si el poseedor o tenedor se ausentare del lugar autorizado para mantener el arma, podrá depositarla, por razones de seguridad, ante la autoridad contralora de su domicilio, la que, en la forma que disponga el reglamento, emitirá una guía de libre tránsito para su transporte, guarda y depósito.

> Ley 21412, Art. 1 N° 6 f)
> D.O. 25.01.2022

Asimismo, el poseedor o tenedor, previa solicitud fundada, será autorizado para transportar el arma de fuego al lugar que indique y mantenerla allí hasta por un plazo de sesenta días. La autorización deberá señalar los días específicos en que el arma podrá transportarse. Esta autorización será especialmente necesaria para llevar el arma de fuego a reparación, a evaluación ante el Banco de Pruebas de Chile y para las pruebas de tiro que sean necesarias para efectos de lo preceptuado en la letra c) del inciso primero del artículo 5° A y el inciso sexto de la misma disposición. En caso de que el poseedor o tenedor, por cualquier circunstancia, requiera transportar el arma de fuego en día distinto del señalado en la autorización, podrá solicitar, por una sola vez, un permiso especial a la autoridad contralora correspondiente. De la misma forma, el poseedor o tenedor de un arma de defensa personal, previa solicitud fundada en práctica de tiro, podrá ser autorizado, dos veces por año y por un plazo máximo de veinticuatro horas cada vez, para transportarla al lugar autorizado que indique para dicho efecto.

> Ley 20813, Art. 1 N° 6 c)
> D.O. 06.02.2015
> Ley 21412, Art. 1 N° 6 g), i y ii
> D.O. 25.01.2022
> Ley 20813, Art. 1 N° 6 d)
> D.O. 06.02.2015

Las solicitudes de transporte y libre tránsito a que hacen referencia los incisos precedentes podrán presentarse y concederse preferentemente por medios electrónicos, en la forma que determine el reglamento.

Las personas que al momento de inscribir un arma ante la autoridad fiscalizadora, se acrediten como deportistas o cazadores tendrán derecho, en el mismo acto, a obtener un permiso para transportar las armas y municiones autorizadas que utilicen con esas finalidades. El permiso antes señalado se otorgará por un período de dos años y no autorizará a transportar las armas cargadas en la vía pública.

Ley 20813, Art. 1 N° 6 e)
D.O. 06.02.2015

El transporte a que se refiere este artículo no constituirá porte de armas para los efectos del artículo 6°.

Ley 20813, Art. 1 N° 6 f)
D.O. 06.02.2015

En caso de fallecimiento de un poseedor o tenedor de arma de fuego inscrita, el heredero, legatario o la persona que tenga la custodia de ésta u ocupe el inmueble en el que el causante estaba autorizado para mantenerla, o aquél en que efectivamente ella se encuentre, deberá comunicar a la autoridad contralora la circunstancia del fallecimiento y la individualización del heredero, legatario o persona que, bajo su responsabilidad, tendrá la posesión provisoria de dicha arma y de sus municiones hasta que sea adjudicada, cedida o transferida a una persona que cumpla con los requisitos para inscribir el arma a su nombre. Si la adjudicación, cesión o transferencia no se hubiere efectuado dentro del plazo de noventa días, contado a partir de la fecha del fallecimiento, el poseedor tendrá la obligación de entregar el arma y sus municiones en una comandancia de guarnición de las Fuerzas Armadas, en una comisaría, subcomisaría o tenencia de Carabineros de Chile, o en una brigada o cuartel de la Policía de Investigaciones de Chile. La autoridad contralora procederá a efectuar la entrega a quien exhiba la inscripción, a su nombre, del arma de fuego depositada. La infracción de lo establecido en esta norma será sancionada con multa de 5 a 10 unidades tributarias mensuales. La posesión provisoria antes señalada no permitirá el uso del arma ni de sus municiones.

Ley 21412, Art. 1 N° 6 h)
D.O. 25.01.2022
Ley 20813, Art. 1 N° 6 g)
D.O. 06.02.2015

La Dirección General de Movilización Nacional deberá requerir al Servicio de Registro Civil e Identificación, con una periodicidad al menos trimestral, la información correspondiente a las personas cuyas defunciones hubieren sido registradas durante el trimestre inmediatamente anterior por dicho Servicio, con el objeto de llevar a cabo las actuaciones que sean conducentes para regularizar, si fuere necesario, la posesión e inscripción de la o las armas inscritas a nombre de las personas cuya defunción se haya informado. El reglamento podrá establecer mecanismos más expeditos de entrega de información para cumplir lo dispuesto en este inciso.

Ley 21412, Art. 1 N° 6 i)
D.O. 25.01.2022

En todo caso, el solicitante de una posesión efectiva de herencia deberá manifestar en dicha solicitud, sea tramitada ante el tribunal o ante el Servicio de Registro Civil e Identificación, la circunstancia de conocer que el causante tenía inscritas a su nombre armas de fuego y si aquellas han sido objeto de hurto, pérdida o extravío. Si con posterioridad apareciere que el solicitante tuvo conocimiento de la existencia de armas de fuego inscritas a nombre del causante a la época de la tramitación de la posesión efectiva, sin haberse declarado, se le aplicará una multa administrativa de 11 a 20 unidades tributarias mensuales.

Ley 21412, Art. 1 N° 6 j)
D.O. 25.01.2022

La Dirección General de Movilización Nacional deberá solicitar al Servicio de Impuestos Internos la información sobre término de giro de las personas jurídicas señaladas en el inciso primero.

Toda persona jurídica, previo a su disolución, deberá ceder o transferir las armas de fuego que posea a una persona natural o jurídica que cumpla con los requisitos para inscribir el arma a su nombre, no obstante los deberes de información que establezca el reglamento respecto del destino de las armas previo a su disolución. Lo anterior es sin perjuicio de lo dispuesto en el inciso cuarto del artículo 23.

> NOTA 1: El artículo segundo transitorio de la ley 21412, publicada el 25.01.2022, dispone que el nuevo inciso primero del presente artículo entrará en vigencia en la fecha de publicación del reglamento a que se refiere el artículo tercero transitorio de la citada ley.

Artículo 5° A. Las autoridades señaladas en el artículo 4° sólo permitirán la inscripción de una o más armas cuando su poseedor o tenedor cumpla con los siguientes requisitos:

> Ley 20014, Art. 1° N° 6
> D.O. 13.05.2005

a) Ser mayor de edad. Se exceptúan de este requisito los menores de edad que se encuentren registrados como deportistas, debidamente autorizados por sus representantes legales, para el solo efecto del desarrollo de dichas actividades. En este caso, el uso y transporte de las armas deberá ser supervisado por una persona mayor de edad, quien será legalmente responsable del uso y transporte de las mismas;

b) Tener domicilio conocido;

c) Acreditar que tiene los conocimientos necesarios sobre conservación, mantenimiento y manejo del arma que pretende inscribir, y que posee una aptitud física y psíquica compatible con el uso de armas.

> Ley 20813, Art. 1 N° 7 a), i)
> D.O. 06.02.2015

El reglamento determinará el estándar de conocimientos mínimos sobre conservación, mantenimiento y manejo del arma de fuego que deberá tener el solicitante, así como la forma en que podrá acreditarse dicho conocimiento.

El reglamento determinará, además, la manera de acreditar la aptitud física y psíquica del solicitante, exigiéndose, al menos, una evaluación completa y razonada del mismo, efectuada por un profesional idóneo.

Para todos los efectos legales y reglamentarios, el solicitante podrá comprobar sus conocimientos acompañando un certificado que acredite la aprobación, por parte del mismo, de uno o más cursos de tiro, manejo y cuidado sobre el tipo de arma y calibre que pretende inscribir, emitidos por un club o federación de tiro reconocido por las autoridades fiscalizadoras, o bien que posee instrucción militar previa en un nivel suficiente para acreditar dichos conocimientos, según determine el reglamento, antecedentes que serán evaluados y ponderados fundamentalmente por la autoridad fiscalizadora;

d) No haber sido condenado por crimen o simple delito, lo que se acreditará con el respectivo certificado de antecedentes. Sin embargo, en el caso de personas que no hayan sido condenadas por delitos que merezcan pena aflictiva, el Subsecretario para las Fuerzas Armadas, previo informe del Director General de Movilización Nacional, podrá autorizar se practique la inscripción del arma por resolución fundada, la que deberá considerar la naturaleza y gravedad del delito cometido, la pena aplicada, el grado de participación, la condición de reincidencia, el tiempo transcurrido desde el hecho sancionado y la necesidad, uso, tipo y características del arma cuya inscripción se requiere;

Ley 20813, Art. 1 N° 7 a), ii)
D.O. 06.02.2015

e) No haberse dictado a su respecto auto de apertura del juicio oral o dictamen del fiscal que proponga una sanción al tenor de lo dispuesto en el inciso segundo del artículo 145 del Código de Justicia Militar. Para estos efectos, los jueces de garantía o los jueces militares, en su caso, deberán comunicar mensualmente a la Dirección General de Movilización Nacional la nómina de personas respecto de las cuales se hubieren dictado dichas resoluciones;

Ley 20813, Art. 1 N° 7 a), iii)
D.O. 06.02.2015

f) No haber sido sancionado en procesos relacionados con la ley sobre violencia intrafamiliar;

g) No encontrarse sujeto a medida cautelar personal que le impida la tenencia, posesión o porte de armas de fuego, municiones o cartuchos, de conformidad con lo dispuesto en el artículo 155 del Código Procesal Penal o el número 6 del artículo 92 de la ley Nº 19.968, que crea los Tribunales de Familia.

Ley 20813, Art. 1 Nº 7 a), iv)
D.O. 06.02.2015

Para el control de este requisito, los juzgados de garantía, militares o de familia deberán comunicar a la Dirección General de Movilización Nacional la medida cautelar de impedimento de posesión o tenencia de armas de fuego dentro de las 24 horas siguientes a que la hubieren decretado, y

h) No habérsele cancelado alguna inscripción de armas de fuego en los cinco años anteriores a la solicitud.

La letra c) del inciso primero no se aplicará a los miembros en servicio activo de las Fuerzas Armadas, de Orden y Seguridad Pública y de Gendarmería de Chile.

El cumplimiento del requisito establecido en la letra f) se acreditará con el respectivo certificado de antecedentes emitido por el Servicio de Registro Civil e Identificación.

El poseedor o tenedor de un arma inscrita deberá acreditar, cada cinco años, contados desde la fecha de la inscripción, que cumple con el requisito contemplado en la letra c) del inciso primero de este artículo, salvo que la autoridad disponga, de manera fundada, atendido el estado de salud general del solicitante y la existencia de otras condiciones físicas o síquicas que puedan afectar su capacidad para manejar o poseer armas, que dicha acreditación se efectúe en un plazo menor, el que no podrá ser inferior a dos años.

Ley 20813, Art. 1 Nº 7 b)
D.O. 06.02.2015

Si, por circunstancia sobreviniente, el poseedor o tenedor de un arma inscrita pierde las aptitudes consignadas en la letra c) o es condenado en conformidad con la letra d), o bien sancionado en los procesos a que se refiere la letra f), la Dirección General de Movilización Nacional deberá proceder a cancelar la respectiva inscripción, reemplazándola por una nueva a nombre de la persona que el poseedor o tenedor original señale y que cuente con autorización para la posesión o tenencia de armas.

Las armas de fuego que se encuentren inscritas a nombre de la persona respecto de la cual se hubiere decretado alguna de las medidas cautelares señaladas en la letra g) de este artículo y sus respectivas municiones o cartuchos serán retenidas provisoriamente por orden del tribunal respectivo y remitidas directamente al Depósito Central de Armas de Carabineros de Chile hasta el alzamiento de la medida cautelar correspondiente. Una vez que cese dicha medida, el poseedor o tenedor del arma de fuego inscrita podrá solicitar su devolución, conjuntamente con sus municiones o cartuchos, previo pago de los derechos que correspondan.

Ley 20813, Art. 1 N° 7 c)
D.O. 06.02.2015

Artículo 5 B. Si, por circunstancia sobreviniente, el poseedor o tenedor de un arma inscrita pierde las calidades o aptitudes previstas en los literales a), b) o c), o se verifica lo señalado por el literal l) del artículo anterior, la Dirección General de Movilización Nacional deberá cancelar la respectiva inscripción, sin perjuicio de lo establecido en el artículo 5 C.

Ley 21412, Art. 1 N° 8
D.O. 25.01.2022

En la resolución que decrete la cancelación de la inscripción, se le informará al poseedor o tenedor de su derecho a transferirla en un plazo perentorio no superior a noventa días contado desde su notificación a nombre de un tercero, quien a su vez deberá cumplir con los requisitos establecidos para la inscripción de armas de fuego. Vencido dicho plazo sin haber sido transferida, se procederá a su destrucción.

En el acto de la notificación de la resolución anterior, la autoridad fiscalizadora procederá al retiro del arma para su custodia y depósito, en tanto se resuelve el destino de ella. El poseedor o tenedor estará obligado a entregarla y se presumirá que ésta no se encuentra en el lugar autorizado, en caso de negativa de aquél a su entrega. Si el arma no es entregada, se le denunciará, a fin de que se investigue la eventual comisión de alguna de las infracciones o delitos previstos en esta ley.

El incumplimiento de cualquiera de las obligaciones previstas en los incisos quinto o final del artículo 5 A, será sancionado con multa de 5 a 10 unidades tributarias mensuales, y en caso de reiteración, con la cancelación de la inscripción.

Artículo 5 C. Si el poseedor o tenedor de un arma de fuego inscrita es condenado por crimen o simple delito, o por infracción a la ley N° 20.066, que establece ley de violencia intrafamiliar, el tribunal ordenará la cancelación de todas sus inscripciones de armas de fuego en la sentencia definitiva. Dicha resolución deberá comunicarse a la Dirección General de Movilización Nacional en el plazo de veinticuatro horas contado desde que se encuentre firme o ejecutoriada para su cumplimiento.

Ley 21412, Art. 1 N° 8
D.O. 25.01.2022

Si durante el procedimiento judicial a que se refiere el inciso anterior, se hubiere decretado alguna medida de protección o cautelar, o la suspensión condicional del procedimiento penal, que impida la tenencia, posesión o porte de armas de fuego, municiones o cartuchos, éstos serán retenidos provisoriamente, por orden del tribunal respectivo, y remitidos directamente a los depósitos señalados en el artículo 23, según corresponda. El tribunal deberá emitir esta misma orden en la resolución que cite a audiencia de preparación de juicio oral al haberse presentado acusación, y al dictarse sentencia condenatoria, en tanto ésta no se encuentre firme o ejecutoriada.

Para tal efecto, el juez deberá ordenar en la misma resolución que decrete la medida de protección o cautelar, o la suspensión condicional del procedimiento penal; cite a audiencia de preparación de juicio oral, o dicte sentencia condenatoria, el retiro inmediato de dichas armas y municiones o cartuchos por parte de cualquiera de las policías, autorizándolas, en caso de negativa de entrega, a ingresar al lugar donde el arma se mantiene. Dicha resolución deberá comunicarse a la Dirección General de Movilización Nacional en el plazo de veinticuatro horas contado desde su dictación.

Una vez que cese la medida cautelar o de protección, se decrete el sobreseimiento definitivo de la causa, o se dicte sentencia absolutoria y ésta se encuentre firme o ejecutoriada, el poseedor o tenedor del arma de fuego inscrita podrá solicitar su devolución, conjuntamente con sus municiones o cartuchos, previo pago de los derechos que correspondan. Dicha resolución deberá comunicarse a la Dirección General de Movilización Nacional en el plazo de veinticuatro horas contado desde su dictación.

Artículo 5 D. Corresponderá a la Dirección General de Movilización Nacional velar por la regularidad de las inscripciones a que se refiere el artículo 5, y representará a las autoridades ejecutoras y contraloras cualquier situación ilegal o antirreglamentaria en las inscripciones autorizadas, para su inmediata corrección.

Ley 21412, Art. 1 Nº 9
D.O. 25.01.2022

Artículo 6. Ninguna persona podrá portar armas de fuego fuera de los lugares indicados en el artículo 5º sin permiso de las autoridades señaladas en el inciso tercero del artículo 4º, las que podrán otorgarlo en casos calificados y en virtud de una resolución fundada, de acuerdo con los requisitos y modalidades que establezca la Dirección General de Movilización Nacional.

Ley 20014, Art. 1º Nº 7
D.O. 13.05.2005

Ley 21412, Art. 1 Nº 10 a)
D.O. 25.01.2022

El permiso durará un año como máximo y sólo autorizará al beneficiario para portar un arma. Estas autorizaciones se inscribirán en el Registro Nacional de Armas.

No requerirá este permiso el personal señalado en el inciso tercero del artículo 3º, sin perjuicio de lo que disponga la reglamentación institucional respectiva. Asimismo, no requerirán este permiso, los aspirantes a oficiales de la Policía de Investigaciones, que cursen tercer año en la escuela de Investigaciones Policiales, durante la realización de las respectivas prácticas policiales.

Tampoco requerirán este permiso los aspirantes a oficiales de Carabineros que cursen tercer y cuarto año en la Escuela de Carabineros de Chile, ni los carabineros alumnos que cursen segundo año en la Escuela de Formación de Carabineros y sus grupos de formación a nivel nacional, mientras realicen los periodos de práctica que determinen las respectivas mallas curriculares. Para que dichos aspirantes a oficiales y carabineros alumnos se encuentren exentos del permiso de porte de armas a que se refiere este artículo deberán haber aprobado todos los cursos de tiro policial correspondientes a sus semestres anteriores. Estas prácticas profesionales tendrán únicamente la finalidad de contribuir a las labores de prevención y mantención del orden público.

Los aspirantes a oficiales de la Policía de Investigaciones a los que se refiere el inciso tercero y los aspirantes a oficiales de Carabineros y los carabineros alumnos a los que se refiere el inciso cuarto tendrán la calidad de funcionarios de la Policía de Investigaciones o de Carabineros de Chile, respectivamente, en cualquier actuación en la que participen durante los periodos de práctica que determinen las respectivas mallas curriculares.

Ley 21412, Art. 1 N° 10 b)
D.O. 25.01.2022

Ley 21670, Art. Único
D.O 13.06.2024

Los deportistas, cazadores y vigilantes privados que sean autorizados por la autoridad contralora y que cumplan con los requisitos señalados en el reglamento, podrán transportar y utilizar las armas en las actividades indicadas en la respectiva autorización, lo que no constituirá permiso de porte. Serán cazadores quienes cuenten con permiso de caza al día otorgado por el Servicio Agrícola y Ganadero, y deportistas, quienes se encuentren debidamente inscritos en las organizaciones deportivas señaladas en el inciso primero del artículo 5, y cumplan los demás requisitos que establezca el reglamento complementario de esta ley.

Ley 21412, Art. 1 N° 10 c)
D.O. 25.01.2022

Ley 21412, Art. 1 N° 10 d)
D.O. 25.01.2022

Artículo 7. Las autoridades indicadas en el inciso tercero del artículo 4 no podrán conceder las autorizaciones y permisos ni aceptar las inscripciones que se establecen en los artículos 4, 5 y 6 de más de dos armas de fuego a nombre de una misma persona natural o jurídica. Exceptúanse las personas jurídicas inscritas como comerciantes autorizados para vender armas; las empresas de control de fauna dañina, o aquellas a que se refiere el decreto ley N° 3.607, de 1981.

Ley 21412, Art. 1 N° 11
D.O. 25.01.2022

Las personas jurídicas que se hayan constituido con la finalidad de impartir la práctica de tiro y que cuenten con polígonos o canchas de tiro o prueba que cumplan los requisitos que establezca el reglamento, podrán inscribir hasta dos armas por cada miembro, y no podrán exceder de un total de veinte. Estas entidades sólo podrán adquirir municiones o cartuchos para las armas inscritas por ellas.

Las personas naturales o jurídicas autorizadas como coleccionistas quedan facultadas para mantener sus armas declaradas, con sus características y estado original y adoptarán las medidas de seguridad que se señalen en el reglamento. Sin perjuicio de lo anterior, el número máximo de armas de colección que podrá poseer una misma persona no podrá ser superior a diez, a menos que ellas se encuentren inutilizadas para el disparo. En este último caso podrán poseer un máximo total de cincuenta. No obstante, en atención a circunstancias calificadas, la Dirección General de Movilización Nacional, mediante resolución fundada, podrá autorizar excepcionalmente exceder el límite máximo de posesión de armas de colección, el que no podrá ser superior a veinte tratándose de armas aptas para el disparo. Esta autorización deberá ser solicitada anualmente por el interesado. En ningún caso la posesión de armas de colección autoriza a la compra de municiones o cartuchos.

Para los efectos de lo dispuesto en esta ley, son armas de colección aquellas permitidas, nuevas o usadas, aptas o no para el disparo, que por su estética, diseño, lugar y año de fabricación, interés histórico, características especiales, línea secuencial de fabricación, mecanismos especiales u otras características distintivas, sean calificadas como tales por la Dirección General de Movilización Nacional. Las armas antiguas, esto es, fabricadas con anterioridad al año 1900, se considerarán siempre como de colección.

Los cazadores y deportistas podrán inscribir aquellas armas que correspondan a la naturaleza y clase de caza o deporte que efectúen, con un límite de seis, y no podrán ser semiautomáticas en el caso de cazadores.

La Dirección General de Movilización Nacional, por resolución fundada, podrá autorizar a deportistas calificados a poseer un número mayor de armas al señalado en el inciso anterior, por razones de exigencia profesional debidamente certificada, y no podrá en caso alguno superar un límite total de veinte armas.

El reglamento establecerá las modalidades y limitaciones respecto a las autorizaciones, permisos e inscripciones a que se refieren los incisos anteriores y las medidas de seguridad que se deban adoptar. En todo caso, los lugares de depósitos de armas de las federaciones y de los clubes de tiro y caza, y las personas jurídicas autorizadas a poseer o tener más de dos armas de fuego, deberán contar en sus recintos con medidas de seguridad suficientes para el resguardo del lugar donde se depositan las armas. Dichos lugares estarán restringidos al personal autorizado y serán inaccesibles desde el sector habilitado para el público. Deberán contar con sistemas de alarmas y circuitos cerrados de televisión, y cumplir con toda otra condición que establezca el reglamento.

La Dirección General de Movilización Nacional podrá exceptuar de los límites señalados en este artículo a aquellas personas jurídicas sin fines de lucro, cuando la autorización se solicite respecto de armas de colección y siempre que ellas tengan por objeto la protección y difusión del patrimonio y se cumplan los demás requisitos que señale el reglamento. Se exceptúa de dicho límite al Servicio Nacional del Patrimonio Cultural.

TÍTULO II. DE LA PENALIDAD

Artículo 8. Los que organizaren, pertenecieren, financiaren, dotaren, instruyeren, incitaren o indujeren a la creación y funcionamiento de milicias privadas, grupos de combate o partidas militarmente organizadas, armadas con algunos de los elementos indicados en el artículo 3°, serán sancionados con la pena de presidio mayor en cualquiera de sus grados.

Ley 17798, Art 8°
Ley 19047, Art. 3°, 3 a)

Incurrirán en la misma pena, disminuida en un grado,los que a sabiendas ayudaren a la creación y funcionamiento de milicias privadas, grupos de combate o partidas militarmente organizadas, armados con algunos de los elementos indicados en el artículo 3°.

Ley 19047, Art. 3°, 3 b)

Los que cometieren alguno de los actos a que se refiere el inciso primero con algunos de los elementos indicados en el artículo 2°, y no mencionados en el artículo 3°, serán sancionados con la pena de presidio o relegación menores en su grado máximo a presidio o relegación mayores en su grado mínimo, cuando amenacen la seguridad de las personas.

Ley 18592, Art. Único N° 8 a)
Ley 19047, Art. 3°3) c)
Ley 18592, Art. Único
N° 8 b)
DL 2553 1979, Art. 1° N° 7
Ley 18592, Art. Único N° 8 c)
Ley 19047, Art. 3°, 3 d)

Si los delitos establecidos en los incisos anteriores fueren cometidos por miembros de las Fuerzas Armadas o de Orden y Seguridad Pública, en servicio activo o en retiro, la pena será aumentada en un grado.

En los casos en que se descubra un almacenamiento de armas, municiones o cartuchos se presumirá que forman parte de las organizaciones a que se refieren los dos primeros incisos de este artículo, los moradores de los sitios en que estén situados los almacenamientos y los que hayan tomado en arrendamiento o facilitado dichos sitios. En estos casos se presumirá que hay concierto entre todos los culpables.

Ley 20813, Art. 1 N° 10
D.O. 06.02.2015

En tiempo de guerra externa, las penas establecidas en los incisos primero y tercero de este artículo serán, respectivamente, presidio mayor en su grado medio a presidio perpetuo y presidio mayor en su grado mínimo a presidio perpetuo.

Ley 19047, Art. 3°, 3 e)

Artículo 9. Los que poseyeren, tuvieren o portaren algunas de las armas o elementos señalados en las letras b) y d) del artículo 2°, sin las autorizaciones a que se refiere el artículo 4°, o sin la inscripción establecida en el artículo 5°, serán sancionados con presidio menor en su grado máximo.

Ley 20813, Art. 1 N° 11
D.O. 06.02.2015

Los que poseyeren, tuvieren o portaren algunas de las armas o elementos señalados en las letras c) y e) del artículo 2°, sin las autorizaciones a que se refiere el artículo 4°, o sin la inscripción establecida en el artículo 5°, serán sancionados con presidio menor en su grado medio.

Si el infractor tuviere algún permiso de los establecidos en el artículo 4 y en el reglamento de esta ley para los elementos señalados en los literales b) y c) del artículo 2, pero diferente a aquel cuya falta se sanciona en los incisos anteriores, o no hubiesen transcurrido más de seis meses desde la pérdida de vigencia de cualquiera de ellos, el tribunal podrá prescindir de toda pena, sin perjuicio de las sanciones administrativas que correspondan.

Ley 21412, Art. 1 N° 12
D.O. 25.01.2022

Los que poseyeren o tuvieren alguno de los elementos señalados en la letra f) del artículo 2°, sin las autorizaciones a que se refiere el artículo

4°, serán sancionados con presidio menor en su grado mínimo o multa de 5 a 20 unidades tributarias mensuales.

Ley 21310, Art. 1 N° 1
D.O. 03.02.2021

Artículo 9 A. Será sancionada con la pena de presidio menor en su grado mínimo a medio y una multa de 100 a 500 unidades tributarias mensuales, la persona que, contando con la autorización respectiva, vendiere municiones o cartuchos a quien no fuere poseedor, tenedor o portador de un arma de fuego inscrita.

Ley 21412, Art. 1 N° 13
D.O. 25.01.2022

Cuando la venta recaiga sobre municiones o cartuchos de un calibre distinto al autorizado a quien estuviere facultado como poseedor, tenedor o portador de un arma de fuego inscrita, o no se diere cumplimiento a las obligaciones previstas en el inciso cuarto del artículo 4, la sanción será de presidio menor en su grado mínimo y una multa de 100 a 500 unidades tributarias mensuales.

Artículo 9 B. La persona natural o jurídica autorizada para la venta de municiones y cartuchos en cuyo establecimiento comercial se realice cualquiera de las conductas señaladas en el artículo anterior, será sancionada con una multa administrativa de 100 a 500 unidades tributarias mensuales y, en caso de segunda sanción, con la cancelación del permiso.

Ley 21412, Art. 1 N° 14
D.O. 25.01.2022

Si alguna de las conductas señaladas en el artículo anterior fuere realizada por la persona natural autorizada, o por alguno de los socios que ejerzan la administración en cualquier forma de la persona jurídica autorizada o posean en ella un interés social superior al 10 por ciento, se procederá administrativamente a la cancelación inmediata del permiso respectivo.

Artículo 10. Los que sin la competente autorización fabricaren, armaren, elaboraren, adaptaren, transformaren, importaren, internaren al país, exportaren, transportaren, almacenaren, distribuyeren, ofrecieren, adquirieren o celebraren convenciones respecto de los elementos indicados en las letras b), c), d) y e) del artículo 2° serán sancionados con la pena de presidio mayor en su grado mínimo.

Ley 20813, Art. 1 N° 12
D.O. 06.02.2015

Si alguna de las conductas descritas en el inciso anterior se realizare respecto de los elementos a que se hace referencia en los incisos primero y segundo del artículo 3°, la pena será de presidio mayor en su grado mínimo a medio. Si las armas fueren material de uso bélico de la letra a) del artículo 2° o aquellas a que se hace referencia en el inciso final del artículo 3°, la pena será de presidio mayor en sus grados medio a máximo. Pero tratándose de artefactos incendiarios, explosivos, tóxicos, corrosivos o infecciosos cuyos componentes principales sean pequeñas cantidades de combustibles y otros elementos químicos de libre venta al público y de bajo poder expansivo, tales como las bombas molotov y otros artefactos similares, se impondrá únicamente la pena de presidio menor en su grado máximo.

Ley 21412, Art. 1 N° 15
D.O. 25.01.2022

Los que sin la competente autorización fabricaren, armaren, elaboraren, adaptaren, transformaren, importaren, internaren al país, exportaren, transportaren, almacenaren, distribuyeren, ofrecieren, adquirieren o celebraren convenciones respecto de los elementos indicados en la letra f) del artículo 2 serán sancionados con la pena de presidio menor en su grado medio y multa de 10 a 20 unidades tributarias mensuales. En caso de que en la perpetración del delito se utilizaren establecimientos o locales, a sabiendas de su propietario o encargado, o no pudiendo éste menos que saberlo, el juez podrá decretar en la sentencia su clausura definitiva. Asimismo, durante el proceso judicial respectivo podrá decretar, como medida cautelar, la clausura temporal de dichos establecimientos o locales.

Ley 21310, Art. 1 N° 2
D.O. 03.02.2021

Quienes construyeren, acondicionaren, utilizaren o poseyeren las instalaciones señaladas en la letra g) del artículo 2°, sin la autorización que exige el inciso primero del artículo 4°, serán castigados con la pena de presidio mayor en su grado mínimo a medio.

Si la distribución, entrega, oferta o celebración de convenciones a que se refieren los incisos anteriores se realizare con o para poner a disposición de un menor de edad dichas armas o elementos, se impondrá el grado máximo o el máximum del grado de la pena correspondiente en los respectivos casos.

El incumplimiento grave de las condiciones impuestas en la autorización otorgada en la forma prevista por el artículo 4° será sancionado con multa aplicada por la Dirección General de Movilización Nacional de 190 a 1900 unidades tributarias mensuales y con la clausura de las instalaciones, almacenes o depósitos, además de la suspensión y revocación de aquélla, en la forma que establezca el reglamento.

Artículo 10 A. El que, contando con la autorización a que se refiere el artículo 4, entregare a un menor de edad alguno de los elementos señalados en las letras a), b), c), d) y e) del artículo 2, será sancionado con la pena de presidio menor en sus grados medio a máximo.

Ley 21412, Art. 1 N° 16
D.O. 25.01.2022

La misma sanción, disminuida en un grado, se impondrá al que, teniendo dicha autorización, permitiere que un menor de edad tenga en su poder alguno de los elementos antes mencionados.

Se impondrá una multa administrativa de 20 a 30 unidades tributarias mensuales y la cancelación del permiso, al poseedor autorizado de dichos elementos cuando, por su mera imprudencia o negligencia, éstos quedaren en poder de un menor de edad. El infractor sancionado tendrá cinco días hábiles para entregar las armas o elementos respectivos a la Dirección General de Movilización Nacional, la que los destruirá. Transcurrido ese plazo sin haberse entregado el arma o los elementos, su posesión, porte o tenencia se considerarán ilegales, y serán sancionados de conformidad a lo dispuesto en el artículo 9.

Las sanciones dispuestas en este artículo son sin perjuicio de las que corresponda imponer al menor de edad mayor de catorce años, de conformidad con lo establecido en la ley N° 20.084, por los delitos contemplados en la presente ley que cometiere con las armas de que ésta trata.

Artículo 10 B. El que adultere, altere, borre o destruya el sistema de trazabilidad complementario de un arma de fuego o de municiones al que alude el inciso final del artículo 4 A, será sancionado con la pena de presidio menor en su grado medio.

Ley 21412, Art. 1 N° 17
D.O. 25.01.2022

Artículo 11. Los que teniendo el permiso para su posesión o tenencia, portaren o trasladaren armas de fuego de las señaladas en la letra b) del artículo 2, municiones o cartuchos, fuera de los lugares autorizados para su posesión o tenencia y sin alguno de los permisos establecidos en los artículos 5 y 6, serán sancionados con una multa administrativa de 7 a 11 unidades tributarias mensuales y la cancelación del permiso. Cancelado el permiso, el infractor sancionado tendrá cinco días hábiles para entregar estos elementos a la Dirección General de Movilización Nacional, la que los destruirá. Transcurrido ese plazo sin haberse entregado las armas, municiones o cartuchos, su posesión, porte o tenencia se considerarán ilegales, y serán sancionados de conformidad a lo dispuesto en el artículo 9.

Ley 21412, Art. 1 N° 18
D.O. 25.01.2022

Artículo 12. Los que cometieren los delitos sancionados en los artículos 9, 10, 13 y 14, con más de dos armas de fuego, sufrirán la pena superior en uno o dos grados a la señalada en dichos artículos.

Ley 20813, Art. 1 N° 14
D.O. 06.02.2015
Ley 21412; Art. 1 N° 19
D.O. 25.01.2022
Ley 17798, Art. 12
DL 5 de 1973, Art. 3° letra f)
DL 2553 1979, Art. 1° N° 9

Artículo 13. Los que poseyeren o tuvieren alguna de las armas o elementos señalados en los incisos primero o segundo del artículo 3° serán sancionados con presidio menor en su grado máximo a presidio mayor en su grado mínimo.

Ley 20014, Art. 1° N° 13 a)
D.O. 13.05.2005

Si dichas armas son material de uso bélico o aquellas señaladas en el inciso final del artículo 3°, la pena será de presidio mayor en su grado mínimo a medio.

Ley 21412, Art. 1 N° 20
D.O. 25.01.2022

Los incisos anteriores no se aplicarán a quienes hayan sido autorizados en la forma y para los fines establecidos en el inciso primero del artículo 4°.

Ley 20014, Art. 1° N° 13 b)
D.O. 13.05.2005
Ley 20813, Art. 1 N° 15
D.O. 06.02.2015

Artículo 14. Los que portaren alguna de las armas o elementos señalados en los incisos primero o segundo del artículo 3° serán sancionados con presidio menor en su grado máximo a presidio mayor en su grado mínimo.

Ley 20014, Art. 1° N° 14
D.O. 13.05.2005

Si dichas armas son material de uso bélico o aquellas señaladas en el inciso final del artículo 3°, la pena será de presidio mayor en sus grados mínimo a medio.

Ley 21412, Art. 1 N° 21
D.O. 25.01.2022
Ley 20813, Art. 1 N° 16
D.O. 06.02.2015

Artículo 14 A. Los que, teniendo las autorizaciones correspondientes, abandonaren armas o elementos sujetos al control de esta ley, incurrirán en la sanción administrativa de multa de 8 a 100 unidades tributarias mensuales y la cancelación del permiso. Las armas y elementos abandonados serán destruidos por la Dirección General de Movilización Nacional.

> Ley 21412, Art. 1 N° 22
> D.O. 25.01.2022

La misma sanción se impondrá a quienes, teniendo las autorizaciones correspondientes, no denunciaren en la forma prevista en el artículo 173 del Código Procesal Penal el robo o hurto de armas o elementos sujetos al control de esta ley, o no comunicaren a alguna de las autoridades indicadas en el inciso tercero del artículo 4 su pérdida o extravío dentro de las cuarenta y ocho horas siguientes del hecho, o del momento en que se tuvo o pudo tener conocimiento de su robo, hurto, pérdida o extravío.

La sola constancia ante la autoridad no eximirá de la obligación de denuncia del robo o hurto, prevista en el inciso anterior.

Artículo 14 B. Constituye circunstancia agravante de los delitos de que trata esta ley dotar las armas o municiones, que se posean o tengan, de dispositivos, implementos o características que tengan por finalidad hacerlas más eficaces, ocasionar más daño o facilitar la impunidad del causante.

> Ley 18592
> Art. único
> N° 13

Si los implementos a que se refiere el inciso anterior fueren de aquellos señalados en las letras h), i) y j) del artículo 3, no se impondrá al delito el grado mínimo o el mínimum de la pena que correspondería sin esa circunstancia.

> Ley 21412
> Art. 1 N° 23
> D.O. 25.01.2022

Artículo 14 C. En los delitos previstos en los artículos 9, 13 y 14, el tribunal podrá prescindir de toda pena si el imputado procede a la entrega voluntaria de las armas o elementos a las autoridades señaladas en el artículo 1°, sin que haya mediado actuación policial, judicial o del Ministerio Público de ninguna especie.

Ley 21412, Art. 1 N° 24
D.O. 25.01.2022

El Ministerio de Defensa Nacional, a través de la Dirección General de Movilización Nacional, y el Ministerio del Interior y Seguridad Pública, por medio de la Subsecretaría de Prevención del Delito, podrán diseñar, ejecutar, evaluar y difundir programas de incentivo para la entrega voluntaria de armas o elementos señalados en los artículos 2° y 3°. Dicha entrega deberá realizarse a las autoridades indicadas en el artículo 1°. Estos programas podrán ejecutarse a través de la autoridad fiscalizadora, de otros servicios públicos o de particulares.

Ley 20813, Art. 1 N° 18
D.O. 06.02.2015

Artículo 14 D. El que colocare, enviare, activare, arrojare, detonare, disparare o hiciere explosionar bombas o artefactos explosivos, incendiarios, corrosivos en, desde o hacia la vía pública, edificios públicos o de libre acceso al público, o dentro de o en contra de medios de transporte público, vehículos policiales o de Gendarmería de Chile, vehículos militares empleados en funciones de orden público y resguardo fronterizo, vehículos municipales, o que presten servicios a municipalidades empleados para labores de seguridad, instalaciones sanitarias, de almacenamiento o transporte de combustibles, de instalaciones de distribución o generación de energía eléctrica, portuarias, aeronáuticas o ferroviarias, incluyendo las de trenes subterráneos, u otros lugares u objetos semejantes, será sancionado con presidio mayor en su grado medio. Igual pena se aplicará a quienes arrojen, detonen o disparen dichos elementos hacia recintos militares o policiales. La misma pena se impondrá al que enviare cartas o encomiendas explosivas, incendiarias, corrosivas de cualquier tipo.

Ley 20813, Art. 1 N° 19
D.O. 06.02.2015

Ley 21250, Art. 42 c)
D.O. 17.08.2020

Ley 21.560

Si las conductas descritas en el inciso precedente se realizaren en, desde o hacia lugares u objetos distintos de los allí señalados, la pena será presidio mayor en su grado mínimo.

Ejecutándose las conductas descritas en los incisos anteriores con artefactos incendiarios, explosivos, tóxicos, corrosivos o infecciosos cuyos componentes principales sean pequeñas cantidades de combustibles u otros elementos químicos de libre venta al público y de bajo poder expansivo, tales como las bombas molotov y otros artefactos similares, se impondrá únicamente la pena de presidio menor en su grado máximo, en el caso del inciso primero, y de presidio menor en su grado medio, en el del inciso segundo.

El que coloque, envíe, active, arroje, detone, o dispare, o haga explosionar artefactos incendiarios, explosivos, tóxicos, corrosivos o infecciosos cuyos componentes principales sean pequeñas cantidades de combustibles u otros elementos químicos de libre venta al público y de bajo poder expansivo, tales como las bombas molotov y otros artefactos similares en, desde o hacia recintos policiales y militares, será sancionado con la pena de presidio menor en su grado máximo a presidio mayor en su grado mínimo. Cuando se perpetren las conductas señaladas en este inciso mediante el uso de fuegos artificiales, se impondrá la pena de presidio menor en su grado máximo.

Ley 21560, Art. 10
D.O. 10.04.23

Quien disparare injustificadamente un arma de fuego de las señaladas en la letra b) del artículo 2° a un inmueble privado con personas en su interior, o en, desde o hacia uno de los lugares mencionados en el inciso primero será sancionado con la pena de presidio menor en su grado máximo. Si la conducta descrita en este inciso se realizare al aire o en, desde o hacia lugares u objetos distintos de los señalados, la pena será de presidio menor en su grado medio. Si el arma disparada correspondiere a las señaladas en la letra a) del artículo 2° o en el artículo 3°, se impondrá la pena inmediatamente superior en grado.

Ley 21310, Art. 1 N° 3 a) i, ii y iii
D.O. 03.02.2021

Las penas dispuestas en el inciso anterior se impondrán en su máximum cuando las conductas ahí señaladas turbaren gravemente la tranquilidad pública o infundieren temor en la población.

Ley 21310, Art. 1 N° 3 b)
D.O. 03.02.2021

Artículo 14 E. El que, sin la competente autorización, accionare, activare o disparare alguno de los elementos señalados en la letra f) del artículo 2 será sancionado con la pena de presidio menor en sus grados mínimo a medio y multa de 10 a 20 unidades tributarias mensuales.

La pena privativa de libertad dispuesta en el inciso anterior se impondrá en su máximo cuando las conductas ahí señaladas turbaren gravemente la tranquilidad pública o infundieren temor en la población.

Ley 21310, Art. 1 N° 4
D.O. 03.02.2021

Artículo 14 F. Serán solidariamente responsables de los efectos civiles de aquellos ilícitos en que se hubieren utilizado sus armas de fuego, quienes las hubieren abandonado, no hubieren comunicado o denunciado oportunamente su extravío, robo o hurto, y quienes no hubieren realizado las declaraciones a las que hace referencia el inciso tercero del artículo 5.

Ley 21412, Art. 1 N° 25
D.O. 25.01.2022

En el caso de las personas jurídicas, la responsabilidad solidaria se extenderá tanto a aquella como a su representante legal.

Artículo 15. Sin perjuicio de la sanción corporal o pecuniaria, la sentencia respectiva dispondrá, en todo caso, el comiso de las especies cuyo control se dispone por la presente ley, debiendo ellas ser remitidas a Arsenales de Guerra o al Depósito Central de Armas de Carabineros de Chile, según corresponda.

Ley 17798, Art. 14°

Ley 20813, Art. 1 N° 20
D.O. 06.02.2015

Las especies decomisadas no serán objeto de subasta pública.

Artículo 16. El personal de la Dirección General de Movilización Nacional y el de los demás organismos que menciona el artículo 1°, no podrá revelar los hechos, informaciones y el contenido de las solicitudes recibidas por ellos, relativos a las materias que regula esta ley.

Ley 18592, Art. único N° 14
D.O. 21.01.1987

La misma obligación tendrá respecto de las resoluciones, oficios y providencias que emitan la Dirección General y los organismos indicados en el artículo 1° de esta ley.

La infracción a lo dispuesto en los incisos anteriores será sancionada con las penas establecidas en el inciso segundo del artículo 246 del Código Penal.

Sin perjuicio de lo anterior y de las facultades de supervigilancia y control de las armas que corresponden al Ministerio encargado de la Defensa Nacional o a organismos de su dependencia, Carabineros de Chile y la Policía de Investigaciones de Chile estarán interconectados con la base de datos sobre inscripciones y registro de armas que debe mantener la Dirección General de Movilización Nacional y con toda otra base de datos regulada reglamentariamente en virtud de esta ley, con exclusión de las referidas a los registros de armas de fuego de las instituciones del Estado. Sólo tendrán acceso a ellas los funcionarios designados por dichas instituciones, siempre que la función que cumplan así lo exija; los fiscales del Ministerio Público a cargo de una investigación penal en curso, o pertenecientes a una unidad del Sistema de Análisis Criminal y Focos Investigativos, y los funcionarios de la Unidad de Análisis Financiero que se designen al efecto. Deberá utilizarse la información consultada exclusivamente para los fines propios de la institución. El reglamento fijará las normas con arreglo a las cuales se consultarán dichas bases de datos a las que podrán acceder de manera permanente las instituciones antes señaladas. En todo caso, deberá registrarse dicha consulta y resguardarse la reserva de los antecedentes contenidos en aquélla.

Ley 21412, Art. 1 N° 26
D.O. 25.01.2022

Artículo 17. Toda persona que sin estar autorizada para ello fuere sorprendida en polvorines o depósitos de armas, sean éstos militares, policiales o civiles, o en recintos militares o policiales cuyo acceso esté prohibido, será sancionada con la pena de presidio o relegación menores en su grado mínimo.

Ley 17798, Art. 16°

Inciso Segundo. DEROGADO

Ley 18342, Art. 2°

Artículo 17 A. El empleado público que violare o consintiere en que otro violare la obligación de reserva de la información contenida en las bases de datos a que se refiere el inciso final del artículo 16°, será sancionado con la pena de reclusión menor en su grado máximo a reclusión mayor en su grado mínimo y con la inhabilitación absoluta temporal en su grado medio a perpetua para ejercer cargos y oficios públicos.

Ley 20014, Art. 1° N° 18
D.O. 13.05.2005

El funcionario que utilizare la información contenida en dichas bases de datos en beneficio propio o ajeno, en perjuicio de alguna persona, autoridad u organismo, o para ejercer presiones o amenazas, será sancionado con la pena de reclusión mayor en sus grados mínimo a máximo y con la inhabilitación absoluta y perpetua para ejercer cargos públicos.

Ley 21412, Art. 1 N° 27 a) y b)
D.O. 25.01.2022

Artículo 17 B. Las penas por los delitos sancionados en esta ley se impondrán sin perjuicio de las que correspondan por los delitos o cuasidelitos que se cometan empleando las armas o elementos señalados en las letras a), b), c), d) y e) del artículo 2° y en el artículo 3°, de conformidad con lo dispuesto en el artículo 74 del Código Penal.

Ley 20813, Art. 1 N° 21
D.O. 06.02.2015

Para determinar la pena en los delitos previstos en los artículos 8°, 9°, 10, 13, 14 y 14 D, y en todos los casos en que se cometa un delito o cuasidelito empleando alguna de las armas o elementos mencionados en el inciso anterior, el tribunal no tomará en consideración lo dispuesto en los artículos 65 a 69 del Código Penal y, en su lugar, determinará su cuantía dentro de los límites de cada pena señalada por la ley al delito, en atención al número y entidad de circunstancias atenuantes y agravantes, y a la mayor o menor extensión del mal producido por el delito. En consecuencia, el tribunal no podrá imponer una pena que sea mayor o menor a la señalada por la ley al delito, salvo lo dispuesto en los artículos 51 a 54, 72, 73 y 103 del Código Penal, en la ley N° 20.084 y en las demás disposiciones de esta ley y de otras que otorguen a ciertas circunstancias el efecto de aumentar o rebajar dicha pena.

Si los delitos de porte de armas o artefactos descritos en el inciso primero del artículo 9 y en el artículo 14 se cometieren en lugares altamente concurridos, tales como la vía pública, edificios públicos o de libre acceso al público, establecimientos educacionales públicos o privados, centros de salud públicos o privados, ferias libres, mercados, centros comerciales, eventos deportivos o espectáculos, o dentro de medios de transporte público, instalaciones sanitarias, de almacenamiento o transporte de combustibles, de instalaciones de distribución o generación de energía eléctrica, portuarias, aeropuertos o estaciones ferroviarias, incluyendo las de trenes subterráneos, estaciones de buses y, en general, todo medio de transporte de carga o personas u otros lugares semejantes, se impondrá al responsable la pena señalada al delito con exclusión de su grado mínimo, si ella consta de dos o más grados, o de su mitad inferior, si la pena es de un grado de una divisible.

Ley 21556, Art. Único
DO 10.04.23

Artículo 17 C. DEROGADO.

Ley 21694, Art. 6
D.O. 06.09.2024

TÍTULO III. JURISDICCIÓN, COMPETENCIA Y PROCEDIMIENTO

Artículo 18. Los delitos contemplados en esta ley serán de competencia de los tribunales ordinarios de justicia, a menos que en ellos hubiese intervenido exclusivamente personal militar en ejercicio de sus funciones, caso en el cual la competencia recaerá en los tribunales militares correspondientes.

Ley 20813, Art. 1 N° 22
D.O. 06.02.2015

Artículo 19. DEROGADO

Ley 20014, Art. 1° N° 20
D.O. 13.05.2005

Artículo 19 A. Siempre que se decrete una suspensión condicional del procedimiento en una investigación por los delitos contemplados en esta ley, una de las condiciones que se deberá imponer será la prohibición de inscribir armas de fuego y su tenencia, posesión o porte, así como sus municiones o cartuchos, mientras la causa se encontrare suspendida condicionalmente.

Ley 21412, Art. 1 N° 29
D.O. 25.01.2022

La suspensión condicional en los delitos previstos en esta ley sólo procederá si el responsable ha cooperado eficazmente con la investigación en los términos del artículo 17 C, lo que deberá declarar expresamente el fiscal del Ministerio Público en la audiencia correspondiente.

Artículo 19 B. Para la investigación de los delitos previstos en esta ley serán aplicables las técnicas especiales del Título II de la ley N° 20.000, que sanciona el tráfico ilícito de estupefacientes y sustancias sicotrópicas, así como las medidas de protección que establece el Párrafo 2° de su Título III.

Ley 21412, Art. 1 N° 29
D.O. 25.01.2022

Artículo 20. La tramitación de los procesos que conforme al artículo 18° deban ser conocidos por tribunales militares se someterá a las normas establecidas en el Título II del Libro II del Código de Justicia Militar.

Ley 20014, Art. 1° N° 21 a)
D.O. 13.05.2005

a) DEROGADA

Ley 18903, Art. único N° 5
D.O. 19.01.1990

Ley 20014, Art. 1° N° 21 b)
D.O. 13.05.2005

b) DEROGADA
c) DEROGADA
d) Derogada.
e) Derogada.

NOTA: El artículo 5° transitorio de la Ley 20014, publicada el 13.05.2005, dispone que la derogación de las letras d) y e), dispuesta por la letra b) del N° 21, de su artículo 1°, rige, para la Región Metropolitana, a contar de del 16 de junio de 2005, según lo dispone el artículo 4° transitorio de la LEY 19940, publicada el 15.10.1999, a la cual se remite la norma en referencia.

TÍTULO IV. DE LOS REGISTROS DE ARMAS DE FUEGO DE LAS INSTITUCIONES DEL ESTADO

Ley 21412, Art. 1 N° 30
D.O. 25.01.2022

Artículo 20 A. Cada una de las instituciones que compongan las Fuerzas Armadas y de Orden y Seguridad Pública, Gendarmería de Chile y la Dirección General de Aeronáutica Civil, deberá mantener un Registro de Armas de Fuego, y dispondrán de sistemas de trazabilidad de sus armas y municiones. Para estos efectos, deberán ser registrados los elementos señalados en los literales b) y c) del artículo 2 y aquellos del literal a) del mismo artículo que el reglamento determine, tales como fusiles de asalto; fusiles y carabinas semiautomáticas de uso militar; revólveres y pistolas semiautomáticas de uso militar; ametralladoras ligeras, y metralletas incluidas las pistolas ametralladoras.

Ley 21412, Art. 1 N° 30
D.O. 25.01.2022

Las instituciones mencionadas en el inciso anterior, de forma previa a la inscripción de sus armas en el registro señalado en el inciso precedente, deberán proceder a tomar muestras del efecto del disparo en los proyectiles y casquillos de balas o cartuchos, e incorporar la información a un sistema de identificación balística automatizada.

Un reglamento dictado por el Ministerio del Interior y Seguridad Pública, y además suscrito por el Ministro de Defensa Nacional, establecerá la regulación de los registros indicados en el inciso primero.

TÍTULO V. DEL PLAN ANUAL DE FISCALIZACIÓN DE ARMAS DE FUEGO

Ley 21412, Art. 1 N° 30
D.O. 25.01.2022

Artículo 20 B. La Dirección General de Movilización Nacional conjuntamente con las autoridades fiscalizadoras y las Fuerzas de Orden y Seguridad Pública deberá elaborar y proponer anualmente un plan de fiscalización de las armas de fuego sujetas al control de esta ley, para ser aplicado en el año inmediatamente siguiente. Dicho plan será sancionado por resolución exenta conjunta del Ministerio del Interior y Seguridad Pública y del Ministerio de Defensa Nacional, y tendrá carácter de reservado.

Ley 21412, Art. 1 N° 30
D.O. 25.01.2022

El plan definirá la acción de fiscalización coordinada que realizarán las autoridades a que se refiere el artículo 1 y los funcionarios de las Fuerzas de Orden y Seguridad Pública, según la distribución territorial que se establezca en él, y considerará los registros de inscripción, transferencias, hurtos, robos, pérdidas, extravíos y abandonos, fallecimientos, resultados de fiscalizaciones previas y sanciones impuestas; los informes de ingreso de armas al país; cifras de delitos cometidos con armas de fuego y su georreferenciación, y cualquier otra información de utilidad de que disponga la Dirección General de Movilización Nacional, o que le suministren los organismos públicos dentro de su competencia para estos efectos.

Dicho plan deberá contar con indicadores cualitativos y cuantitativos de cumplimiento a efectos de su evaluación y mejora continua. Deberá evacuarse un informe anual con sus resultados, el que será elaborado por la Dirección General de Movilización Nacional conjuntamente con las autoridades fiscalizadoras y las Fuerzas de Orden y Seguridad Pública, y remitido al Ministro del Interior y Seguridad Pública y al Ministro de Defensa Nacional.

DISPOSICIONES COMPLEMENTARIAS

Artículo 21. La Dirección General de Movilización Nacional deberá colocar avisos en las Comandancias de Guarnición, en las Prefecturas de Carabineros de Chile, en las brigadas o cuarteles de la Policía de Investigaciones de Chile, en las Oficinas de Correos y Telégrafos y en las Municipalidades, en que se informe al público sobre las prohibiciones, permisos, autorizaciones e inscripciones a que se refiere esta ley. Además, difundirá las disposiciones de esta ley a través de los medios de comunicación, de acuerdo a sus disponibilidades presupuestarias.

Ley 20813, Art. 1 N° 23
D.O. 06.02.2015
Ley 21412, Art. 1 N° 31 a)
D.O. 25.01.2022
Ley 20014, Art. 1° N° 22
D.O. 13.05.2005

Toda persona natural o jurídica autorizada para comercializar armas de fuego deberá colocar avisos en los lugares habilitados para la comercialización, que contengan las obligaciones que les corresponden a los usuarios de armas, de conformidad a esta ley y a su reglamento. La Dirección General de Movilización Nacional, mediante resolución exenta, que deberá estar disponible de forma permanente en su sitio web institucional, establecerá el contenido de los avisos.

Ley 21412, Art. 1 N° 31 b)
D.O. 25.01.2022

Artículo 22. El Presidente de la República, a petición de la Dirección General de Movilización Nacional, podrá disponer la reinscripción de armas poseídas por particulares, como asimismo, la prohibición de su comercio y tránsito cuando así lo aconsejaren las circunstancias.

Ley N° 17798, Art. 21°
Ley 20813, Art. 1 N° 24
D.O. 06.02.2015

Artículo 23. El Ministerio Público o los tribunales de justicia, en su caso, mantendrán en depósito en Arsenales de Guerra el material de uso bélico y explosivos, y en el Depósito Central de Armas de Carabineros de Chile los demás objetos o instrumentos de delito sometidos a control por la presente ley, hasta el término del respectivo procedimiento. Lo mismo ocurrirá con las armas y demás elementos sometidos a control que hayan sido retenidos en las aduanas del país, por irregularidades en su importación o internación, y aquellas armas y elementos respecto de los cuales se ordene su retención o incautación por cualquier causa.

Ley 20813, Art. 1 N° 25
D.O. 06.02.2015

Si dichas especies fueren objeto de comiso en virtud de sentencia judicial ejecutoriada, quedarán bajo el control de las Fuerzas Armadas y Carabineros de Chile, según corresponda, y se procederá a su destrucción.

Exceptúanse de esta norma aquellas armas de interés histórico o científico policial, las cuales, previa resolución de la Dirección General de Movilización Nacional, se mantendrán en los museos que en ese acto administrativo se indique.

Las armas de fuego y demás elementos de que trata esta ley que se incautaren, retuvieren o fueren abandonados, y cuyo poseedor o tenedor se desconozca, pasarán al dominio fiscal y se procederá a su destrucción inmediata, a menos que se reclamare su posesión o tenencia legal dentro del plazo de treinta días, contado desde la fecha de su retención, incautación o hallazgo. Lo mismo se aplicará respecto de las armas y demás elementos de que trata esta ley que sean entregados voluntariamente a las autoridades indicadas en el artículo 4°.

En todo caso, las armas y demás elementos de que trata esta ley, respecto de los cuales no se haya decretado su comiso, y cuya situación no se encuentre expresamente regulada en los incisos precedentes, serán destruidos transcurridos cinco años contados desde su depósito en Arsenales de Guerra o en el Depósito Central de Armas de Carabineros de Chile.

Con todo, previo a la destrucción de las armas de fuego de conformidad a este artículo, así como de aquellas entregadas a la autoridad voluntariamente, se procederá a tomar muestras del efecto del disparo en sus proyectiles y casquillos de balas o cartuchos para su incorporación al sistema de identificación balística automatizada correspondiente.

Ley 21412, Art. 1 N° 32 a)
D.O. 25.01.2022

Sin perjuicio de lo establecido en los incisos segundo y cuarto, las armas y demás elementos a que hacen referencia dichos incisos podrán destinarse al uso de las Fuerzas Armadas y las Fuerzas de Orden y Seguridad, si así se dispusiere mediante decreto supremo del Ministerio de Defensa Nacional y del Interior y Seguridad Pública. Para estos efectos, una Comisión de Material de Guerra, compuesta por personal técnico de las Fuerzas Armadas y de las Fuerzas de Orden y Seguridad Pública, designada por decreto supremo suscrito por los Ministros de Defensa Nacional y del Interior y Seguridad Pública, a proposición del Director General de Movilización Nacional, del General Director de Carabineros de Chile y del Director General de la Policía de Investigaciones de Chile, respectivamente, propondrá el armamento y demás elementos sujetos a control que se destinarán a dicho uso.

Ley 21412, Art. 1 N° 32 b), i y ii
D.O. 25.01.2022

Artículo 24. Deroganse el artículo 288, del Código Penal, y la letra g), del artículo 6°, de la ley N 12.927, solo en cuanto se refiere a armas de fuego, explosivos y demás elementos contemplados en la presente ley.

Ley 17798, Art. 24°

Esta derogación no afectará a los procesos en actual tramitación, ni al cumplimiento de las sentencias dictadas en aplicación de las referidas disposiciones.

Todas las actuales referencias legales a los citados artículos se entenderán también formuladas a los artículos 4°, inciso segundo, y 10°, de esta ley.

Artículo 25. DEROGADO

Ley 20014, Art. 1° N° 23
D.O. 13.05.2005

Artículo 26. Las solicitudes que se efectúen en virtud de esta ley, así como la custodia y depósito de armas u otros elementos sujetos a control, estarán afectos a los derechos que determine el reglamento, cuyas tasas no podrán exceder de tres unidades tributarias mensuales.

Ley 20813, Art. 1 N° 26 a)
D.O. 06.02.2015

En los meses de Enero y Julio de cada año se establecerán, dentro del límite señalado, las tasas de dichos derechos, las que serán fijadas por decreto supremo y regirán desde su publicación en el Diario Oficial.

INCISO DEROGADO

Ley 20014, Art. 1° N° 23
D.O. 13.05.2005

El total del rendimiento de los derechos y multas establecidos en la presente ley constituirá ingresos propios de la Dirección General de Movilización Nacional, los cuales percibirá directamente y administrará sin intervención del Servicio de Tesorerías.

Ley 20813, Art. 1 N° 26 b)
D.O. 06.02.2015

La mencionada Dirección General proporcionará, por intermedio de sus respectivas Instituciones, a las Comandancias de Guarnición de las Fuerzas Armadas y autoridades de Carabineros de Chile, que se desempeñen como autoridades fiscalizadoras, el 50% de los derechos y multas recaudados por cada una de éstas, para que cumplan las funciones que les encomienda esta ley.

Artículo 27. Facúltase a quienes tengan o posean armas permitidas por esta ley, para inscribirlas antes de que se inicie procedimiento en su contra, ante las autoridades mencionadas en el artículo 4°.

Ley 18592, Art. Único N° 18

Artículo 28. Las referencias que en esta ley se hacen a "tiempo de guerra" se entenderá que aluden a "tiempo de guerra externa".

Ley 19047, Art. 3°, 8)

"Artículo transitorio.- Autorízase a las personas naturales que tengan inscritas más de dos armas de fuego a su nombre, excluidas las de caza o de concurso, para mantenerlas en su posesión o tenencia. Dichas personas no podrán transferirlas, sino a personas naturales que no tengan o sólo posean un arma de fuego inscrita, o a personas jurídicas autorizadas para poseer más de dos armas de fuego. En el caso de contravención, las armas cuya transferencia no esté autorizada caerán en comiso, conforme a lo establecido en el artículo 23.

DL 2553 1979, Art. 1° N° 13

Anótese, tómese razón, publíquese en el Diario Oficial y en los Boletines Oficiales del Ejército, Armada, Fuerza Aérea, Carabineros e Investigaciones.- AUGUSTO PINOCHET UGARTE, General de Ejército, Presidente de la República.- Herman Brady Roche, General de División, Ministro de Defensa Nacional.- Raul Benavides Escobar, General de División, Ministro del Interior.

Lo que se transcribe para su conocimiento.- Roberto Guillard Marinot, Coronel, Subsecretario de Guerra.

LEY N° 18.953
DICTA NORMAS SOBRE MOVILIZACIÓN

La Junta de Gobierno de la República de Chile ha dado su aprobación al siguiente Proyecto de ley

CAPÍTULO I. GENERALIDADES

Artículo 1. La movilización es el conjunto de actividades y medidas destinadas a poner parte o la totalidad de los potenciales humano, material e industrial, en situación de afrontar adecuadamente un estado de asamblea.

La movilización puede ser total o parcial, secreta o pública.

Movilización total es aquella que afecta a todas las actividades de la Nación.

La movilización parcial afecta sólo a parte del territorio de las actividades de la Nación.

Movilización secreta es aquella que se efectúa con la reserva que el caso requiere, y cuyo conocimiento sólo alcanza a las autoridades afectadas o que tengan relación con ella.

La movilización pública se difunde para conocimiento de toda la Nación.

Constituyen etapas de la movilización la preparación, ejecución y desmovilización.

Artículo 2. Los potenciales humano, material e industrial, quedarán sometidos, durante la preparación y ejecución de la movilización, al cumplimiento de las obligaciones establecidas en los Capítulos II y III de la presente ley.

Artículo 3. Los Directores de los diferentes campos de acción, tendrán la responsabilidad del cumplimiento de las etapas de la movilización en sus respectivas áreas. En el desempeño de este cometido serán coordinados por el Ministro de Defensa Nacional, a través de sus órganos de trabajo, Estado Mayor de la Defensa Nacional y Dirección General de Movilización Nacional.

CAPÍTULO II. PREPARACIÓN DE LA MOVILIZACIÓN

Artículo 4. La preparación de la movilización se realiza en estado de normalidad constitucional mediante la planificación y alistamiento de los potenciales humano, material e industrial.

La planificación incluye la elaboración y la actualización permanente de los documentos y planes de la movilización, función que le corresponde desarrollar al Estado Mayor de la Defensa Nacional.

El alistamiento de dichos potenciales comprende la realización de medidas preparatorias de movilización, actividad cuyo cumplimiento corresponde a la Dirección General de Movilización Nacional.

Las medidas preparatorias estarán de acuerdo con las exigencias de la seguridad exterior.

Artículo 5. El presidente de la República podrá requerir, en situación de normalidad constitucional a proposición del Ministro de Defensa Nacional, los servicios de todos los chilenos que se encuentren afectos al deber militar, en la forma, tiempo y modo que lo determine el decreto ley N° 2.306, de 1978, sobre Reclutamiento y Movilización de las Fuerzas Armadas.

Artículo 6. La Dirección General de Movilización Nacional podrá requerir a toda persona natural o jurídica, pública o privada, nacional o extranjera, cualquier antecedente necesario para la movilización.

Artículo 7. El Estado Mayor de la Defensa Nacional o la Dirección General de Movilización Nacional, según corresponda, propondrá al Ministro de Defensa Nacional, sobre la base de la planificación existente, la cuantía de los efectivos, medios materiales y servicios que los organismos dependientes de los otros Ministerios y Servicios descentralizados deberán poner a disposición del Ministerio de Defensa Nacional, al decretarse la movilización.

CAPÍTULO III. EJECUCIÓN DE LA MOVILIZACIÓN

Artículo 8. La ejecución de la movilización es la materialización de las medidas previstas en la etapa de preparación, necesarias para afrontar un estado de asamblea. Sólo tendrá lugar durante la vigencia de este estado de excepción constitucional y se iniciará en la fecha que disponga el correspondiente decreto supremo de movilización.

Artículo 9. La ejecución de la movilización será decretada por el Presidente de la República para todo o parte del territorio que se encuentre en estado de asamblea.

Artículo 10. Para la ejecución de la movilización, el país se organizará en los campos de acción respectivos.

Corresponderá al Presidente de la República dirigir la movilización, pudiendo requerir la asesoría del Consejo de Seguridad Nacional.

Los organismos de coordinación y trabajo serán para estos efectos, el Estado Mayor de la Defensa Nacional y la Dirección General de Movilización Nacional.

Artículo 11. Para los objetivos de la ejecución de la movilización, el Presidente de la República podrá ordenar:

a) La prestación de servicios personales a todo chileno, varón o mujer, en condiciones de servir a la patria. La persona llamada al servicio de la Nación se llamará "Movilizado"; la llamada al servicio de las Fuerzas Armadas, se denominará "Movilizado Militar";

b) La movilización en sus propios cargos o empleos, de aquellas personas que proponga la Dirección General de Movilización Nacional;

c) La fijación de las localidades en que deban residir los extranjeros a quienes se les aplique la medida de residencia forzosa y aquellas en las cuales se les prohíba residir;

d) La utilización de servicios de las empresas de cualquier naturaleza;

e) Las medidas que regulen la producción, uso, consumo, racionamiento y fijación de precios de bienes muebles y servicios, tales como, alimentos, vestuarios, materiales, mercaderías, materias primas, objetos manufacturados y otros; como asimismo, aquellas relativas al uso y control de medios de transporte, de bienes inmuebles y establecimientos industriales, comerciales, educacionales, sociales y deportivos, sean nacionales o extranjeros, y, en general, de todos aquellos servicios que sean de utilidad para la movilización;

f) El control y subordinación, a las autoridades militares de todo o parte de los servicios e instalaciones de transporte marítimo, aéreo y terrestre y de todos los servicios de telecomunicaciones del país, sean públicos o privados;

g) El control y uso exclusivo, por cuenta del Estado, de todo invento patentado o sin patentar y su documentación correspondiente, de interés para los fines bélicos;

h) La declaración obligatoria de las existencias de materias primas y demás bienes muebles necesarios para la movilización, por parte de personas naturales o jurídicas, en la forma que determine el Reglamento Complementario de esta ley, e

i) La censura de los medios de difusión y comunicación durante el estado de asamblea.

Artículo 12. El Presidente de la República, una vez declarado el estado de asamblea, podrá disponer, además, cuando las necesidades de la movilización así lo hagan conveniente, que cualquier industria, empresa o servicio, organismo público o privado o cualquiera otra institución o entidad, sea colocada bajo el control de la autoridad civil o militar que para el efecto se designe. Las entidades señaladas en el inciso anterior quedarán bajo las órdenes y control de la autoridad designada, para los efectos de continuar su funcionamiento conforme ésta lo disponga, y satisfacer las necesidades propias de la movilización. El funcionamiento de la entidad movilizada, será de responsabilidad de sus jefaturas directivas y ejecutivas.

CAPÍTULO IV. REQUISICIONES

Artículo 13. Declarado el estado de asamblea, el Presidente de la República podrá disponer las requisiciones correspondientes, para la ejecución de la movilización nacional, de acuerdo con el artículo 41, N°s, 1 y 5 de la Constitución Política y la ley N° 18.415.

Artículo 14. Las requisiciones se efectuarán por medio de las autoridades en quienes delegue las respectivas atribuciones el Presidente de la República, de conformidad a lo dispuesto en la ley N° 18.415.

Artículo 15. Los bienes de las embajadas, de los consulados, y aquellos que pertenezcan a representantes de países extranjeros o a las organizaciones internacionales reconocidas por el Estado de Chile, no serán susceptibles de requisiciones.

Artículo 16. Para los efectos de su indemnización, el valor de los bienes requisados será determinado de acuerdo a lo establecido en la ley N° 18.415.

Artículo 17. En territorio extranjero, el régimen de requisiciones será dispuesto por el Comandante en Jefe que opere el mando de las fuerzas, adecuándolo a las normas precedentes.

CAPÍTULO V. INDEMNIZACIONES

Artículo 18. El monto de las indemnizaciones que se generen con ocasión de la ejecución de la movilización, será fijado de común acuerdo entre la autoridad que ordenó la requisición u otras de las medidas previstas en esta ley, y el afectado por ellas, o por el tribunal competente, en su caso, conforme a lo dispuesto en la ley N° 18.415.

La prestación de servicios personales, sólo dará derecho al pago de la remuneración correspondiente al grado que invista, de conformidad con las disposiciones del decreto ley N° 2.306, de 1978. Tratándose de personas que no invistan grado militar su remuneración se determinará por el Director del respectivo campo de acción, o en quien se delegue esta facultad, sobre la base de las rentas establecidas para la Administración Civil del Estado.

CAPÍTULO VI. DESMOVILIZACIÓN

Artículo 19. La desmovilización es el conjunto de actividades destinadas a volver a la situación de normalidad, los potenciales humano, material e industrial empleados en la movilización nacional.

Artículo 20. El grado de desmovilización estará de acuerdo con las exigencias destinadas a asegurar el mantenimiento de los objetivos alcanzados y corresponderá determinarlo al Presidente de la República.

Artículo 21. La preparación y la ejecución de la desmovilización será dispuesta por el Presidente de la República, pudiendo requerir la asesoría del Consejo de seguridad Nacional.

Artículo 22. El cumplimiento del decreto de desmovilización será de responsabilidad directa de las autoridades que señalen los planes de movilización.

Artículo 23. El personal "Movilizado" y "Movilizado Militar" que a la fecha de su llamado ocupaba cargos o empleos en actividades públicas o particulares, tendrá derecho a ser reincorporado a su cargo o empleo en las condiciones vigentes a la fecha de su movilización.

CAPÍTULO VII. DE LA PENALIDAD Y DEL PROCEDIMIENTO JUDICIAL

Artículo 24. Los chilenos que sin causa justificada no concurrieren a los llamados de movilización, sufrirán la pena de presidio menor en cualquiera de sus grados.

Artículo 25. El que durante la etapa de preparación de la movilización se negare a proporcionar, sin causa justificada, los antecedentes relativos a ella que le solicite la autoridad competente, de acuerdo con lo dispuesto en esta ley, los falsee, retarde o impida su entrega dentro del plazo, será sancionado por el tribunal competente, con arresto de hasta treinta días o multa que no exceda de diez unidades tributarias mensuales, sin perjuicio de repetir el apremio si persistiere en dichas conductas.

Si el hecho a que refiere el inciso anterior tuviere lugar durante la etapa de ejecución de la movilización, será constitutivo de delito y sancionado con la pena de presidio menor de sus grados mínimo a medio o multa de once a veinte unidades tributarias mensuales. Biblioteca del Congreso Nacional de Chile —www.leychile.cl— documento generado el 14-ene.-2020.

Artículo 26. De las causas por infracción a la presente ley, conocerán los Tribunales Militares, los que aplicarán las reglas de procedimiento señaladas en el Libro II o IV, del Código de Justicia Militar, según corresponda, a excepción de los delitos cuyos imputados sean civiles.

LEY 20477, Art. 7
D.O. 30.12.2010

Artículo 27. Derógase el decreto ley N° 425, de 1974, y demás disposiciones que contravengan la presente ley.

Artículo transitorio. El Presidente de la República dictará el Reglamento Complementario de esta ley en el plazo de 180 días, contados desde su publicación en el Diario Oficial.

JOSÉ T. MERINO CASTRO, Almirante, Comandante en Jefe de la Armada, Miembro de la Junta de Gobierno.– FERNANDO MATTHEI AUBEL, General del Aire, Comandante en Jefe de la Fuerza Aérea, Miembro de la Junta de Gobierno.– RODOLFO STANGE OELCKERS, General Director, General Director de Carabineros, Miembro de la Junta de Gobierno.– JORGE LUCAR FIGUEROA, Teniente General, Vicecomandante en Jefe del Ejército, Miembro de la Junta de Gobierno.

Por cuanto he tenido a bien aprobar la precedente ley la sanciono y la firmo en señal de promulgación. Llévese a efecto como ley de la República.

Regístrese en la Contraloría General de la República, publíquese en el Diario Oficial e insértese en la recopilación Oficial de dicha Contraloría.

Santiago, 22 de febrero de 1990.– AUGUSTO PINOCHET UGARTE, Capitán General, Presidente de la República.– Patricio Carvajal Prado, Vicealmirante, Ministro de Defensa Nacional.

Lo que transcribe para su conocimiento.- Ricardo Izurieta Caffarena, Coronel, Subsecretario de Guerra. Biblioteca del Congreso Nacional de Chile —www.leychile.cl— documento generado el 14-ene.-2020.

LEY N° 20.477
MODIFICA COMPETENCIA DE TRIBUNALES MILITARES

Teniendo presente que el H. Congreso Nacional ha dado su aprobación al siguiente proyecto de ley,

Proyecto de ley:

"DISPOSICIONES ESPECIALES SOBRE EL SISTEMA DE JUSTICIA MILITAR"

Artículo 1. Restricción de la competencia de los tribunales militares. En ningún caso, los civiles y los menores de edad, que revistan la calidad de víctimas o de imputados, estarán sujetos a la competencia de los tribunales militares. Ésta siempre se radicará en los tribunales ordinarios con competencia en materia penal.

Para estos efectos, se entenderá que civil es una persona que no reviste la calidad de militar, de acuerdo al artículo 6 del Código de Justicia Militar.

LEY 20968, Art. 5
D.O. 22.11.2016

Artículo 2. Tribunal competente en casos de coautoría y coparticipación. En los casos de coautoría y coparticipación de civiles y militares en la comisión de aquellos delitos sujetos a la justicia militar de acuerdo a las normas del Código de Justicia Militar, serán competentes, respecto de los civiles, la Justicia Ordinaria y, respecto de los militares, los Tribunales Militares.

Artículo 3. Contiendas de competencia. En el caso de contiendas de competencias entre tribunales ordinarios y militares, la cuestión deberá ser resuelta por la Corte Suprema, sin la integración del Auditor General del Ejército o quien deba subrogarlo.

Artículo 4. Introdúcense las siguientes modificaciones en el Código de Justicia Militar:

1) Sustitúyese el artículo 6 por el siguiente:

"**Artículo 6.** Para los efectos de este Código y de las demás leyes procesales y penales pertinentes, se considerarán militares los funcionarios pertenecientes a las Fuerzas Armadas y de Carabineros de Chile, constituidos por el personal de planta, personal llamado al servicio y el personal de reserva llamado al servicio activo.

Además, se considerarán militares los soldados conscriptos; los Oficiales de Reclutamiento; las personas que sigan a las Fuerzas Armadas en estado de guerra; los prisioneros de guerra, que revistan el carácter de militar, los cadetes, grumetes, aprendices y alumnos regulares de las Escuelas Institucionales y de Carabineros de Chile.

Con todo, los menores de edad siempre estarán sujetos a la competencia de los tribunales ordinarios, de acuerdo a las disposiciones de la ley N° 20.084, que establece un sistema de responsabilidad de los adolescentes por infracciones a la ley penal.

Para efectos de determinar la competencia de los tribunales militares, la calidad de militar debe poseerse al momento de comisión del delito.

2) Derógase el artículo 7.

3) Suprímense en el inciso segundo del artículo 9, las siguientes expresiones: ", excepto el caso de que sean de competencia de los tribunales militares" y ", excepto el caso de que sea de competencia de los tribunales militares".

4) Sustitúyese en el inciso primero del artículo 11 la frase "aunque no estén sujetos a fuero", por la siguiente: "en tanto revistan la calidad de militares".

Artículo 5. Introdúcense las siguientes modificaciones en la ley N° 12.927, sobre Seguridad del Estado:

1) Modifícase el artículo 26 del siguiente modo:

a) Elimínase en su inciso cuarto, la expresión "o conjuntamente por militares y civiles".

b) Agrégase en el inciso quinto, a continuación de la palabra "ley", la expresión ", a excepción de los delitos cuyos imputados sean civiles".

2) Suprímese en el artículo 28 la expresión "o por éstos conjuntamente con civiles".

Artículo 6. Incorpóranse las siguientes modificaciones en el artículo 18, inciso segundo, de la ley N° 17.798, sobre Control de Armas:

1) Elimínase la frase ", por regla general".

2) Agrégase, a continuación de la expresión "tribunales militares,", la siguiente frase: "a excepción de los delitos cuyos imputados sean civiles,".

Artículo 7. Incorpórase en el artículo 26 de la ley N° 18.953, que Dicta Normas sobre Movilización, a continuación de la palabra "corresponda", la siguiente frase:", a excepción de los delitos cuyos imputados sean civiles".

Artículo 8. Agrégase en el artículo 201 del Código Aeronáutico, a continuación de la expresión "Justicia Militar", la siguiente frase: ", a excepción de los delitos cuyos imputados sean civiles".

Artículo 9. Introdúcense las siguientes modificaciones en el Código Orgánico de Tribunales:

1) Sustitúyese en la letra h) del artículo 14 la frase "y la ley procesal penal", por la siguiente: ", la ley procesal penal y la ley que establece disposiciones especiales sobre el Sistema de Justicia Militar".

2) Intercálase en la letra e) del artículo 18, entre las palabras "penal" y "les", la expresión "y la ley que establece disposiciones especiales sobre el Sistema de Justicia Militar".

3) Derógase el artículo 169.

DISPOSICIONES TRANSITORIAS

Artículo 1. Al momento de entrar en vigencia la presente ley, los juicios seguidos ante Tribunales Militares, en que se persiga la responsabilidad penal de una persona que no tuviere la calidad de militar, continuarán su tramitación ante la Justicia Ordinaria, de conformidad a los procedimientos que a esos tribunales ordinarios en materia criminal les corresponda aplicar.

Artículo 2. La remisión de los antecedentes del proceso a la justicia ordinaria se hará en un plazo no superior a los sesenta días de entrada en vigencia de la presente ley.

En los procesos que se sustancien exclusivamente contra civiles, se remitirá íntegramente el expediente con todos sus anexos.

En los procesos que se sustancien contra civiles y militares, se enviarán compulsas autorizadas del expediente principal y de todos sus anexos, manteniendo el original en la Jurisdicción Castrense para el juzgamiento del militar.

Artículo 3. El Tribunal Militar deberá comunicar al Tribunal que corresponda, la individualización completa del procesado y su defensor, copias del auto de procesamiento, y la indicación de si estuviere sometido a prisión preventiva o afecto a alguna otra medida cautelar personal o real.

Recibidos los antecedentes por el Tribunal de Garantía, se radicará la competencia en dicho Tribunal. Este Tribunal deberá oficiar, dentro de las veinticuatro horas siguientes, a la Fiscalía Regional del Ministerio Público, acompañando copia íntegra de todos los antecedentes correspondientes a tal investigación.

Artículo 4. Si la persona a que se refiere el artículo 1 transitorio, cuya causa deba continuar su tramitación ante el Tribunal de Garantía, se encontrare sometida a prisión preventiva o a alguna otra medida cautelar personal, el Juez de Garantía deberá citar a todos los intervinientes a una audiencia, la que deberá celebrarse en el plazo de setenta y dos horas de recibidos los antecedentes. Tales medidas cautelares personales se mantendrán hasta que exista pronunciamiento jurisdiccional de conformidad a los artículos 139 y siguientes del Código Procesal Penal.

En la referida audiencia, y de acuerdo al mérito de los antecedentes que obraren en su poder, el Ministerio Público formalizará la investigación, formulará requerimiento verbal o ejercerá las facultades que le confiere la ley.

Artículo 5. Las causas a que se refiere el artículo 1 transitorio deberán continuar su tramitación ante el juez de letras con competencia en lo criminal que corresponda, de conformidad a lo señalado en el artículo 7 transitorio, cuando el principio de ejecución del hecho sea anterior a la entrada en vigencia del nuevo sistema procesal penal en la región respectiva.

Dicha competencia se entenderá radicada en ese tribunal ordinario desde el momento en que reciba los antecedentes a que se refiere el artículo 2 transitorio.

El procedimiento ante tal tribunal se sustanciará de acuerdo a las normas del Código de Procedimiento Penal, a partir de la misma etapa procesal en que se encontraba la causa al momento de su traspaso desde el Tribunal Militar.

En el caso de encontrarse la persona afectada sometida a prisión preventiva o a alguna otra medida cautelar personal, el juez a que se refiere el inciso primero, de oficio, dentro del plazo de setenta y dos horas contadas desde la recepción de los antecedentes por parte del Tribunal Militar, deberá pronunciarse sobre el mantenimiento de la prisión preventiva decretada por este último tribunal. Tal resolución será apelable en el solo efecto devolutivo.

Artículo 6. Dentro del plazo máximo de treinta días contado desde la entrada en vigencia de esta ley, las Cortes Marciales remitirán los procesos o compulsas, según corresponda, que se encuentren con recursos jurisdiccionales deducidos en contra de las sentencias de primera instancia, y que se encontraren pendientes de fallo, para que pasen a ser conocidos y resueltos por la Corte de Apelaciones respectiva, de conformidad al procedimiento vigente al momento de iniciación de los respectivos procesos.

Los procesos que se encuentren en la Corte Suprema en que existan sentenciados exclusivamente civiles, serán resueltos por dicho tribunal superior, el cual se conformará sin la integración del Auditor General del Ejército o quien deba subrogarlo. Los casos de coautoría y coparticipación de civiles y militares, se sustanciarán y fallarán conforme a las normas vigentes al momento de iniciación del referido proceso.

Artículo 7. Para efectos de la aplicación de las reglas anteriores se entenderá por Juzgado competente, el que hubiere debido conocer el hecho de no existir Tribunales Militares, de acuerdo a lo preceptuado en el artículo 157 del Código Orgánico de Tribunales y, por Corte de Apelaciones respectiva, aquella que sea superior jerárquica de dichos Tribunales.

Artículo 8. En el nuevo juicio seguido ante el Juez de Garantía o Tribunal Oral en lo Penal, en su caso, que resulte de la aplicación de las normas transitorias anteriores, el Ministerio Público deberá señalar en su acusación los medios de prueba rendidos anteriormente ante el Tribunal Militar, de conformidad a lo señalado en el artículo 259 letra f) del Código Procesal Penal, los que formarán parte del auto de apertura del juicio oral.

En los casos que resulte la aplicación del procedimiento simplificado o abreviado, los medios de prueba antes dichos se entenderán parte integrante del requerimiento o la acusación verbal respectivamente.

Sin perjuicio de lo dispuesto en el artículo 334 del Código Procesal Penal, podrán reproducirse o darse lectura a los registros en que constaren declaraciones de testigos y peritos rendidas ante el Tribunal Militar, cuando estas personas hayan fallecido, caído en incapacidad física o mental, su residencia se ignore o que por cualquier motivo difícil de solucionar no pudiesen declarar en el juicio, en conformidad al artículo 329 del mismo Código.

La prueba confesional y testimonial rendida ante el Tribunal Militar podrá utilizarse en la audiencia de juicio ante el Juez de Garantía o Tribunal Oral en lo Penal, en su caso, según lo dispuesto en el artículo 332 del Código Procesal Penal.

Para los efectos de este artículo, no será aplicable a la prueba que se haya rendido ante el Tribunal Militar lo dispuesto en el artículo 276 del Código Procesal Penal.

Artículo 9. En las causas seguidas ante Tribunales Militares que, por aplicación del artículo 4 transitorio sean conocidas por los jueces de letras con competencia en lo criminal que corresponda, la prueba anteriormente rendida ante el Tribunal Militar se regirá, en cuanto a su producción, recepción y apreciación, de acuerdo a las normas del Código de Procedimiento Penal".

Habiéndose cumplido con lo establecido en el N° 1° del Artículo 93 de la Constitución Política de la República y por cuanto he tenido a bien aprobarlo y sancionarlo; por tanto promúlguese y llévese a efecto como Ley de la República.

Santiago, 10 de diciembre de 2010. SEBASTIÁN PIÑERA ECHENIQUE, Presidente de la República.– Jaime Ravinet de la Fuente, Ministro de Defensa Nacional.– Rodrigo Hinzpeter Kirberg, Ministro del Interior.– Felipe Larraín Bascuñán, Ministro de Hacienda.– Felipe Bulnes Serrano, Ministro de Justicia.

Lo que se transcribe para su conocimiento.– Alfonso Vargas Lyng, Subsecretario para las Fuerzas Armadas.

TRIBUNAL CONSTITUCIONAL

Proyecto de ley que modifica el sistema de Justicia Militar y establece un régimen más estricto de sanciones tratándose de delitos contra los miembros de las policías (Boletín N° 7203-02).

La Secretaria del Tribunal Constitucional, quien suscribe, certifica que la Honorable Cámara de Diputados envió el proyecto enunciado en el rubro, aprobado por el Congreso Nacional, a fin de que este Tribunal, ejerciera el control de constitucionalidad respecto de las normas que regulan materias propias de ley orgánica constitucional que aquel contiene, y que por sentencia de 12 de noviembre de 2010 en los autos Rol N° 1.845-10-CPR

Se declara: 1)

Que el artículo 1 permanente del proyecto de ley examinado es constitucional en el entendido que los civiles y los menores de edad en ningún caso podrán quedar sujetos a la competencia de los tribunales militares en calidad de imputados, quedando a salvo los derechos que les asisten para accionar ante dichos tribunales especiales en calidad de víctimas o titulares de la acción penal.

2) Que el artículo 2 permanente del proyecto de ley sujeto a control no es contrario a la Constitución; declaración que se formula exhortando a los Poderes Colegisladores a legislar, a la mayor brevedad, para uniformar los procedimientos aplicables a los juzgamientos que se desarrollen en la Justicia Ordinaria y en la Justicia Militar, respectivamente; en especial, para precaver que se produzcan decisiones contradictorias entre ambos órdenes jurisdiccionales respecto de un mismo hecho punible.

3) Que los artículos 3°, 4°, 5°, 6°, 7°, 8° y 9° permanentes y 1°, 5°, incisos primero y segundo, 6°, en la parte examinada por este Tribunal, y 7° transitorios del proyecto de ley remitido a control preventivo no son contrarios a la Constitución, y

4) Que esta Magistratura no emitirá pronunciamiento respecto de los incisos tercero y cuarto del artículo 5 transitorio y de la frase: "Los casos de coautoría y coparticipación de civiles y militares, se sustanciarán y fallarán conforme a las normas vigentes al momento de iniciación del referido proceso" contenida en el inciso segundo del artículo 6 transitorio, por no regular materias que la Constitución Política estime propias de ley orgánica constitucional. Rol N° 1.845-10.

Santiago, 15 de noviembre de 2010.– Marta de la Fuente Olguín, Secretaria.

Índice analítico del Código de Justicia Militar

Aprendices	Libro Primero de los Tribunales Militares, Título I Disposiciones Generales Art. 6
Armada	Libro Primero de los Tribunales Militares, Título II de los Tribunales Militares en Tiempo de Paz Art. 14/ Art. 16/ Art. 35/ Art. 37/ Art. 40/ Art. 48/ Art. 51/ Art. 57/ Art. 66 Libro Primero de los Tribunales Militares, Título III de los Tribunales Militares en Tiempo de Guerra Art. 71/ Art. 82/ Art. 83 Libro Primero de los Tribunales Militares, Título IV de los Honores, Escalafón, Calificaciones, Nombramientos, Ascensos, Derechos y Prerrogativas Art. 94 Libro Tercero de la penalidad, Título I Reglas Generales Art. 224/ Art. 225/ Art. 228 Libro Tercero de la penalidad, Título II de la traición, del espionaje y demás delitos contra la soberanía y seguridad exterior del Estado Art. 253 N° 2 Libro Tercero de la penalidad, Título VI delitos contra los deberes y el honor militares Art. 314/ Art. 322 N° 2 Libro Cuarto otras disposiciones, Título I disposiciones especiales relativas a la Armada de Chile Art. 378/ Art. 380/ Art. 383/ Art. 384/ Art. 385/ Art. 387/ Art. 388/ Art. 391/ Art. 402/ Art. 403 Libro Cuarto otras disposiciones, Título III disposiciones complementarias Art. 426/ Art. 428/ Art. 429

	Corte Marcial de la Armada	Libro Primero de los Tribunales Militares, Título II de los Tribunales Militares en Tiempo de Paz Art. 48/ Art. 50/ Art. 52/ Art. 54/ Art. 66
	Fuerza/s Armada/s	Libro Primero de los Tribunales Militares, Título I Disposiciones Generales Art. 6 Libro Primero de los Tribunales Militares, Título II de los Tribunales Militares en Tiempo de Paz Art. 27/ Art. 29/ Art. 42/ Art. 70-D Libro Segundo del procedimiento, Título II del Procedimiento Penal en Tiempos de Paz: Del Sumario Art. 131/ Art. 144 Libro Segundo del procedimiento, Título V Disposiciones Complementarias Art. 198 Libro Tercero de la Penalidad, Título I Reglas Generales Art. 208

Arsenal/es (cont.)	Libro Tercero de la Penalidad, Título VIII Delitos Contra los Intereses del Ejército Art. 350 Libro Cuarto otras Disposiciones, Título I Disposiciones Especiales relativas a la Armada de Chile Art. 380
Ascenso/s	Libro Tercero de la Penalidad, Título I reglas generales Art. 226 Libro Tercero de la penalidad, Título X delitos de falsedad Art. 368
Asesorar	Libro Primero De los Tribunales Militares, Título II de los Tribunales Militares en Tiempo de Paz Art. 34/ Art. 37 N° 6/ Art. 39 N° 1/ Art. 41 N°s 1 y 2 Libro Primero De los Tribunales Militares, Título III de los Tribunales Militares en Tiempo de Guerra Art. 91 N° 1
Ataque	Libro Primero de los Tribunales Militares, Título III de los Tribunales Militares en Tiempo de Guerra Art. 72 Libro Tercero de la Penalidad, Título VI Delitos contra los deberes y el Honor Militares Art. 292/ Art. 332

Audiencia/s		Libro Segundo del Procedimiento, Título II Del Procedimiento Penal en Tiempo de Paz Art. 144 bis/ Art. 166/ Art. 184
	Continuada	Libro Primero de los Tribunales Militares, Título II de los Tribunales Militares en Tiempo de Paz Art. 66
	De Prueba	Libro Segundo del Procedimiento, Título II Del Procedimiento Penal en Tiempo de Paz Art. 192
	Extraordinaria	Libro Primero de los Tribunales Militares, Título II de los Tribunales Militares en Tiempo de Paz Art. 66
	Ordinaria	Libro Primero de los Tribunales Militares, Título II de los Tribunales Militares en Tiempo de Paz Art. 66/ Art 67
	Pública	Libro Segundo del Procedimiento, Título II Del Procedimiento Penal en Tiempo de Paz Art. 158

Ausencia	Libro Primero De los Tribunales Militares, Título II de los Tribunales Militares en Tiempo de Paz Art. 14A/ Art. 29/ Art. 48/ Art. 49/ Art. 52/ Art. 56/ Art. 70B Libro Tercero de la Penalidad, Título VI Delitos contra los deberes y el Honor Militares Art. 313/ Art. 322

Auto/s	Libro Primero de los Tribunales Militares, Título I Disposiciones Generales Art. 12 Libro Segundo Del Procedimiento, Título II Disposiciones generales Art. 115/ Art. 119 Libro Segundo Del Procedimiento, Título II del procedimiento Penal en Tiempo de Paz Art. 149/ Art. 150/ Art. 152/ Art. 158/ Art. 165/ Art. 166/ Art. 168/ Art. 171 Nº 4 Libro Segundo del procedimiento, Título IV Del Procedimiento Penal en Tiempo de Guerra Art. 181	
	de Procesamiento	Libro Primero de los Tribunales Militares, Título I Disposiciones Generales Art. 12 Libro Segundo Del Procedimiento, Título II del procedimiento Penal en Tiempo de Paz Art. 123 Nº 1/ Art. 133-A Nº 3 y 4/ Art. 140/ Art. 143/ Art. 146
	de Sobreseimiento	Libro Segundo Del Procedimiento, Título II del procedimiento Penal en Tiempo de Paz Art. 123 Nº 3/ Art. 133-A Nº 5/ Art. 147

Autor/es	Libro Primero de los Tribunales Militares, Título I Disposiciones Generales Art. 11 Libro Segundo Del Procedimiento, Título II del procedimiento Penal en Tiempo de Paz Art. 136/ Art. 145 Libro Tercero Del Procedimiento, Título V delitos contra el Orden y Seguridad del Ejército Art. 279 Libro Tercero de la Penalidad, Título IX Delitos Contra la Propiedad Art. 364 Libro Tercero de la penalidad, Título X delitos de Falsedad Art. 367 Nº 2 Libro Primero de los tribunales militares, Título II de los tribunales militares en tiempo de paz Art. 14 A/ Art. 16/ Art. 43/ Art. 62

	Autoridades competentes	Libro Tercero de la Penalidad, Título VI Delitos Contra Los Deberes y el Honor Militares Art. 309/ Art. 328
	Autoridades judiciales	Libro Primero de los Tribunales Militares, Título II de los Tribunales Militares en Tiempo de Paz Art. 17 N° 5/ Art. 34/ Art. 60 N° 3 Libro Primero de los Tribunales Militares, Título III de los Tribunales Militares en Tiempo de Guerra Art. 78 Libro Segundo Del Procedimiento, Título II del procedimiento penal en tiempo de paz Art. 139 Libro Segundo del procedimiento, Título IV Del Procedimiento Penal en Tiempo de Guerra Art. 192
	Autoridades militares	Libro Primero de los Tribunales Militares, Título II de los Tribunales Militares en Tiempo de Paz Art. 20 Libro Segundo del procedimiento, Título I Disposiciones Generales Art. 117/ Art. 118/ Art. 131 Libro Segundo del Procedimiento, Título IV del Procedimiento Penal en Tiempo de Guerra Art. 180 Libro Segundo Del Procedimiento, Título V Disposiciones Complementarias Art. 199 Libro Tercero de la Penalidad, Título I Reglas Generales Art. 241 Libro Tercero de la Penalidad, Título II de la Traición, del Espionaje y demás delitos contra la Soberanía y Seguridad Exterior del Estado Art. 251 Libro Tercero de la Penalidad, Título VI Delitos contra los Deberes y el Honor Militares Art. 319 Libro Cuarto otras disposiciones, Título I, disposiciones especiales relativas a la armada de Chile Art. 404 Libro Cuarto otras disposiciones, Título III disposiciones complementarias Art. 435

Corporación de Asistencia Judicial	Libro Segundo Del Procedimiento, Título II del Procedimiento penal en Tiempo de Paz Art. 151
Corte/s Marcial/es	Libro Primero de los Tribunales Militares, Título II de los Tribunales Militares en Tiempo de Paz Art. 13/ Art. 16/ Art. 19/ Art. 21/ Art. 29/ Art. 37 N° 2/ Art. 40/ Art. 48/ Art. 49/ Art. 50/ Art. 51/ Art. 52/ Art. 53/ Art. 54/ Art. 55/ Art. 56/ Art. 57/ Art. 58/ Art. 59/ Art. 60/ Art. 62/ Art. 63/ Art. 64/ Art. 65/ Art. 66/ Art. 67/ Art. 69/ Art. 70/ Art. 70-A N° 1, 2, 4 y 6/ Art. 70-C N° 2 Libro Primero de los Tribunales Militares, Título IV de los Honores, Escalafón, Calificaciones, Nombramientos, Ascensos, Derechos y Prerrogativas Art. 92/ Art. 95 Libro Segundo Del Procedimiento, Título II del Procedimiento penal en Tiempo de Paz Art. 133-A N° 9/ Art. 133-B N° 5/ Art. 139/ Art. 147/ Art. 149/ Art. 164/ Art. 165/ Art. 166/ Art. 167/ Art. 168/ Art. 170/ Art. 171 N° 2/ Art. 172
Corte/s Marcial/es (cont.)	Libro Segundo Del Procedimiento, Título IV del Procedimiento penal en Tiempo de Guerra Art. 196
Corte Suprema	Libro Primero de los Tribunales Militares, Título II de los Tribunales Militares en Tiempo de Paz Art. 13/ Art. 29/ Art. 40/ Art. 49/ Art. 51/ Art. 70-A/ Art. 70-C N° 2 Libro Segundo Del Procedimiento, Título II del Procedimiento penal en Tiempo de Paz Art. 144/ Art. 171/ Art. 171 N° 4/ Art. 172
Cuartel/es	Libro Primero de los tribunales militares, Título I Disposiciones Generales Art. 5° N° 3 Libro Segundo del procedimiento, Título I Disposiciones generales Art. 116 Libro Segundo del procedimiento, Título II del Procedimiento penal en Tiempo de Paz Art. 134/ Art. 137 Libro Tercero de la Penalidad, Título V delitos contra el Orden y Seguridad del Ejército ART. 277/ Art. 285 Libro Tercero de la Penalidad, Título VIII delitos contra los Intereses del Ejército Art. 350 Libro Tercero de la Penalidad, Título IX delitos contra la Propiedad Art. 361/ Art. 363 Libro Cuarto otras disposiciones, Título I disposiciones especiales relativas a la Armada de Chile Art. 380

Delito/s (cont.)	Delitos de Jurisdicción Militar	Libro Primero de los Tribunales Militares, Título I Disposiciones Generales Art. 11/ Art. 12 Libro Primero De los Tribunales Militares, Título II de los Tribunales Militares en Tiempo de Paz Art. 70-B Libro Segundo del procedimiento, Título II del Procedimiento Penal en Tiempos de Paz: Del Sumario Art. 131 Libro Segundo del Procedimiento, Título IV del Procedimiento Penal en Tiempo de Guerra Art. 180
	Delito Flagrante	Libro Tercero de la Penalidad, Título VI Delitos contra los deberes y el Honor Militares Art. 332
	Delito Frustrado	Libro Tercero de la Penalidad, Título II de la Traición, del Espionaje y demás delitos contra la Soberanía y Seguridad Exterior del Estado Art. 250 Libro Tercero de la Penalidad, Título V Delitos contra el Orden y Seguridad del Ejército Art. 278 Libro Tercero de la Penalidad, Título VII Delitos de Insubordinación Art. 340
	Delito Infraganti	Libro Segundo del procedimiento, Título II del Procedimiento Penal en Tiempos de Paz: Del Sumario Art. 134 Libro Segundo del Procedimiento, Título IV del Procedimiento Penal en Tiempo de Guerra Art. 182
	Delito/s Militar/es	Libro Primero de los Tribunales Militares, Título I Disposiciones Generales Art. 5 Nº 1/ Art. 10/ Art. 11 Libro Tercero de la penalidad, Título I Reglas Generales Art. 206/ Art. 209/ Art. 211/ Art. 213/ Art. 215/ Art. 216/ Art. 221/ Art. 243 Libro Tercero de la Penalidad, Título VI Delitos contra los deberes y el Honor Militares Art. 299 Nº 1 Libro Cuarto otras disposiciones, Título I Disposiciones Especiales Relativas a la Armada de Chile Art. 378

Delito/s (cont.)	Delito/s Militar/es (cont.)	Libro Cuarto otras disposiciones, Título II Disposiciones especiales aplicables a Carabineros de Chile Art. 405
	Dependencia/s	Libro Primero de los Tribunales Militares, Título I Disposiciones Generales Art. 5 N° 3 Libro Primero De los Tribunales Militares, Título II de los Tribunales Militares en Tiempo de Paz Art. 14-A/ Art. 24-A/ Art. 70-D Libro Tercero de la Penalidad, Título X Delitos de Falsedad Art. 367 N° 1
	Derecho/s	Libro Primero De los Tribunales Militares, Título II de los Tribunales Militares en Tiempo de Paz Art. 17 N° 5 Libro Primero de los Tribunales Militares, Título III de los Tribunales Militares en Tiempo de Guerra Art. 83 Libro Primero de los Tribunales Militares, Título IV de los Honores, Escalafón, Calificaciones, Nombramientos, Ascensos, Derechos y Prerrogativas Art. 106 Libro Segundo del procedimiento, Título I Disposiciones Generales Art. 114 Libro Segundo del procedimiento, Título II del Procedimiento Penal en Tiempos de Paz: Del Sumario Art. 130/ Art. 133 A N° 8 y 10/ Art. 133 B N° 4/ Art. 145/ Art. 154 Libro Segundo del Procedimiento, Título IV del Procedimiento Penal en Tiempo de Guerra Art. 184 Libro Tercero de la penalidad, Título I Reglas Generales Art. 228 Libro Tercero de la Penalidad, Título VI Delitos contra los deberes y el Honor Militares Art. 333 Libro Tercero de la Penalidad, Titulo VII Delitos de Insubordinación Art. 334 Libro Tercero de la Penalidad, Título X Delitos de Falsedad Art. 369 N° 3 Libro Tercero de la Penalidad, Título XI Disposiciones Especiales de Tiempo de Guerra Art. 373/ Art 374 Libro Cuarto otras disposiciones, Título II Disposiciones especiales aplicables a Carabineros de Chile Art. 412 Libro Cuarto otras disposiciones, Título III disposiciones complementarias Art. 431

Ejército	Libro Primero de los Tribunales Militares, Título II de los Tribunales Militares en Tiempo de Paz Art. 15/ Art. 16/ Art. 26/ Art. 27/ Art. 35/ Art. 37/ Art. 40/ Art. 48/ Art. 49/ Art. 50/ Art. 54/ Art. 57/ Art. 66/ Art. 70/ Art. 70-A Libro Primero De los Tribunales Militares, Título III de los Tribunales Militares en Tiempo de Guerra Art. 73/ Art. 74/ Art. 76/ Art. 77/ Art. 78/ Art. 79/ Art. 82/ Art. 85/ Art. 89/ Art. 90 Libro Primero de los Tribunales Militares, Título IV de los Honores, Escalafón, Calificaciones, Nombramientos, Ascensos, Derechos y Prerrogativas Art. 92/ Art. 94 Libro Tercero de la penalidad, Título I Reglas Generales Art. 224/ Art. 225/ Art. 228/ Art. 240 Libro Tercero de la Penalidad, Título II de la Traición, del Espionaje y demás delitos contra la Soberanía y Seguridad Exterior del Estado Art. 245 Nº 1 y 4/ Art. 247/ Art. 252 Nº 2/ Art. 253 Nº 2 Libro Tercero de la Penalidad, Título IV delitos contra la Seguridad Interior del Estado Art. 265 Libro Tercero de la Penalidad, Título V Delitos contra el Orden y Seguridad del Ejército Art. 285 Libro Tercero de la Penalidad, Título VI Delitos contra los deberes y el Honor Militares Art. 303/ Art. 315/ Art. 322 Nº 2/ Art. 329 Libro Tercero de la Penalidad, Titulo VII Delitos de Insubordinación Art. 336 Nº 1 Libro Tercero de la Penalidad, Título VIII Delitos Contra los Intereses del Ejército Art. 347/ Art. 348/ Art. 353 Libro Tercero de la Penalidad, Título IX Delitos Contra la Propiedad Art. 362 Nº 3 Libro Cuarto otras disposiciones, Título II Disposiciones especiales aplicables a Carabineros de Chile Art. 413/ Art. 414/ Art. 415 Libro Cuarto otras disposiciones, Título III disposiciones complementarias Art. 423/ Art. 426/ Art. 429/ Articulo final
Embarcada	Libro Cuarto otras disposiciones, Título I Disposiciones Especiales relativas a la Armada de Chile Art. 384

Enemigo/s (cont.)	Libro Tercero de la Penalidad, Título VI delitos contra los deberes y el honor militares Art. 287/ Art. 288 n° 2/ Art. 289/ Art. 290/ Art. 292/ Art. 300/ Art. 301 N°s 1 y 2/ Art. 302 N°s 1 y 2/ Art. 303/ Art. 304 N°s 1 y 2/ Art. 310/ Art. 320 N°s 1y 2/ Art. 332 Libro Tercero de la Penalidad, Título VII delitos de insubordinación Art. 336 N° 1/ Art. 337 N° 2/ Art. 339 N° 1 Libro Tercero de la Penalidad, Título XI disposiciones especiales de tiempo de guerra Art. 372/ Art. 376 Libro Cuarto otras disposiciones, Título I disposiciones especiales relativas a la Armada de Chile Art. 381/ Art. 391 N° 1 y 2
Escolta	Libro Cuarto otras disposiciones, Título III disposiciones complementarias Art. 419/ Art. 420 Libro Cuarto otras disposiciones, Título I disposiciones especiales relativas a la Armada de Chile Art. 392
Escuadra/s	Libro Primero De los Tribunales Militares, Título II de los Tribunales Militares en Tiempo de Paz Art. 14/ Art. 14-A/ Art. 16/ Art. 26 Libro Primero De los Tribunales Militares, Título III de los Tribunales Militares en Tiempo de Guerra Art. 74/ Art. 89/ Art. 90 Libro Primero de los Tribunales Militares, Título IV de los Honores, Escalafón, Calificaciones, Nombramientos, Ascensos, Derechos y Prerrogativas Art. 92 Libro Cuarto otras disposiciones, Título I Disposiciones Especiales Relativas a la Armada de Chile Art. 381/ Art. 391/ Art. 393
Escuelas	Libro Primero de los tribunales militares, Título I disposiciones generales Art. 5° N° 3/ Art. 6
Espía/espionaje	Libro Tercero de la Penalidad, Título II de la Traición, del Espionaje y demás delitos contra la Soberanía y Seguridad exterior del Estado Art. 252 N° 4/ Art. 253
Establecimiento	Libro Primero de los tribunales militares, Título I disposiciones generales Art. 5° N° 3 Libro Segundo del procedimiento, Título I Disposiciones Generales Art. 116 Libro Segundo del procedimiento, Título II del Procedimiento penal en Tiempo de Paz Art. 134/ Art. 137/ Art. 170 Libro Tercero de la Penalidad, Título I Reglas Generales Art. 242/ Art. 243

Guardia	Libro Segundo del procedimiento, Título II del procedimiento penal en tiempo de paz Art. 134 Libro Segundo del procedimiento, Título IV Del Procedimiento Penal En Tiempo De Guerra Art. 185 Libro Segundo del Procedimiento, Título VI Tribunales de Honor Art. 304 Libro Tercero de la Penalidad, Título IX delitos contra la Propiedad Art. 362 N° 1
Guerra	Libro Primero de los Tribunales Militares, Título I Disposiciones Generales Art. 5° N° 3°/ Art. 6° Libro Primero de los Tribunales Militares, Título II de los Tribunales Militares en Tiempo de Paz Art. 34 Libro Primero de los Tribunales Militares, Título III de los Tribunales Militares en Tiempo de Guerra Art. 71/ Art. 72/ Art. 73/ Art. 74/ Art. 80/ Art. 81/ Art. 82/ Art. 83/ Art. 85/ Art. 86/ Art. 87/ Art. 91 N° 2 y 3 Libro Primero de los Tribunales Militares, Título IV de los Honores, Escalafón, Calificaciones, Nombramientos, Ascensos, Derechos y Prerrogativas Art. 92 Libro Primero de los Tribunales Militares, Título V de las Implicancias y Recusaciones Art. 108 Libro Segundo del Procedimiento, Título I Disposiciones Generales Art. 120 Libro Segundo del Procedimiento, Título IV del Procedimiento Penal en Tiempo de Guerra Art. 181/ Art. 183/ Art. 185/ Art. 186/ Art. 189/ Art. 196/ Art. 196 bis Libro Segundo del Procedimiento, Título V Disposiciones Complementarias Art. 200 Libro Tercero de la Penalidad, Título I Reglas Generales Art. 240 Libro Tercero de la Penalidad, Título II de la Traición, del Espionaje y Demás Delitos contra la Soberanía y Seguridad Exterior del Estado Art. 245/ Art. 247/ Art. 248/ Art. 252 N° 1 y 3/ Art. 253 Libro Tercero de la Penalidad, Título III Delitos Contra el Derecho Internacional Art. 259/ Art. 260 Libro Tercero de la Penalidad, Título VI Delitos Contra los Deberes y el Honor Militares Art. 287/ Art. 288 N° 4/ Art. 291/ Art. 292/ Art. 294/ Art. 295/ Art. 296/ Art. 297/ Art. 298/ Art. 303/ Art. 304 N° 3/ Art. 310/ Art. 312/ Art. 313/ Art. 315/ Art. 320/ Art. 321/ Art. 322 N° 3/ Art. 323/ Art. 327/ Art. 333

Inhabilidad	Libro Primero de los Tribunales Militares, Título II de los Tribunales Militares en Tiempo de Paz Art. 48/ Art. 49/ Art. 52/ Art. 56/ Art. 70 B Libro Segundo del procedimiento, Título II del Procedimiento Penal en Tiempos de Paz Art. 158
Inhibitoria	Libro Primero De los Tribunales Militares, Título II de los Tribunales Militares en Tiempo de Paz Art. 17 N° 2
Inobservancia	Libro Tercero de la Penalidad, Título II de la traición, del espionaje y demás delitos contra la soberanía y seguridad exterior del Estado Art. 257

Instancia	Libro Segundo del Procedimiento, Título II del Procedimiento Penal en Tiempo de Paz Art. 155 Libro Segundo del Procedimiento, Título IV del Procedimiento Penal en Tiempo de Guerra Art. 184.	
	Primera Instancia	Libro Primero de los Tribunales Militares, Título II de los Tribunales Militares en Tiempo de Paz Art. 17 N° 1/ Art. 19/ Art. 21/ Art. 25/ Art. 58. 1° y 2°/ Art. 59/ Art. 60 Libro Segundo del Procedimiento, Título II del Procedimiento Penal en Tiempo de Paz Art. 123 N° 4°/ Art. 170/ Art. 171 N° 3° Libro Segundo del Procedimiento, Título III del Procedimiento Civil de las Acciones Civiles que Nacen del Delito Art. 178
	Segunda Instancia	Libro Primero de los Tribunales Militares, Título II de los Tribunales Militares en Tiempo de Paz Art. 58/ Art. 70-A N° 3°/ Art. 70-C N° 2
	Única Instancia	Libro Primero de los Tribunales Militares, Título II de los Tribunales Militares en Tiempo de Paz Art. 60 Libro Primero de los Tribunales Militares, Título III de los Tribunales Militares en Tiempo de Guerra Art. 81 Libro Segundo del Procedimiento, Título II del Procedimiento Penal en Tiempo de Paz Art. 139

Juzgado/s (cont.)	Juzgado/s Naval/es	Libro Primero de los Tribunales Militares, Título II de los Tribunales Militares en Tiempo de Paz Art. 14/ Art. 14-A/ Art. 22/ Art. 26 Libro Cuarto otras disposiciones, Título III disposiciones complementarias Art. 429
Jurisdicción	Libro Primero de los Tribunales Militares, Título I Disposiciones Generales Art. 3/ Art. 11/ Art. 12 Libro Primero de los Tribunales Militares, Título II de los Tribunales Militares en Tiempo de Paz Art. 14/ Art. 28/ Art. 37 N° 2 y 4/ Art. 55/ Art. 60/ Art. 62/ Art. 65/ Art. 70-B Libro Primero de los Tribunales Militares, Título III de los Tribunales Militares en Tiempo de Guerra Art. 71/ Art. 74/ Art. 83/ Art. 192 Libro Segundo del procedimiento, Título IV Del Procedimiento Penal en Tiempo de Guerra Art. 192 Libro Cuarto otras disposiciones, Título III disposiciones complementarias Art. 430 N° 1	
	Jurisdicción Militar	Libro Primero de los Tribunales Militares, Título I Disposiciones Generales Art. 1/ Art. 3/ Art. 5/ Art. 11/ Art. 12 Libro Primero de los Tribunales Militares, Título II de los Tribunales Militares en Tiempo de Paz Art. 13/ Art. 14-A/ Art. 16/ Art. 17 N° 1/ Art. 25/ Art. 29/ Art. 64/ Art. 70-A N° 2 y 7/ Art. 70-C N° 1 y 2 Libro Primero de los Tribunales Militares, Título III de los Tribunales Militares en Tiempo de Guerra Art. 71/ Art. 72/ Art. 74/ Art. 81/ Art. 91 Libro Segundo Del Procedimiento, Título II del procedimiento penal en tiempo de paz Art. 128/ Art. 131/ Art. 172 Libro Segundo del procedimiento, Título IV Del Procedimiento Penal en Tiempo de Guerra Art. 180 Libro Tercero de la Penalidad, Título IX Delitos Contra la Propiedad Art. 362
Jurisdiccional/es	Libro Primero de los Tribunales Militares, Título II de los Tribunales Militares en Tiempo de Paz Art. 15/ Art. 15-A/ Art. 19/ Art. 21/ Art. 24/ Art. 28 Libro Primero de los Tribunales Militares, Título III de los Tribunales Militares en Tiempo de Guerra Art. 74	

Mando/s (cont.)	Libro Primero de los Tribunales Militares, Título III de los Tribunales Militares en tiempo de Guerra Art. 74 Libro Segundo del procedimiento, Título II del Procedimiento penal en Tiempo de Paz Art. 134 Libro Tercero de la Penalidad, Título IV delitos contra la seguridad interior del Estado Art. 269/ Art. 271 Libro Tercero de la Penalidad, Título VI Delitos contra los Deberes y el Honor Militares Art. 288 N° 2/ Art. 299 N° 1/ Art. 304/ Art. 327/ Art. 328 Libro Tercero de la Penalidad, Título VII Delitos de Insubordinación Art. 339/ Art. 341/ Art. 343/ Art. 344/ Art. 345 Libro Cuarto otras disposiciones, Título I Disposiciones Especiales Relativas a la Armada de Chile Art. 382/ Art. 386/ Art. 391/ Art. 400 Libro Cuarto otras disposiciones, Título III disposiciones complementarias Art. 430 N° 1
Medidas	Libro Primero de los Tribunales Militares, Título I Disposiciones Generales Art. 12 Libro Primero de los Tribunales Militares, Título II de los Tribunales Militares en Tiempo de Paz Art. 64 Libro Segundo Del Procedimiento, Título II del procedimiento penal en tiempo de paz Art. 138 Libro Tercero de la Penalidad, Título II de la traición, del espionaje y demás delitos contra la Soberanía y seguridad exterior del Estado Art. 251 Libro Cuarto otras disposiciones, Título I Disposiciones especiales relativas a la Armada de Chile Art. 388

	de Protección	Libro Segundo Del Procedimiento, Título II del procedimiento penal en tiempo de paz Art. 133
	Disciplinarias	Libro Primero de los Tribunales Militares, Título II de los Tribunales Militares en Tiempo de Paz Art. 19/ Art. 37 N° 2/ Art. 70 Libro Primero de los Tribunales Militares, Título III de los Tribunales Militares en Tiempo de Guerra Art. 80

Militar/es (cont.)	Juez Militar	Libro Primero de los Tribunales Militares, Título II de los Tribunales Militares en Tiempo de Paz Art. 27
	Juzgado/s Militar/ es	Libro Primero de los Tribunales Militares, Título II de los Tribunales Militares en Tiempo de Paz Art. 15/ Art. 22/ Art. 41 Libro Segundo Del Procedimiento, Título II del procedimiento penal en tiempo de paz Art. 156 Libro Cuarto otras disposiciones, Título III disposiciones complementarias Art. 429
	Medallas Militares	Libro Tercero de la penalidad, Título I Reglas Generales Art. 228
	Ministerio Público Militar	Libro Segundo Del Procedimiento, Título II del procedimiento penal en tiempo de paz Art. 156/ Art. 158
	No Militares	Libro Tercero de la penalidad, Título I Reglas Generales Art. 243 Libro Tercero de la penalidad, Título II de la traición, del espionaje y demás delitos contra la soberanía y seguridad exterior del Estado Art. 246/ Art. 251 Libro Tercero de la penalidad, Título IV delitos contra la seguridad interior del Estado Art. 265/ Art. 268 Libro Tercero de la penalidad, Título V delitos contra el orden y seguridad del Ejército Art. 276
	Obligaciones Militares	Libro Tercero de la penalidad, Título VI delitos contra los deberes y el honor militares Art. 295
	Operaciones Militares	Libro Tercero de la penalidad, Título II de la traición, del espionaje y demás delitos contra la soberanía y seguridad exterior del Estado Art. 252 Nº 3 Libro Tercero de la Penalidad, Título VI delitos contra los deberes y el honor militares Art. 304 Nº 4
	Orden Militar	Libro Primero de los Tribunales Militares, Título II de los Tribunales Militares en Tiempo de Paz Art. 59

Oficinas	Libro Primero de los Tribunales Militares, Título I Disposiciones Generales Art. 5 N° 3
Opinión	Libro Primero De los Tribunales Militares, Título II de los Tribunales Militares en Tiempo de Paz Art. 20/ Art. 37 N° 1/ Art. 39 N° 4/ Art. 41 N° 1 Libro Primero De los Tribunales Militares, Título III de los Tribunales Militares en Tiempo de Guerra Art. 91 N° 3 Libro Segundo del procedimiento, Título II del Procedimiento Penal en Tiempos de Paz: Del Sumario Art. 147/ Art. 164 Libro Segundo del Procedimiento, Título IV del Procedimiento Penal en Tiempo de Guerra Art. 194
Pañoles	Libro Cuarto otras disposiciones, Título I Disposiciones especiales relativas a la Armada de Chile Art. 398
Parques	Libro Primero de los tribunales militares, Título I disposiciones generales Art. 5° N° 3 Libro Tercero de la Penalidad, Título VIII Delitos Contra los Intereses del Ejército Art. 350
Partes	Libro Primero de los Tribunales Militares, Título II de los Tribunales Militares en Tiempo de Paz Art. 24/ Art. 41/ Art. 67 Libro Primero de los Tribunales Militares, Título V de las Implicancias y Recusaciones Art. 107 Libro Segundo del procedimiento, Título II del Procedimiento Penal en Tiempos de Paz: Del Sumario Art. 144 bis/ Art. 156/ Art. 158/ Art. 165/ Art. 167/ Art. 168 Libro Tercero de la penalidad, Título II de la Traición, del Espionaje y demás delitos contra la Soberanía y Seguridad Exterior del Estado Art. 252 N° 2 Libro Cuarto otras disposiciones, Título III disposiciones complementarias Art. 436 N° 3
Paz	Libro Primero de los Tribunales Militares, Título II de los Tribunales Militares en Tiempo de Paz Art. 13/ Art. 14/ Art. 15/ Art. 22/ Art. 34/ Art. 70-A N° 1 y 2/ Art. 70-B/ Art. 70-C N° 2 Libro Primero de los Tribunales Militares, Título III de los Tribunales Militares en Tiempo de Guerra Art. 73/ Art. 90

Prenda/s (cont.)	Libro Tercero de la Penalidad, Título IX Delitos contra la Propiedad Art. 356	
Prerrogativas	Libro Primero de los Tribunales Militares, Título IV de los Honores, Escalafón, Calificaciones, Nombramientos, Ascensos, Derechos y Prerrogativas Art. 106	
Presidente/s	Libro Segundo del procedimiento, Título II del Procedimiento Penal en Tiempos de Paz: Del Sumario Art. 144 bis	
	Corte de Apelaciones	Libro Primero De los Tribunales Militares, Título II de los Tribunales Militares en Tiempo de Paz Art. 51/ Art. 70
	Corte Marcial	Libro Primero De los Tribunales Militares, Título II de los Tribunales Militares en Tiempo de Paz Art. 49/ Art. 66/ Art. 67/ Art. 70 Libro Segundo del procedimiento, Título II del Procedimiento Penal en Tiempos de Paz: Del Sumario Art. 166
	Presidente de la República	Libro Primero De los Tribunales Militares, Título II de los Tribunales Militares en Tiempo de Paz Art. 14/ Art. 15/ Art. 15-A7Art. 26/ Art. 27/ Art. 35/ Art. 40/ Art. 41/ Art. 51/ Art. 55/ Art. 70-B Libro Primero De los Tribunales Militares, Título III de los Tribunales Militares en Tiempo de Guerra Art. 79/ Art. 90 Libro Segundo del Procedimiento, Título VI Tribunales de Honor Art. 204 Libro Tercero de la penalidad, Título I Reglas Generales Art. 240/ Art. 241/ Art. 242 Libro Cuarto otras disposiciones, Título II Disposiciones especiales aplicables a Carabineros de Chile Art. 413 Libro Cuarto otras disposiciones, Título III disposiciones complementarias Art. 431
	Presidente del Consejo de Guerra	Libro Primero De los Tribunales Militares, Título III de los Tribunales Militares en Tiempo de Guerra Art. 85 Nº 1 Libro Segundo del Procedimiento, Título IV del Procedimiento Penal en Tiempo de Guerra Art. 185/ Art. 189/ Art. 192/ Art. 194/ Art. 196

Presidio Militar	Libro Tercero de la Penalidad, Título I Reglas Generales Art. 216/ Art. 218/ Art. 223/ Art. 235/ Art. 237/ Art. 238/ Art. 242 Libro Tercero de la Penalidad, Título II De La Traición, Del Espionaje y demás delitos contra la Soberanía y Seguridad Exterior Del Estado Art. 245/ Art. 254 Libro Tercero de la Penalidad, Título V delitos contra el orden y seguridad del ejército Art. 272 Libro Tercero de la Penalidad, Título VI delitos contra los deberes y el honor militares Art. 287/ Art. 296/ Art. 299/ Art. 300/ Art. 301/ Art. 302/ Art. 303/ Art. 304/ Art. 310/ Art. 320/ Art. 328 Libro Tercero de la Penalidad, Título VII delitos de insubordinación Art. 342/ Art. 343 Libro Tercero de la Penalidad, Título X delitos de falsedad Art. 370 Libro Cuarto Otras Disposiciones, Título I disposiciones especiales relativas a la Armada de Chile Art. 379/ Art. 383/ Art. 385/ Art. 386/ Art. 387/ Art. 388/ Art. 389/ Art. 390/ Art. 391 N° 1/ Art. 392/ Art. 393/ Art. 395/ Art. 397/ Art. 398 N° 1/ Art. 399/ Art. 400/ Art. 402
Prisionero/s	Libro Primero de los tribunales militares, Título I disposiciones generales Art. 6° Libro Primero de los tribunales militares, Título III De Los Tribunales Militares En Tiempo De Guerra Art. 86 Libro Tercero de la penalidad, Título II de la Traición, del espionaje y demás delitos contra la soberanía y seguridad exterior del Estado Art. 247/ Art. 248 Libro Tercero de la penalidad, Título VI delitos contra los deberes y el honor militares Art. 296/ Art. 297/ Art. 299 N° 2/ Art. 322 N° 3 Libro Tercero de la penalidad, Título XI disposiciones especiales de tiempo de guerra Art. 374/ Art. 375/ Art. 376

	Evasión de Prisioneros	Libro Tercero de la Penalidad, Título VI Delitos contra los deberes y el Honor Militares Art. 296/ Art. 299 N° 2
Prisioneros de Guerra	Libro Primero de los Tribunales Militares, Título I Disposiciones Generales Art. 6° Libro Primero de los Tribunales Militares, Título III de los tribunales militares en tiempo de guerra Art. 86	

Reglamento/s Reglamentaria (cont.)	Reglamentos Militares (cont.)	Libro Tercero de la Penalidad, Título VIII Delitos Contra los Intereses del Ejército Art. 352 Libro Tercero de la Penalidad, Título IX Delitos Contra la Propiedad Art. 359
	Reglamentos del Ejercito	Libro Tercero de la Penalidad, Título V Delitos contra el Orden y Seguridad del Ejército Art. 285
Registro	Libro Primero De los Tribunales Militares, Título II de los Tribunales Militares en Tiempo de Paz Art. 54 Libro Tercero de la penalidad, Título X Delitos de Falsedad Art. 368 N° 1	
Relator/es	Libro Primero De los Tribunales Militares, Título II de los Tribunales Militares en Tiempo de Paz Art. 55/ Art. 56 Libro Primero de los Tribunales Militares, Título IV de los Honores, Escalafon, Calificaciones, Nombramientos, Ascensos, Derechos y Prerrogativas Art. 95 Libro Primero de los Tribunales Militares, Título V de las Implicancias y Recusaciones Art. 107	
	Secretario Relator	Libro Primero De los Tribunales Militares, Título II de los Tribunales Militares en Tiempo de Paz Art. 54
Reo	Libro Segundo del Procedimiento, Título II del Procedimiento Penal en Tiempo de Paz Art. 140	
Reprensión	Libro Cuarto otras disposiciones, Título III disposiciones Complementarias Art. 431/ Art. 432	
Reserva/s	Libro Segundo del procedimiento, Título II del Procedimiento Penal en Tiempos de Paz: Del Sumario Art. 144 bis	
	Personal de Reserva	Libro Primero de los Tribunales Militares, Título I Disposiciones Generales Art. 6
	Oficiales de Reserva	Libro Primero De los Tribunales Militares, Título III de los Tribunales Militares en Tiempo de Guerra Art. 79/ Art. 90

Sedicioso/s	Libro Tercero de la Penalidad, Título II De La Traición, Del Espionaje Y demás delitos contra la Soberanía Y Seguridad Exterior del Estado Art. 246 Libro Tercero de la Penalidad, Título V Delitos Contra el Orden y Seguridad del Ejército Art. 272/ Art. 279/ Art. 286/ Art. 304 N° 2/ Art. 336 N° 2/ Art. 337 N° 2/ Art. 391 N° 1 y 2
Seguridad	Libro Primero de los Tribunales Militares, Título III de los tribunales Militares en Tiempo de Guerra Art. 77/ Art. 78 Libro Segundo del Procedimiento, Título II, del Procedimiento Penal en Tiempo de Paz Art. 144/ Art. 144 bis/ Art. 158 N° 1 Libro Tercero de la Penalidad, Título I Reglas Generales Art. 208 Libro Tercero de la Penalidad, Título II De La Traición, Del Espionaje y demás delito contra la Soberanía y Seguridad Exterior Del Estado Art. 255 Libro Tercero de la Penalidad, Título VI Delitos Contra Los Deberes y el Honor Militares Art. 301 N° 1/ Art. 303 Libro Tercero de la Penalidad, Título IX delitos contra la propiedad Art. 361 N° 2 Libro Cuarto otras disposiciones, Título I disposiciones especiales relativas a la Armada de Chile Art. 382/ Art. 385 Libro Cuarto otras disposiciones, Título III disposiciones Complementarias Art. 419/ Art. 436

	Del buque	Libro Cuarto otras disposiciones, Título I Disposiciones Especiales Relativas a la Armada de Chile Art. 382
	Del Ejército	Libro Tercero de la Penalidad, Título VI Delitos contra los deberes y el Honor Militares Art. 303
	Del Estado	Libro Segundo del procedimiento, Título II del Procedimiento Penal en Tiempos de Paz: Del Sumario Art. 144/ Art. 144 bis Libro Cuarto otras disposiciones, Título III disposiciones complementarias Art. 436
	De la República	Libro Tercero de la Penalidad, Título II de la Traición, del Espionaje y demás delitos contra la Soberanía y Seguridad Exterior del Estado Art. 255

Seguridad (cont.)	Del puesto	Libro Tercero de la Penalidad, Título VI Delitos contra los deberes y el Honor Militares Art. 301 N° 1
	Exterior e Interior	Libro Primero De Los Tribunales Militares, Título I Disposiciones Generales Art. 3 N° 3
	Pública	Libro Tercero de la penalidad, Título I Reglas Generales Art. 208
Sello/s	Libro Tercero de la Penalidad, Título X delitos de falsedad Art. 367 N°s 1, 3 y 4/ Art. 369 N°s 1 y 2	
Semáforo	Libro Tercero de la penalidad, Título II de la Traición, del Espionaje y demás Delitos contra la Soberanía y Seguridad Exterior del Estado Art. 245 N° 4	
Sentencia	Libro Primero de los tribunales militares, Título II de los tribunales militares en tiempo de paz Art. 17 N° 1/ Art. 24 A/ Art. 39 N° 2 y 4/ Art. 54/ Art. 70 A N° 1 Y 2 Libro Primero de los tribunales militares, Título III de los tribunales militares en tiempo de guerra Art. 74/ Art. 87/ Art. 88/ Art. 91 N° 2 Y 3 Libro Segundo del procedimiento, Título I Disposiciones generales Art. 115 Libro Segundo del procedimiento, Título II del Procedimiento penal en Tiempo de Paz Art. 133A N° 9/ Art. 133B N° 5/ Art. 154/ Art. 155/ Art. 161/ Art. 162/ Art. 171/ Art. 175 Libro Segundo del procedimiento, Título IV del procedimiento penal en tiempo de guerra Art. 194/ Art. 195 Libro Tercero de la Penalidad, Título I Reglas Generales Art. 216/ Art. 240/ Art. 242	
	Sentencia de muerte	Libro Tercero de la Penalidad, Título I Reglas Generales Art. 240
	Sentencia/s Definitiva/s	Libro Primero de los tribunales militares, Título II de los tribunales militares en tiempo de paz Art. 54 Libro Segundo del procedimiento, Título I Disposiciones Generales Art. 115 Libro Segundo del Procedimiento, Título I Disposiciones Generales Art. 123 N° 4/ Art. 144 bis/ Art. 163/ Art. 164/ Art. 175

Víveres	Libro Tercero de la Penalidad, Título II de la Traición, del Espionaje y demás delitos contra la Soberanía y Seguridad Exterior del Estado Art. 245 N° 4 Libro Tercero de la Penalidad, Título VIII Delitos contra los intereses del Ejército Art. 346/ Art. 347/ Art. 349/ Art. 353 Libro Tercero de la Penalidad, Título IX delitos contra la Propiedad Art. 355/ Art. 364 Libro Cuarto otras disposiciones, Título I disposiciones especiales relativas a la Armada de Chile Art. 395
Zarpe	Libro Cuarto otras disposiciones, Título I disposiciones especiales relativas a la Armada de Chile Art. 402
Zonas	Libro Primero De los Tribunales Militares, Título II de los Tribunales Militares en Tiempo de Paz 14-A/ Art. 15-A/ Art. 16/ Art. 22/ Art. 26 Libro Tercero de la Penalidad, Título II de la Traición, del Espionaje y demás delitos contra la Soberanía y Seguridad Exterior del Estado Art. 252 N° 3/ Art. 253 N° 1

Índice analítico del Decreto Ley 2306

Movilización (cont.)	Dirección General de Movilización Nacional	Artículo 3° Artículo 4° Artículo 5° Artículo 6° Artículo 43 Artículo 90
	Director General de Movilización Nacional	Artículo 6°
Movilizada/s	Artículo 16 Artículo 32 Artículo 43 Artículo 66 Artículo 68	
Multa/s	Artículo 73 Artículo 79 Artículo 81 Artículo 90 Artículo 92	
Natural/es/ eza	Artículo 4° Artículo 7k) Artículo 23 Artículo 30 C Artículo 78 Artículo 83	
Naval	Artículo 40	
Nombramiento/s	Artículo 7 e), i) Artículo 60	
Normas	Artículo 7° Artículo 28 Artículo 30 D Artículo 42 D Artículo 85	
	penales	Artículo 73 B
Obligación/es	Artículo 7 b) Artículo 13 A Artículo 21 Artículo 23 Artículo 24 Artículo 29 A Artículo 42 Artículo 47	

Índice analítico del Decreto 400

383   ÍNDICE ANALÍTICO